Robert Schwartz

Die Mission der Seele

Robert Schwartz

Die Mission der Seele

Frieden schließen mit leidvollen Erfahrungen und Schicksalsschlägen

Aus dem amerikanischen Englisch übersetzt von Manfred Miethe

Ansata

Die amerikanische Originalausgabe erschien 2012 unter dem Titel
»Your Soul's Gift« bei Whispering Winds Press, USA.

FSC
www.fsc.org
MIX
Papier aus verantwortungsvollen Quellen
FSC® C014496

Verlagsgruppe Random House FSC® N001967
Das für dieses Buch verwendete FSC®-zertifizierte Papier
EOS liefert Salzer Papier, St. Pölten, Austria.

Ansata Verlag
Ansata ist ein Verlag der Verlagsgruppe Random House GmbH.

ISBN 978-3-7787-7467-0

Erste Auflage 2015

www.yoursoulsplan.com, E-Mail: rob.schwartz@yoursoulsplan.com

Einbandgestaltung: Guter Punkt, München, unter Verwendung einer Abbildung
von © Comstock Images/Getty images
Satz: EDV-Fotosatz Huber/Verlagsservice G. Pfeifer, Germering
Druck und Bindung: GGP Media GmbH, Pößneck

www.ansata-verlag.de

Eine Bitte an die Leser

Es gibt viele Menschen, die es sich wirklich nicht leisten können, Bücher zu kaufen. Mein Wunsch ist es, die in diesem Buch enthaltenen heilsamen Informationen so vielen Menschen wie möglich zugänglich zu machen – auch denen, die es sich nicht leisten können, es zu kaufen. Bitten Sie Ihre örtliche Bücherei, dieses Buch in ihren Bestand aufzunehmen, oder spenden Sie das Buch der Bücherei, nachdem Sie es gelesen haben. Dieser einfache Akt der Güte wird viele Leben berühren.

Ich danke Ihnen, dass Sie mir helfen, der Welt ein heilsames Bewusstsein davon zu bringen, dass wir unser Leben bereits vor der Geburt planen.

Herzlichen Dank
Ihr Robert Schwartz
rob.schwartz@yoursoulsplan.com

Inhalt

Vorwort

Sie sind ein mutiges, heiliges und unsterbliches Wesen, dessen Energie vorübergehend in einem physischen Körper untergebracht ist und das den Fokus seiner Aufmerksamkeit für eine Weile auf die physische Welt richtet. Bevor Ihnen das aber überhaupt möglich war, haben Sie Ihr Leben erst einmal detailliert geplant: die Umstände Ihrer Geburt, Ihre Eltern, Ort und Zeit Ihrer Geburt, Ihre wichtigsten Beziehungen, Ihre größten Freuden, Herausforderungen und Prüfungen. Warum, so mögen Sie sich jetzt aber fragen, habe ich mich gerade für diesen Lebensplan entschieden, mit all seinen schmerzhaften und leidvollen Aspekten?

Es ist meine Aufgabe, Menschen bei der Beantwortung dieser Frage zu helfen. Als Hypnotherapeut helfe ich meinen Klienten, mithilfe einer äußerst wirksamen Form der hypnotischen Rückführung – der Zwischen-den-Leben-Seelenregression –, ihren Lebensplan und ihre Bestimmung zu entdecken. (Weitere Informationen über diese Form der Regression finden Sie in »Möchten Sie Ihren Lebensplan kennenlernen?« am Ende dieses Buches. Dort sind auch Kontaktinformationen aufgelistet. Ich freue mich auf Ihre Fragen und Kommentare.) Als Lehrer und Redner biete ich in den Vereinigten Staaten, Deutschland, der Schweiz, Spanien und in anderen Ländern Seminare an. Die Teilnehmer bekommen dort die Möglichkeit, Ihre vorgeburtlich entworfenen Lebenspläne zu erforschen. Als Autor möchte ich meinen Lesern helfen, Erkenntnisse über ihren persönlichen Lebensplan zu gewinnen. Dazu gebe ich in meinen Büchern wahre Geschichten über die Lebensplanung anderer Menschen exemplarisch wieder. Ich habe mit vier begabten Medien zusammengearbeitet und so Zugang zu den Plänen der in diesem Buch vorgestellten Menschen bekommen. Diese Medien möchte ich Ihnen jetzt einmal kurz vorstellen, denn jedes bekommt die entsprechenden Informationen auf seine ganz eigene Weise:

Barbara Brodsky erhält Durchsagen von Aaron, der während seiner letzten Inkarnation als buddhistischer Theravada-Mönch in Thailand erleuchtet wurde. Aaron ist in der Lage, auf die Akasha-Chronik zuzugreifen, also auf die umfassenden immateriellen Aufzeichnungen jedes Gedankens, jedes Wortes und jeder Handlung, die für das irdische Leben relevant sind – wozu auch der vorgeburtliche Lebensplan einer Person gehört.

Corbie Mitleid empfängt Durchsagen der Seele oder des höheren Selbst eines Menschen. Mit ihrer Hilfe kann ich direkt mit der Seele des Betreffenden sprechen und sie fragen, was sie im gegenwärtigen Leben vorhat.

Wie Aaron so stimmen sich auch Staci Wells und ihr Geistführer auf die Akasha-Chronik ein, die sie als »Buch des Lebens« bezeichnen. Staci besitzt die Fähigkeit, die Gespräche zu hören, die Menschen vor ihrer Geburt auf der Seelenebene miteinander geführt haben. Diese Unterhaltungen sind in diesem Buch wortwörtlich wiedergegeben.

Pamela Kribbe empfängt Botschaften von Jeschua, wie Jesus mit seinem aramäischen Geburtsnamen hieß.

Ich fühle mich über die Maßen gesegnet, die Gelegenheit zu haben, mit all diesen Menschen arbeiten zu können und Ihnen, liebe Leser, ihre weisen, liebevollen und heilenden Worte übermitteln zu dürfen.

In den medialen Sitzungen haben mir die interviewten Personen, deren Lebenspläne wir ergründen wollten, erlaubt, dem Geist nahezu jede Frage stellen zu dürfen. Sowohl die einzelnen Interviews als auch die Sitzungen mit den Medien sind hier in Dialogform wiedergegeben. Immer dann, wenn die interviewte Person oder das gechannelte Bewusstsein über ein neues Thema zu reden beginnt, habe ich einen Absatz gemacht.

Dieses Buch ist mein drittes zum Thema der vorgeburtlichen Lebensplanung. Im ersten (*Mutige Seelen: Planen wir unsere Lebensaufgabe bereits vor der Geburt?*[1]) und dem zweiten (*Jede Seele plant ihren Weg: Warum leidvolle Erfahrungen nicht sinnlos sind*[2]) habe ich wahre Geschichten von Menschen wiedergegeben, die sich vor ihrer Geburt mutig entschieden hatten, Herausforderungen wie die folgenden auf sich zu nehmen: körperliche und geistige Krankheiten zu haben, ein behindertes Kind zu bekommen, enge Angehörige zu verlieren, schwere »Unfälle« und Fehlgeburten zu erleiden oder pflegebedürftig zu sein. Ich entschied mich für weitverbreitete Herausforderungen, weil die Bücher für so viele Menschen wie möglich heilsam sein sollten. Mit meinen Büchern versuche ich, Menschen beim Erwachen zu helfen, also ein tiefes inneres Wissen darüber zu erlangen, dass wir mehr sind als unsere Körper und unsere Persönlichkeiten – ja, dass wir tatsächlich Seelen sind – und Sinn und Zweck sowie die tiefere spirituelle Bedeutung unserer Herausforderungen zu verstehen.

In diesem dritten Buch untersuche ich die vorgeburtliche Planung der sexuellen Orientierung, von Vergewaltigung, Adop-

1 Robert Schwartz: *Mutige Seelen: Planen wir unsere Lebensaufgabe bereits vor der Geburt?* Ansata, München 2008, und Heyne TB, München 2015

2 Robert Schwartz: *Jede Seele plant ihren Weg: Warum leidvolle Erfahrungen nicht sinnlos sind.* Ansata, München 2012

tion, Suizid, Armut und des Zusammenlebens mit Haustieren. Haustiere in unserer Lebensplanung war übrigens das von den Lesern am häufigsten gewünschte Thema. Viele haben mich gefragt, ob unsere treuen tierischen Gefährten tatsächlich Teil unserer Lebensplanung sind. Ja, das sind sie!

Das Kapitel über Suizid enthält die machtvollste und heilsamste Information, die ich in all den Jahren, in denen ich mich mit der vorgeburtlichen Lebensplanung beschäftigt habe, bekommen habe. Wenn Sie einen lieben Angehörigen durch den Freitod verloren haben, nehmen Sie sich die in diesem Kapitel enthaltene Weisheit bitte zu Herzen. Das wird Ihnen helfen, Schuldgefühle oder Selbstvorwürfe loszulassen, die Sie möglicherweise quälen, weil Sie den Suizid nicht verhindern konnten. Das ist der sehnlichste Wunsch Ihrer Lieben für Sie.

Vergewaltigung ist in diesem Zusammenhang sicher ein besonders schwieriges und heikles Thema. Sie werden möglicherweise angewidert oder entsetzt sein, wenn Sie lesen, dass eine Seele sich an einer solchen Erfahrung entweder als Täter oder Opfer beteiligen möchte. Es ist nicht meine Absicht, Sie zu erschrecken, ich möchte diesen Aspekt der Seelenplanung nur ins kollektive Bewusstsein rücken, damit wir die verletzten Teile in uns – die ursächlichen Gefühle der eigenen Wertlosigkeit, Hilflosigkeit und unbändigen Wut – heilen und dadurch Vergewaltigungen und andere Formen des Missbrauchs beenden können.

Tagelang habe ich mir den Kopf zermartert, ob ich dieses Kapitel ins Buch aufnehmen sollte. Schließlich bin ich zu der Überzeugung gelangt, dass es meine Pflicht ist, das mit Ihnen zu teilen, was ich erfahren habe. Wenn wir wollen, können wir leugnen, dass die Erde rund ist, aber dadurch wird sie nicht flach. Gleichermaßen können wir leugnen, dass ein derart traumatisches Ereignis häufig – aber gewiss nicht immer – bereits vor der

Geburt geplant wird, aber das bedeutet nicht, dass eine solche Planung nicht stattfindet. Sie findet statt.

Wenn es unser Wunsch ist, eine Welt zu erschaffen, die frei von solchen Traumata ist, dann müssen wir uns mutig und ehrlich anschauen, was wohl die Motive hinter der vorgeburtlichen Planung solcher Erfahrungen sein könnten.

Dann kann Heilung geschehen.

Kapitel 1

Sexuelle Identität und Orientierung

Unsere sexuelle Identität ist für die meisten etwas Selbstverständliches, mit dem wir uns vollständig identifizieren. Das heißt, wir glauben, die heterosexuelle Frau oder der homosexuelle Mann zu *sein*. Aber auf der Seelenebene haben wir kein Geschlecht, sondern sind eine wunderschöne Mischung aus sowohl männlichen wie weiblichen Energien. Bevor wir uns verkörpern, entscheiden wir uns für eine sexuelle Identität und Orientierung aus Liebe zu uns selbst und zu jenen, die in unserem Leben sein werden, weil wir wissen, dass diese Erfahrung unsere und ihre Entwicklung begünstigen wird.

Typischerweise stellen verkörperte Seelen, die sich für Heterosexualität entschieden haben, ihre sexuelle Orientierung weder infrage noch haben sie Probleme damit. Nur selten fragen sie sich: »Warum bin ich heterosexuell?« Außerdem urteilt die Gesellschaft im Allgemeinen nicht über heterosexuelle Menschen oder diskriminiert sie. Obwohl es also durchaus angebracht wäre, die Frage zu stellen, warum sich eine Seele dafür entscheidet, heterosexuell zu sein, soll es in diesem Kapitel doch vor allem darum gehen, die vorgeburtliche Entscheidung, homosexuell zu sein, zu untersuchen, um so zu einer Sichtweise zu gelangen, die Verständnis und eine nicht urteilende Einstellung unter den Menschen fördert – und zwar ungeachtet ihrer sexuellen Orientierung.

Obwohl die Gesellschaft in ihrer Akzeptanz der vielen Spielarten, in denen sich Sexualität ausdrücken kann, große Fortschritte gemacht hat, werden Homosexuelle immer noch ganz anders als Heterosexuelle behandelt. Um nur ein Beispiel zu nennen: Zurzeit sind schwule und lesbische Eheschließungen in den meisten Staaten der USA immer noch illegal. In vielerlei, häufig nicht so offenkundiger Hinsicht sehen sich Menschen mit homosexueller oder anderer Orientierung mit Herausforderungen und entsprechenden Rahmenbedingungen konfrontiert, durch die die betreffende Seele hilfreiche Erfahrungen sammeln und Erkenntnisprozesse durchlaufen kann.

Das Ausmaß dieser Herausforderung zeigt sich deutlich in den Suizidstatistiken unter Jugendlichen: Lesbische, schwule, bisexuelle und transsexuelle Jugendliche versuchen, sich bis zu viermal so häufig das Leben zu nehmen wie gleichaltrige Heterosexuelle und sogar neunmal so oft, wenn sie aus einer Familie stammen, die ihre Orientierung ablehnt.

Menschen, die ihre sexuelle Identität und Orientierung erst später im Leben infrage stellen, stehen vor anderen Herausforderungen: zum Beispiel dem Schock oder der Wut ihrer heterosexuellen Partner und der Notwendigkeit, sich zu ändern und eine neue Lebensweise anzunehmen.

Warum planen Seelen Leben, in denen sie sich in dieser Hinsicht von der Mehrheit unterscheiden werden? Warum riskieren sie es, von den anderen be- oder gar verurteilt zu werden, oder streben sogar danach? Und wie wird sich diese Entscheidung auf ihre Selbstakzeptanz und Selbstliebe auswirken?

Jims Geschichte

»Etwa ein Jahr nach unserer Heirat merkte ich plötzlich, dass ich mich eigentlich schon mein ganzes Leben lang zu Männern hingezogen gefühlt hatte«, erzählte mir Jim Ashburn.

Jim wurde 1946 in einer eintausendsiebenhundert Seelen zählenden Kleinstadt im westlichen Teil Pennsylvanias geboren. Sein Vater war von Beruf Küchenbauer. Als Jugendlicher entdeckte Jim im Schrank seines Vaters »gewagte, schwule« Romane – wie er sie nannte. Er war schockiert, als er so herausfand, dass sein Vater derartige Fantasien hatte. (Während Jim mir davon erzählte, überlegte ich mir, ob sich Jim wohl seine Eltern und somit seine Veranlagung, schwul zu sein, schon vor der Geburt ausgesucht hatte. Ich fragte mich, ob sein Vater wohl jemals in Betracht gezogen hatte, seine Frau zu verlassen, um mit einem männlichen Partner zusammen sein zu können.) Neben Jim, seinem jüngeren Bruder und seinen Eltern lebten noch eine Großmutter, eine Großtante sowie zwei Großonkel mit im Haus. Jim beschrieb seine Familie als »irisch-katholisch, also sehr katholisch«. Die Kirchengemeinde war der Dreh- und Angelpunkt des Familienlebens.

»Ich ignorierte alles, was nicht in das vorgefertigte Bild passte, dem weiße Menschen der Mittelklasse zu entsprechen hatten«, erinnerte sich Jim. »Dazu gehörte mit Sicherheit die Anziehungskraft, die Jungen auf mich ausübten. Ich war einfach gern mit ihnen zusammen. Das war präsexuell. Ich erinnere mich, dass es schräg gegenüber von unserem Haus eine Eisenwarenhandlung gab. Der Typ, dem der Laden gehörte, übte eine unglaubliche Faszination auf mich aus. Ich wusste nicht, warum, aber irgendwie war mir klar, dass ich das besser für mich behalten sollte.«

Im Laufe seiner Kindheit erhielt Jim immer wieder widersprüchliche Botschaften zum Thema Sexualität. In der katholischen Schule »wurde uns beigebracht, dass Masturbation eine Sünde ist«, erzählte Jim. »Tat man es trotzdem, kam man in die Hölle. Ich erinnere mich, dass ich oft den Tränen nahe war, weil ich es tun wollte.«

»Meine Großmutter verschlimmerte dies noch. Sie sagte: ›Dein Körper ist schmutzig.‹ Mein Vater, der sehr liebevoll war und ihr sonst eigentlich nie widersprach, nahm mich, wenn er das mitbekam, beiseite und sagte: ›Dein Körper ist ein Geschenk Gottes. Dein Körper ist schön.‹ Das verhinderte wohl, dass ich größere Narben davontrug.«

Eines Tages, Jim war sieben, werkelte er gerade mit seinem Vater im Garten vor dem Haus, als ein Junge namens Bobby Weir vorbeiging. Da rief Jim ihm etwas zu, das er in der Schule aufgeschnappt hatte – ohne recht zu wissen, was es überhaupt bedeutete: »Bobby Weir ist vom anderen Ufer!« Daraufhin legte sein Vater die Schaufel beiseite, sah Jim lange an und sagte dann sehr eindringlich: »Sprich niemals so über einen anderen Menschen.« Als Jim sich Jahre später zu seiner Homosexualität bekannte, war ihm die Erinnerung an diesen Moment eine kraftvolle Unterstützung.

Jim hatte während seiner Kindheit einen besten Freund namens Mike, der ihn und seine Familie auf ihren Ausflügen häufig begleitete. Oft unternahmen Jim und Mike lange Wanderungen entlang der Eisenbahngleise und pflückten Holunderbeeren, die seine Großmutter dann zu Marmelade verarbeitete.

»Eines Tages spielten wir mit ein paar anderen Jungen auf einem verlassenen Grundstück. Mike nahm uns mit in sein kleines Klubhaus und erzählte uns etwas über Sex«, sagte Jim lachend. »Er informierte uns, dass Babys gemacht werden, indem die Männer in den Körper einer Frau pinkeln. Meine Reaktion war: ›Das kann nicht sein, denn meine Eltern würden so etwas niemals tun!‹« Jim begann lauter zu lachen. »Aber das brachte mich dazu, Nachforschungen zu diesem Thema anzustellen. In der Bibliothek fand ich Bücher darüber. Ich wusste, dass ich sie eigentlich nicht lesen sollte, aber ich setzte mich Samstagnachmittags in eine Ecke und las sie doch. Mike und ich verbrachten viele Stunden damit, über das Ergebnis meiner Studien zu fachsimpeln.«

Auf der Oberschule freundete sich Jim mit Sue an, einem Mädchen aus seiner Klasse. Da auch Mike und Sue gute Freunde waren, teilten die drei vieles miteinander. Als er auf der Universität war, wurde aus Jims Freundschaft mit Sue Liebe, und nach Abschluss des zweiten Studienjahres heirateten sie. Da Sue unfruchtbar war, wusste Jim, dass er niemals Kinder haben würde.

»Es war ganz unglaublich, mit Sue Sex zu haben«, erinnerte sich Jim. »Ich wollte ihr Vergnügen bereiten. Ihr Körper erweckte meine Neugierde, denn ich war noch nie mit jemandem zusammen gewesen. Wir waren sexuell sehr kompatibel. Wir liebten einander wirklich. Ich ließ nicht zu, dass ich an Männer dachte, sodass ich nichts hatte, das ich mit Sue vergleichen konnte.«

»Hast du denn damals wirklich nie an Männer gedacht?«, hakte ich nach.

»Bewusst? Nein. Unbewusst vermutlich schon. Die Fähigkeit des Verstandes, Dinge zu verdrängen, ist ganz erstaunlich.«

»Also zu Beginn eurer Ehe hatten weder du noch Sue eine Ahnung, dass du dich zu Männern hingezogen fühlst?«

»Nein, überhaupt nicht«, antwortete Jim. »Das war 1967, die Schwulenbewegung hatte zwar gerade begonnen, war aber noch weitgehend unbekannt. Es war in unserer Kultur nicht üblich, seine sexuelle Orientierung infrage zu stellen. Der Einzige, der sich damals zu seiner Homosexualität bekannte, war Liberace. Er war das einzige Vorbild für schwule Männer«, erzählte er und lachte dabei herzhaft.

»Jim, wann begann dein Interesse an Männern?«

Kichernd antwortete er: »Es fällt mir nicht leicht, davon zu erzählen. Etwa ein Jahr, nachdem Sue und ich geheiratet hatten, gingen ein Kumpel und ich in ein [heterosexuelles] Pornokino. Einmal zeigten sie dort ›Deep Throat‹. Als ich aus dem Kino kam, wurde mir klar, dass ich keine Ahnung hatte, wie die Frauen ausgesehen hatten!« Jim und ich lachten. »Aber ich erinnerte mich an jedes Haar auf Harry Reems Körper. Dieses Erlebnis machte mir schlagartig bewusst, dass ich mich zu Männern hingezogen fühlte und dass es schon immer so gewesen war.«

»Als ich das Kino verließ, trat ich auf die Liberty Avenue in Pittsburgh, Pennsylvania hinaus. Es war buchstäblich die Straße der Freiheit für mich. Ich dachte: ›O mein Gott, ich bin schwul!‹ So stand ich eine Zeit lang da.«

Kurz darauf wurde Jim klar, dass er sich nicht nur zu Männern im Allgemeinen hingezogen fühlte, sondern auch zu seinem Freund Mike im Besonderen. Er vertraute sich Mike an, und der zeigte sich dafür durchaus offen und war neugierig, obwohl er noch nie mit einem Mann zusammen gewesen war.

»Wir hatten Sex«, erzählte Jim weiter, »und es war ganz wunderbar! Es war unglaublich, den Körper eines anderen Mannes zu berühren. Jeder Teil von mir erwachte zum Leben. Es war leicht für mich, Sex mit Sue zu haben, weil ich sie liebte, aber die wirkliche Erregung stellte sich erst angesichts des Körpers eines anderen Mannes ein.«

»Mike und ich waren zwar nur zweimal zusammen gewesen, aber das hatte mich tief beeinflusst. Eines Abends sagte Sue dann zu mir: ›Jim, irgendetwas stimmt doch nicht, aber du erzählst mir nichts davon.‹ Da brach ich weinend zusammen und schluchzte: ›Ich habe gemerkt, dass ich schwul bin oder zumindest starke Gefühle in diese Richtung habe.‹ Sie war vollkommen entsetzt. Mit solchen Dingen hatte sie sich bisher nicht besonders befasst.«

»Ich erinnere mich an ihre Traurigkeit und Angst. Sie war so unsicher. Und sicher hätte all das auch zur Auflösung unserer Ehe führen können, aber das kam mir komischerweise so gar nicht in den Sinn. Ich wollte auch weiterhin zu ihr stehen, daran bestand gar kein Zweifel. Es gab auch nie Vorwürfe in der Art: ›Du tust da etwas ganz Schlimmes.‹ Es war eher so wie: ›Wie können wir das in unsere Ehe integrieren?‹«

Da Mike nur mit Jim sexuell aktiv war, hatten weder Sue noch Jim Angst davor, sich mit einer Geschlechtskrankheit anzustecken. Als Sue merkte, dass Jim sie nicht verlassen würde, fühlte sie sich auch nicht mehr bedroht. Sie hielt sogar ihre Freundschaft zu Mike aufrecht. Jim und Sue kommunizierten offen und ehrlich über seine sexuelle Orientierung, sodass sie sich in den sieben Jahren, in denen er mit Mike zusammen war, sogar noch näher kamen. Kurz nachdem die Beziehung mit Mike endete, zogen Jim und Sue dann nach Kalifornien.

»Als wir dort ankamen«, erinnerte sich Jim, »stieg Sue aus dem Auto, ging zu einem Aussichtspunkt und begann zu weinen. Sie sagte: ›Ich weiß einfach, dass du dich hier in Kalifornien in einen Mann verlieben und mich verlassen wirst.‹ Da ich ihr nicht wehtun wollte, beschloss ich, keinen Sex mehr mit Männern zu haben. Ich unterdrückte diesen Teil von mir vollständig. Es war furchtbar, einfach schrecklich. Ich war geradezu besessen, denn ich konnte an nichts anderes mehr denken, als Sex mit Männern zu haben.«

Zwei Jahre lang unterdrückte Jim sein Verlangen. In dieser Zeit wurde er zum Aktivisten und nahm aktiv an einer Kampagne zugunsten eines Gesetzes teil, das die sexuelle Orientierung als Menschenrecht schützen sollte. Während dieser Kampagne begegnete er einem Mann, mit dem er eine Beziehung anfing. Später gründete und betrieb Jim eine Hotline für Schwule und Lesben. Er begann eine Beziehung mit einem anderen Mann, und seine Ehe mit Sue wurde immer problematischer. Um diesen Stress irgendwie zu kompensieren, riefen Jim und Sue eine Selbsthilfegruppe für verheiratete Schwulen und Lesben ins Leben.

»Es ging uns darum, ein Paar nach dem anderen so bei der Trennung zu unterstützen, dass sie diesen Prozess mit größerer Offenheit, Liebe und Kommunikation vollziehen konnten, als dies normalerweise der Fall gewesen wäre«, erzählte Jim. Als Jim und Sue zusahen, wie sich andere Paare trennten, erkannten sie allmählich, dass auch sie sich trennen mussten. »Wir fingen an, das zu akzeptieren«, sagte er zu mir. »Aber während all dem blieben wir beste Freunde.«

Einige Jahre später begegnete Jim Zachary – dem Mann, mit dem er heute sein Leben teilt – und verliebte sich in ihn. Sue heiratete wieder und brach schließlich den Kontakt zu Jim ab, was Jim auf den Einfluss ihres neuen Mannes zurückführte. Jim sagte, dass ihn Sues Weigerung, in Kontakt zu bleiben, sehr schmerzen würde, da er in ihr seine Seelenpartnerin sah. Heute leitet Jim eine gemeinnützige Stiftung im Norden Kaliforniens, die schwule Männer in Herzkreisen – Selbsthilfegruppen, in denen sie alles miteinander teilen und sich gegenseitig unterstützen können – zusammenbringt. Außerdem ist er in der Aids-Prävention aktiv.

Ich fragte ihn: »Jim, was würdest du jemandem raten, der zu dir kommt und sagt: ›Ich glaube, ich bin schwul, bin mir aber nicht sicher, ob das in Ordnung ist.‹«

»Schon bevor ich Sex mit einem Mann oder einer Frau hatte, war ich bereits durch einen Prozess der Selbstakzeptanz gegangen, sodass ich nie Schuldgefühle hatte«, antwortete Jim. »Der Sex mit Sue war ein Ausdruck von Liebe. Bei Mike war es eher der Gedanke, dass es in Ordnung war, diese Seite zu erforschen. Viele Menschen haben sexuelle Begegnungen, bevor sie mit ihrer sexuellen Orientierung zurechtkommen. Deshalb bekommen sie Schuldgefühle, und die sind nur schwer wieder loszuwerden. Also würde ich jedem sagen, akzeptiere dich erst einmal selbst, bevor du deine Sexualität ausdrückst.«

»Und denen, die sich über ihre sexuelle Orientierung im Klaren sind, aber ihrer Familie und ihren Freunden noch nichts davon gesagt haben?«

»Such dir ein paar enge Vertraute, mit denen du darüber reden kannst«, lautete sein Rat. »Offenbare dich zuerst ihnen, dann den anderen. Meistens lieben die Menschen dich doch. Und meistens wissen sie es intuitiv bereits und warten nur darauf, dass du es ihnen sagst. Wenn du Menschen mit Homophobie begegnest, ist es wichtig, dass du es nicht persönlich nimmst. Es geht gar nicht um dich, es geht um die verinnerlichten Ängste des anderen, die er von der Gesellschaft übernommen hat.«

»Jim, wenn du dir deinen Weg rückblickend anschaust, was hast du dabei über dich selbst und das Leben gelernt?«

»Verdrängung und Unterdrückung funktionieren nicht«, antwortete er bestimmt. »Es ist unmöglich, eine Lüge zu leben und trotzdem ein gutes Leben zu haben. Wenn du nur einen Teil von dir ausdrücken kannst, dann bist du in der Welt nur ein halber Mensch. Selbstausdruck bereichert dein Leben, er ist der erste Schritt ins Glück.«

Jims Sitzung mit Staci

Wenn Jim das Leben als schwuler Mann erfahren wollte, warum hatte er sich dann eine Zeit und einen Ort ausgesucht, an dem seine sexuelle Orientierung weder verstanden noch akzeptiert wurde, fragte ich mich nach unserer Unterhaltung. Wenn es denn seine Absicht war, sich selbst herauszufordern, warum hatte er sich dann einen so liebevollen und verständnisvollen Vater ausgesucht? Und was war mit Sue? Hatte sie bereits vor ihrer Geburt gewusst, dass sie Jim heiraten und er sich im Verlauf ihrer Ehe seiner Anziehung zu Männern bewusst werden würde? Falls ja, warum hatte sie sich eine so schmerzvolle Erfahrung ausgesucht? Und welche Rolle hatte Mike in der vorgeburtlichen Planung gespielt?

Staci begann zu sprechen: »Ich werde unsere Sitzung beginnen, indem ich dir, Jim, etwas über dein Karma und speziell über die Herausforderung erzählen werde, deine Homosexualität zu entdecken und sie zu akzeptieren, nachdem du bereits geheiratet und ein Leben als heterosexueller Mann geführt hattest.«

»Ich habe kurze Einblicke in vergangene Leben gehabt, die mit Sue und Mike zu tun hatten. Ich spüre eine unglaubliche Liebe von Mike dir gegenüber. Diese Liebe scheint weit umfassender zu sein als menschliche Sexualität. Ich würde sie fast als *Agape* bezeichnen. Während ich dies sage, fügt mein Geistführer hinzu: ›bedingungslose Liebe in all ihren Ausdrucksformen‹.«

»Ich habe das Gefühl, dass Mike eine sehr hoch entwickelte Seele ist. In seinen Leben war er Priester, Mönch oder jemand, der viel Zeit in der Stille und Abgeschiedenheit verbracht und seine Beziehung zu sich selbst und zu ALLEM, WAS IST kultiviert hat. In jenen Leben ging es immer auch um den liebenden Dienst am Nächsten. In vielen von ihnen hattet ihr verschiedenartige Beziehungen.«

»Hier ist ein wichtiges Leben, in dem er ein Priester war. Ich höre ›Rom‹ und ›Vatikan‹. Du warst jünger als er. Er kannte dich in den zwei Jahren, bevor du dich entschlossen hattest, diesen Weg einzuschlagen. Mein Geistführer sagt mir, dass du Teil seiner Familie warst, ein Cousin. Du wolltest mit ihm über deine Berufung sprechen und über deinen Wunsch, Priester zu werden. Er wurde zu deinem Mentor, zu deinem Ratgeber. Er liebte diese Rolle, ebenso wie du die deine.«

»Die geistige Welt teilt mir mit, dass Mike in zwei Leben dein Vater war. Eines sehe ich jetzt ganz deutlich vor mir. Ich sehe eine Edelsteinmine. Ihr seid gerade mit der Arbeit fertig. Ich sehe, wie er seine Schaufel weglegt, sich den Schweiß von der Stirn wischt und sagt: ›Wir haben es geschafft! Dafür haben wir geschuftet!‹ Er hält einen Stein in der Hand, der ganz schwarz ist und wie ein Rohedelstein aussieht. Während er zu dir spricht, spüre ich diese unglaubliche Liebe, eine Liebe, die über Generationen hinweg Bestand hat. Obwohl das, was er sagt, seinen Überzeugungen in diesem Leben und dem entspricht, was er im Herzen fühlt, reicht das doch nicht aus, um das gewaltige Ausmaß der Liebe zwischen euch auszudrücken. Ich muss noch einmal wiederholen, dass es weit über die menschliche Liebe hinausgeht und etwas weitaus Großartigeres ist, etwas, das wir anstreben und nach dem wir uns sehnen.«

»Nun komme ich zu deinem Karma. Mein Geistführer sagt, dass deine wichtigste karmische Herausforderung darin besteht, ›zu lernen, deine Wahrheit zu erkennen, und herauszufinden, wie du sie am besten nutzen kannst. Es geht darum, dass du Veränderungen in deiner emotionalen Familie erlebst und lernst, dich diesen Veränderungen anzupassen‹.«

Mit »emotionaler Familie« meinte Stacis Geistführer wohl jene Menschen, mit denen Jim in diesem Leben wichtige Beziehungen hatte, also nicht nur seine Geburtsfamilie.

Staci fuhr fort: »Ich sehe diese Lektion häufig in Form von Trennung, Tod, schwerer Krankheit oder Verrücktheit ausgedrückt. Jim, du hast dir vorgenommen, Veränderungen in der Familie, die du erschaffen hast, zu erleben, um einerseits deine Wahrheit zu verstehen. Andererseits auch, um Sue zu helfen, eine Lektion zu verstehen, die für sie sehr schwer war. Ich lasse das jetzt aber erst einmal beiseite und komme später darauf zurück.«

»In deiner Beziehung zu Sue hast du an einigen Themen gearbeitet, die dir zuerst von einem älteren weiblichen Familienmitglied präsentiert wurden, als du ein Kind warst. Ich höre das Wort ›schimpfen‹. Weißt du, von wem ich spreche?«

»Ja, das weiß ich ganz genau«, antwortete Jim. »Von meiner Großmutter. Sie lehrte mich, mich meines Körpers zu schämen. Sie war einfach gegen alles Körperliche. Wenn ich im Sommer braun wurde, weil ich in der Sonne war, schrubbte sie mich mit einem Waschlappen ab und sagte dabei: ›Du bist schmutzig, du bist schmutzig.‹«

»Diese Botschaft bezüglich der Scham war als Kontrast zu deiner inneren Selbstwahrnehmung [als Kind] und zu deiner Beziehung zu Sue gedacht, die dich auf so großzügige Weise mit einer liebevolleren Erfahrung gesegnet hat. Ein Teil deiner Suche in diesem Leben bestand auf der Seelenebene darin, eine anpassungsfähigere und flexiblere Persönlichkeit zu entwickeln. Die von dir gewählte Erfahrung – ich höre, dass sie wirklich gewählt wurde –, die darin bestand, einen bestimmten Weg einzuschlagen und dann zu deinem wahren Selbst zu erwachen, während du auf diesem Weg bist, ist eine widersprüchliche Erfahrung. Zu lernen, diese Wahrheit anzunehmen, ist mit dem Wechseln eines Gleises vergleichbar. Es war deine Entscheidung [vor der Geburt], dies zu tun, um in der Spanne eines einzigen Lebens große Fortschritte zu machen.«

Wenn wir uns verkörpert haben, motivieren wir uns durch Gegensätze und lernen daraus. Früh in Jims Leben standen die beschämenden Worte seiner Großmutter im Widerspruch zu seinem unschuldigen, kindlichen Wissen, dass weder am Braunwerden noch an seinem Körper irgendetwas falsch war. Später im Leben stand Sues Wertschätzung von Jims Körper im Gegensatz zu der ihm von seiner Großmutter eingeflößten Scham. Beide Gegensätze waren als Nahrung für die mögliche zukünftige Akzeptanz seiner sexuellen Orientierung gedacht.

»Deine zweitwichtigste karmische Herausforderung ist emotionale Unabhängigkeit«, fuhr Staci fort. »Emotionale Unabhängigkeit bedeutet anzuerkennen, dass nur du allein die Quelle deines Glücks und Wohlbefindens bist. Neben der emotionalen Unabhängigkeit arbeitest du auch daran, Beziehungsthemen aufzuarbeiten und beziehungsfähiger zu sein.«

»Ich arbeite seit einundzwanzig Jahren daran, in Nordkalifornien unter schwulen Männern ein Gemeinschaftsgefühl aufzubauen«, erklärte ihr Jim. »Unser Kernritual sind die Herzkreise, eine sehr tiefgehende Möglichkeit für schwule Männer, sich miteinander zu verbinden.«

»Durch die Seelenentscheidung meines Bruders, in diesem Leben schwul zu sein«, antwortete Staci, »bin ich zu der Erkenntnis gelangt, dass manche Männer immer noch aufgrund eines früheren Lebens, in dem sie als Frauen brutal missbraucht wurden, traumatisiert sind. Sie möchten immer noch mit dem empfindsamen Wesen einer Frau arbeiten, haben aber zu viel Angst, sich als Frau zu inkarnieren.«

»Jim, du arbeitest daran, Brücken zu bauen, Verständnis zu entwickeln und in den Männern, die du ansprichst, fürsorgliche Eigenschaften hervorzubringen. Das ist genau das, was Mike für dich in diesem Leben getan hat. Es ist derselbe Ausdruck von Fürsorglichkeit, Mitgefühl und einer Liebe, die über alles Sexuelle hinausgeht, den Mike dir gegenüber bereits in mehreren anderen Leben gezeigt hat. Mir wird jetzt gerade gesagt, dass du in den Nachkriegsjahren geboren wurdest, weil du dich darauf gefreut hast, Liebe in körperlicher Form in einem umfassenderen, von mehr Akzeptanz geprägten Umfeld erfahren zu können, als es dir in früheren Leben möglich war.«

»Das bringt mich zu der nächsten karmischen Lektion: anderen voller Mitgefühl zu dienen. Dein Mitgefühl ist so groß und dein liebevolles Wesen so umfassend, dass es mir vorkommt, als könne dein Körper dies alles kaum fassen. Ein Teil des Weges, anderen aus Mitgefühl zu dienen, besteht darin, früh im Leben eine Erfahrung zu machen, die in deinem Bewusstsein Mitgefühl wachruft. Vermutlich gab es jemanden, der dich sehr wütend gemacht, dich enttäuscht oder dir das Herz gebrochen hat. Dieses Ereignis sollte dazu dienen, dir ein Aha-Erlebnis zu ermöglichen. Dadurch hast du erkannt, dass die betreffende Person wahrscheinlich darauf konditioniert worden war, so zu reagieren. Vielleicht wurde sie selbst früh im Leben missbraucht. Plötzlich hast du Mitgefühl für diese Person empfunden, die eine so wichtige Rolle bei der Ingangsetzung dieses Prozesses gespielt hat. Spreche ich von deiner Großmutter?«

»Auf jeden Fall«, gab ihr Jim recht. »Du hilfst mir, sie im richtigen Zusammenhang zu sehen, denn ich habe genau das getan, was du gesagt hast. Ich erkannte, dass sie sich selbst nicht helfen konnte, und lernte auf diese Weise, Mitgefühl mit ihr zu haben. Ich konnte ihre Aufgabe bisher nicht sehen, aber ich erkenne nun die Wahrheit in dem, was du sagst.«

Dann sprach Staci einen wichtigen Punkt an. »Anderen aus Mitgefühl zu dienen, hat allerdings auch einen negativen Aspekt. Der besteht darin, dass man zu wissen glaubt, was für andere am besten ist, und dass es ihnen gut gehen würde, wenn sie nur täten, was man ihnen sagt. Das aber ist tatsächlich eine Ausdrucksform des Wunsches, andere zu beherrschen. In deiner Energie spüre ich jedoch nichts davon.«

»Bei dir spüre ich nur, dass es deine größte Leidenschaft ist, andere auf die Weise ins Gleichgewicht zu bringen, auf die du dich selbst ausbalanciert hast. Das bringt mich zu deiner letzten karmischen Lektion: Gleichgewicht. Damit ist üblicherweise das emotionale gemeint. Mir wird gesagt, dass sich ein Teil dieser Lektion darin ausdrückt, dass du Liebe und Sex bewusst trennen wolltest. Ich glaube, du bist zu der Erkenntnis gelangt, dass du Sue nie weniger geliebt hast, nur weil sich dein Herz leidenschaftlich nach sexuellen Beziehungen mit Männern sehnte.«

»Ja, ja«, pflichtet ihr Jim bei.

»Ich möchte nun erklären, was Sue aus der Situation mitnehmen wollte, und so vielleicht etwaige Schuldgefühle auflösen, die du noch hast«, fuhr Staci fort. »Auch Sue arbeitet mit dem Thema Gleichgewicht. Du hast ihr eine Erfahrung beschert, die sie in ein tiefes Loch hätte fallen lassen können. Sie musste das Gleichgewicht in sich selbst finden, um die Ehe aufrechtzuerhalten. Zudem hat sie bereits in einer ganzen Reihe von Leben danach gestrebt, von anderen geliebt zu werden, statt sich selbst zu lieben. Sie wollte lernen, sich selbst zu nähren, um ihr Selbstwertgefühl entwickeln zu können. Daher entschied sie sich vermutlich dafür, in eine Familie hineingeboren zu werden, die nicht voll funktionsfähig war. Das ist der Prozess, den man normalerweise durchläuft.«

»Du hast sie auf eine Weise geliebt, wie sie in diesem Leben noch nie geliebt worden war. Diese Liebe war für sie sehr heilsam. Das war Teil eurer Abmachung. Aber eure Abmachung sah nicht vor, dass ihr Partner fürs Leben sein würdet. Du musstest dich an einem gewissen Punkt aus eurer Beziehung zurückziehen, um dir selbst treu zu sein. In meiner Meditation [vor der heutigen Sitzung] sah und hörte ich die vorgeburtliche Planungssitzung. Sue stimmte dieser Erfahrung zu. Sie sagte: ›Du wirst mir ein Beispiel sein.‹ Indem du den Prozess durchliefst, deine Wahrheit zu entdecken und ihr und der Welt diese mitzuteilen, hast du ihr als lebendes Beispiel gedient. Sie kann es selbst noch nicht, aber sie möchte es wirklich.«

Staci hielt einen Moment lang inne. »Ich sehe jetzt Sues vorgeburtliche Planungssitzung.«

Das war eine Überraschung, denn ich hatte erwartet, dass sie sich auf Jims Planungssitzung einstimmen würde. Aber ich wusste, dass die geistige Welt uns genau das zeigt, was wir am nötigsten brauchen.

»Ich sehe, wie so oft in diesen Räumen, einen Holzboden und Holzmöbel auf ihrer Seite des Raums. Ich sehe ein Geländer, das den vorgeburtlichen Planungsbereich von dem Bereich abgrenzt, in dem sich Sues Seelengruppe versammelt hat, um zuzusehen. Links von Sue befindet sich ein Fenster in der Wand, durch das mehr Licht strömt, als ich jemals während einer dieser Sitzungen gesehen habe.«

»Das Licht kommt nicht nur vom Fenster. Ich richte meine Aufmerksamkeit auf die Stelle, wo hinter Sue Wand und Decke ineinander übergehen. Das passiert mir zum ersten Mal, und ich hoffe, Jim kann uns sagen, warum dies von Bedeutung ist. Ich sehe einen Lichtkörper in der Form eines großen Balles. Mir wird gesagt, dies sei die Seele von Sues Vater, der die Sitzung beobachtet. Jim, hatten Sue und ihr Vater eine besondere Beziehung?«

»Nein«, antwortete Jim, »er war eher der Alfred-Tetzlaff-Typ. Nicht immer offen, voller Vorurteile, doch ein sehr schlicht denkender Mensch. Wir machten immer den Witz, dass ihre Mutter Else und ihr Vater Alfred waren.«

»Manchmal leben die Persönlichkeiten mit den meisten Vorurteilen einfach, um bestimmte Erfahrungen zu machen, und wissen dies von einem höheren Standpunkt aus gesehen auch«, sagte Staci. »Ich spüre, dass von diesem Geist unglaubliche Begeisterung und Liebe ausgehen. Er genießt es, Zeit mit Sues Geist zu verbringen. Sie waren einmal Liebende. Sie sind die besten Freunde. Ich spüre Freude, weil sie sich entschieden hat, wieder ein Leben mit ihm zu teilen.«

»Jim sitzt vor Sue. Er trägt den Mantel der Persönlichkeit, der viel detaillierter als der von Sue zu sehen ist. Sue ist immer noch ein bisschen in ihrem Lichtkörper. Ich sehe nun Spuren ihrer Persönlichkeit im Bereich von Schultern, Brust und Bauch. Ich komme etwa in der Mitte der Diskussion hinzu.«

Sue: Ich werde dich beherbergen und dich halten.

»Während sie dies sagt – es ist schwer, es zu beschreiben – sehe ich, dass sie sich auf ein Leben bezieht, in dem sie deine Mutter war, Jim. Ein Teil ihres Lichtkörpers stülpt sich nun aus, wie ein zweites Paar Arme, die ihren Lichtkörper überlagern und das Baby [Jim] halten. Ich sehe ein Bild in Höhe ihres Kopfes. Es stellt die Erinnerungen an zwei Leben dar. Das Erste fand in der westlichen Prärie der Vereinigten Staaten statt. Sie war deine Mutter. Du hast nur ganz kurz gelebt, nur ein paar Monate.«

»Im zweiten Leben warst du der Freund ihres Sohnes. Das war im antiken Griechenland. In ihrer Beziehung zu dir drückte sich also etwas Mütterliches aus. Sie wollte dich [in diesen früheren Leben und in dem gegenwärtigen] nähren. Und du wolltest sie nähren.«

Jim: Ich werde es dir mit Güte vergelten. Ich will dich halten und dir die Liebe und die Fürsorge geben, die ich dir in anderen Leben nicht geben konnte, weil ich daran gehindert wurde.

»Du streckst die Arme mit den Handflächen zu ihr gerichtet aus. Du bist sehr aufgeregt.«

Jim: Perfekt! Das wäre perfekt! Du weißt, dass ich dich liebe und verehre.

Sue (lachend)**:** Ja.

Jim: Aber ich werde dich auch betrügen, wenn ich mich selbst erkenne.

Sue: Ja.

Jim: Kannst du diese Erfahrung gemeinsam mit mir machen? Die Harmonie zwischen uns wird in dieser Zeit gestört werden. Bist du sicher, dass du dem zustimmen kannst?

»Sue senkt ihren Kopf ein wenig, während sie darüber nachdenkt.«

Sue: Das ist mein Geschenk der Liebe an dich. Was ich dir an bedingungsloser Akzeptanz schenke, nährt und bereichert mich. Kannst du das verstehen?

Jim: Ja, ich verstehe es.

Sue: Wirst du damit umgehen können?

»Ich sehe wieder das Bild wie auf einem Fernseher. Ihre Gedanken erschaffen eine visuelle Darstellung eures gemeinsamen Lebens. Ich sehe euch in eurem [zukünftigen] Wohnzimmer stehen und euch unterhalten. Sie denkt an den Augenblick, in dem du dich ihr offenbart hast.«

»›Kannst du damit umgehen?‹ fragt sie dich. ›Bist du sicher, du kannst diese Ehe aufrechterhalten? Und bist du sicher, du kannst damit [mit deiner sexuellen Orientierung] in unserer Ehe zurechtkommen?‹ Sie weiß, wie schwer es für dich werden wird.«

Jim: Ja, ja, ja!

Sue: Mehr als alles andere wünsche ich mir dies: mich zu erkennen. Ich möchte ein größeres Geschenk der Liebe und ein immerwährendes Gefühl für die Gegenwart der bedingungslosen Liebe erfahren.

»Sie ist entzückt, dass du auf diese Weise in ihrem Leben sein wirst. Ihr reicht euch die Hände.«

Sue: Dies ist ein Geschenk, das wir über die Jahre hinweg miteinander teilen werden. Wir werden einander erkennen und verstehen lernen.

Jim: Aber was bekommst du von mir? Was bringt dir *das* alles? Wie willst du es für dich nutzen? Was willst du erreichen?

»Mit *das* ist die Bekanntgabe deiner sexuellen Orientierung gemeint und was diese schließlich aus der Beziehung machen wird.«

Sue: Ich werde dies als Mittel zur Selbstentdeckung nutzen, im Rahmen meines eigenen Prozesses, in körperlicher Form zu einem erleuchteten Standpunkt zu kommen. Es hat viele Leben gegeben, in denen ich vom Weg abgekommen bin, statt mich auf die Ziele zu konzentrieren, die ich mir gesetzt hatte. Dich auf diese Weise in meinem Leben zu haben, ist sowohl eine Belohnung als auch eine Herausforderung. Das wird mir nützlich sein, denn sowohl das Geben als auch das Empfangen von bedingungsloser Liebe ermöglichen es mir, mich besser zu fühlen. Das Erkennen deiner Wahrheit wird langfristig dazu führen, dass ich eine Kehrtwendung vollziehe und mir selbst auf einer neuen Stufe der Selbstständigkeit und Selbsterkenntnis begegne, von der ich hoffe, dass sie mich wieder ganz machen wird.

»Jim, du berührst nun sehr liebevoll und dankbar ihr Gesicht, allerdings sieht es nicht wie ein physisches Gesicht aus, denn es ist weich, rund und nicht klar definiert.«

Jim: Ich habe nicht die Absicht, dir weh zu tun.

Sue: Das weiß ich.

Jim: Ich habe nur den Wunsch, dich zu lieben und dadurch mich selbst zu lieben.

Sue: Ich werde dir dabei helfen.

Jim: Das ist sehr gütig und lieb von dir. Ich habe dich immer für eine der gütigsten Frauen gehalten, die ich je gekannt habe.

»Sue schmunzelt. Ich sehe, wie sie sich an frühere Leben als Frau und als Mann erinnert. Die Leben als Frau befinden sich auf dem Bild an der linken Seite ihres Kopfes, die Leben als Mann auf der rechten. Sie schmunzelt, weil sie in ihren Leben als Mann nicht besonders nett war: Sie hat vergewaltigt, geplündert, kleine Tiere und Insekten gequält. Da sie auf der Seelenebene den Sinn dieser Leben vollkommen verstanden hat, hat sie wegen der Dinge, die sie getan hat, kein schlechtes Gewissen. Aber wenn sie sich als Frau verkörpert, kämpft sie mit Themen wie Selbstliebe, bedingungsloser Liebe und emotionalem Gleichgewicht.«

Sue: Deine Liebe wird ein Geschenk sein, durch das ich mich selbst besser kennenlerne. Ich werde zuschauen, wie du deine Wahrheit entdeckst. Du wirst für mich ein Vorbild sein. Und indem du mir genau das Gegenteil von dem gibst, was ich mir sehnlichst wünsche – nämlich [in einer lebenslangen Ehe] geliebt und verehrt zu werden –, wirst du mich zwingen, mich selbst anzuschauen und zu erkennen, dass ich zu lange abhängig davon war, dass mich jemand anders gebraucht hat.

Dich zu haben, dich zu halten und dich dann loszulassen ist eine Erfahrung in Sachen Liebe, die ich nutzen kann, um mich selbst lieben zu lernen. Du wirst mir einen Grund geben, mich selbst nähren zu lernen, was mir bei dem Thema helfen wird, mit dem ich mich in so vielen Leben abgequält habe: mich selbst wertzuschätzen und vollkommen unabhängig zu werden.

Jim: Ich weiß.

Sue: Auf diese Weise wirst du mich belohnen, denn die Liebe, die ich dir über die Jahrhunderte hinweg geschenkt habe, wird in dieser Beziehung und in dieser Zeit zu mir zurückkehren. Weil auf diese Weise ein Zyklus abgeschlossen wird, ist es für mich äußerst befriedigend. Wenn dieses Leben seinen Abschluss findet, werde ich dich auf jede nur erdenkliche Weise geliebt und erkannt haben.

Jim: Ist das nicht fantastisch?

»Der Zyklus ist mit dieser Beziehung in diesem Leben vollendet«, kommentierte Staci.

Wir hielten einige Momente inne, um das zu verdauen, was gesagt worden war. Jetzt kannten wir Sues Beweggründe, eine so schwierige Erfahrung zu wählen. Dann kam mir eine bestimmte Frage in den Sinn.

»Staci«, sagte ich, »Sue ist doch unfruchtbar. Kann uns dein Führer sagen, ob dies ebenfalls Teil des vorgeburtlichen Plans war?«

Sofort verlangsamte sich Stacis Sprechrhythmus, und ihr Führer begann, durch sie zu sprechen. »Obwohl sie für kurze Zeit den Wunsch hatte, Kinder zu empfangen und zu gebären, war dies in diesem Leben nicht geplant und sollte auch kein Thema sein«, antwortete er. »Sie fühlte sich nie in der Lage, die Verantwortung für eine neunmonatige Schwangerschaft zu übernehmen. Es gab in dieser Seele noch ein Licht [eine Erinnerung] an eine Mehrlingsschwangerschaft, die nicht erfolgreich zum Abschluss gebracht wurde. Tatsächlich zerstörte diese ihre

Gebärmutter. Daher hatte sie eine Abneigung entwickelt, in diesem Leben wieder die Erfahrung einer Schwangerschaft zu machen. Diese individuierte Seele hatte das Gefühl, dass sie in der Lage wäre, durch andere familiäre Personen als jene, die sie selbst gebären würde, eine flexiblere Persönlichkeit zu entwickeln.«

Das war eine wichtige Information. Wenn wir unser Leben mit einem anderen Menschen planen, tun wir dies, um gemeinsam zu wachsen und zu lernen. Jede Seele bekommt dann die Erfahrungen, die sie anstrebt. Da in diesem Fall weder Sue noch Jim geplant hatten, Kinder zu haben, passten seine Sexualität und ihre Unfruchtbarkeit perfekt zusammen. Keiner würde dem anderen die gewünschte Erfahrung vorenthalten. In einem völlig anderen Lebensplan hätte Sue planen können, einen starken Kinderwunsch mit in die Verkörperung zu bringen. Dann hätte sie mit Jim vor der Geburt die Abmachung getroffen, dass er diesen Wunsch stören oder sogar verunmöglichen sollte. In diesem Fall hätte es reichlich Gelegenheit gegeben, Vergebung zu üben und zu meistern.

Wir hatten erfahren, dass Jim seine sexuelle Orientierung und deren Entdeckung später im Leben als Form des Dienstes an Sue geplant hatte. Aber was waren Jims Ziele in Bezug auf sich selbst? Was hatte er vor zu lernen und auf welche Weise hatte er als Folge dieser Erfahrung zu wachsen gehofft? Da ich spürte, dass eine Unterhaltung zwischen Jim und Mike zur Klärung dieser Fragen beitragen könnte, bat ich Staci, uns zu diesem Teil von Jims Planungssitzung zu bringen.

Staci war einige Sekunden lang still. Dann sagte sie: »Ich beginne, Jims vorgeburtliche Planungssitzung zu sehen. Das Erste, was mir auffällt, ist, dass Jim nicht vor dem Geländer sitzt, das den Planungsbereich von der Seelengruppe trennt, die die Sitzung beobachtet und unterstützt. Er befindet sich näher an der Seitenwand, direkt vor dem Fenster. Das habe ich noch nie gesehen. Er macht Platz für weitere Seelen aus seiner Seelengruppe, damit diese an der Planung teilnehmen können.«

»Mein Geistführer sagt mir, dass Jims Platz im Raum darauf hinweist, dass er dieses Mal die Rolle des Beobachters in seinem Leben einnimmt. Seine Absicht bestand darin, zuerst seine Familie und den Gegensatz zwischen sich und ihr zu beobachten, später im Leben dann sich selbst und andere zu beobachten, von denen viele Angehörige seiner Seelengruppe sind. Er beobachtet, hilft und lernt von ihnen zur gleichen Zeit.«

»Ich sehe Jim vor seiner vorgeburtlichen Planungskarte. Diese wirkt etwas größer als die anderen, die ich bisher gesehen habe. Es gibt anscheinend viel zu tun! Ich sehe, wie Mike auf die Karte zugeht und sich setzt. Ich habe noch nie gesehen, dass die einzelnen Seelen während der vorgeburtlichen Planungssitzung auf Stühlen sitzen. Sonst schweben sie immer ein paar Zentimeter über dem Boden, entweder in einer knienden Haltung oder im Schneidersitz. Während Mike sich setzt, sehe ich ihn so, wie er in zwei anderen Leben war. Es sieht so aus, als würden sie [die Persönlichkeiten] aus seinem Körper ein- und austreten, als würde ich einen Film mit durchsichtigen Überlagerungen sehen. Da diese Leben am engsten mit seiner Beziehung zu Jim in diesem Leben verbunden sind, bringt er Erinnerungs- und Persönlichkeitsfragmente aus ihnen mit.«

»Mike empfindet offensichtlich große Freude, Liebe und Glück. Es scheint, als hättest du, Jim, um ihn gebeten. Es ist nicht so, dass du ein Individuum von einer bestimmten Art gesucht hättest, um mit ihm bestimmte Erfahrungen zu machen, du hast tatsächlich nach ihm gefragt. Du hast ihn aus deiner Seelengruppe ausgesucht und ihn gebeten, ein Teil deines Lebens zu sein. Er freut sich sehr darauf, diesem Wunsch zu entsprechen.«

Mike: Was soll ich tun?

Jim: Ich möchte, dass du mich in meinen frühen Jahren begleitest, damit wir unsere langen Spaziergänge und Gespräche weiterführen können.

»Jim, du beziehst dich auf das Leben im Vatikan, als du Priester werden wolltest und er dein Mentor war.«

Jim: Es wäre mir ein großer Trost, wenn ich mit dir während meiner Kindheit spielen könnte. Es würde mir Kraft geben, dich in der Nähe zu wissen. Deine Unterstützung und deine Führung waren für mich schon immer von großem Wert.

Mike (lachend)**:** Ich weiß.

Jim: Ich werde in diesem Leben nicht so leicht und nicht so schnell darauf verzichten. Wirst du mir einen Gefallen tun?

Mike: Welchen denn?

Jim: Wärst du einverstanden, mein Partner zu sein und mir zu ermöglichen, gemeinsam mit dir meine Sexualität auf eine Weise zu erforschen, die liebevoll, emotional hilfreich und für mich unglaublich befreiend wäre?

Mike: Was meinst du damit?

Jim: Ich hoffe, dass wir dieses große Vertrauen und die große Liebe zwischen uns in eine Beziehung einbringen können. Zwei Männer, die einander lieben. Dadurch würdest du mir ein großes Geschenk machen, das mir helfen wird, meine innere Kraft einzusetzen und es mir zu ermöglichen, meine persönliche Wahrheit umfassend zu erkennen. Weißt du, ich habe nämlich beschlossen, dieses Leben als schwuler Mann zu verbringen …

»Ich wusste nicht, dass wir das Wort *schwul* auf der Seelenebene benutzen«, unterbrach Staci. »Das mag nur meine Interpretation des Wortes sein, das benutzt wurde.«

Jim: … weil ich glaube, dass mich dies an den Punkt bringen wird, an dem ich mich bedingungslos lieben und akzeptieren muss. Diese Liebe und Akzeptanz werde ich nutzen, um mich selbst zu stärken und mir das Geschenk des Mitgefühls zu geben, damit ich anderen das geben kann, was ich über mich selbst gelernt und an mir selbst akzeptiert habe.

Es ist meine Aufgabe, den Samen der Selbstakzeptanz und Selbstliebe in den Herzen vieler Menschen zu säen. Da ich mich in der Gesellschaft von Männern wohl fühle und mein Verständnis der männlichen Ausdrucksform von Emotionen und Spiritualität während meiner Zeit als Priester weiterentwickelt habe, glaube ich, dass ich auf jene Männer – und auch Frauen – zugehen muss, die lernen wollen, mit sich selbst im Reinen zu sein, dies aber noch nicht ganz geschafft haben. Ich möchte jene Menschen zusammenbringen, die nach Ganzheit streben. Und ich will ihnen mögliche Wege zu ihrem eigenen Herzen, ihrer eigenen Seele und ihrer eigenen Weisheit zeigen.

Du würdest mir ein unglaubliches Geschenk machen, wenn du dies in unserer Beziehung in diesem Leben möglich machen würdest.

Mike: Natürlich helfe ich dir. Obwohl ich nicht geplant hatte, diese Form der Sexualität oder des Lebensausdrucks anzunehmen, möchte ich, dass du Erfolg hast. In den Leben, in denen wir menschliche Gestalt angenommen hatten, habe ich versucht, in dir Respekt und Ehrfurcht gegenüber dem, was in deinem Wesen angelegt ist, zu erwecken. Es gab Zeiten, in denen dir dies in Form einer größeren Liebe, zum Beispiel der Liebe zu Gott, präsentiert wurde.

Jim: Ja, ich weiß.

Mike: Du hast erfahren, dass diese Liebe mehr als ein Konzept ist.

Jim: Ja.

Mike: Du hast die Liebe des ALLES, WAS IST erfahren und die Demut, die aus der Erkenntnis erwächst, dass du nur ein kleiner Teil vom Ganzen bist und es so viel gibt, was über dich hinausgeht; die Demut, die aus der Erkenntnis deiner kleinen Rolle im Universum erwächst und aus der Erkenntnis, dass alles in diesem Universum schön ist und seinen eigenen Sinn hat.

Jim: Ja, das weiß ich.

Mike: Warum sollte ich dir dieses Geschenk nicht machen? Wenn es das ist, was du brauchst, um den nächsten Schritt in Richtung liebevoller Ganzheit zu machen, dann freue ich mich auf die Gelegenheit, es dir zu geben.

Jim: Bist du sicher? Was, wenn wir nicht unser ganzes Leben miteinander verbringen?

Mike: Es hat in diesem oder jenen Leben immer Phasen gegeben, in denen wir nicht zusammen waren. Das beunruhigt mich also nicht, denn es wäre ja nichts Neues. Ich kann das annehmen und dem zustimmen. Ich brauche dich nicht in meinem Leben, um Vollständigkeit oder liebevolle Ganzheit zu erfahren. Auch brauche ich dich nicht als liebenden Gefährten. Ich möchte nur, dass wir Freunde sind.

Jim: Wenn wir uns an den Plan halten können, wird in den ersten zwanzig Jahren eine solide Grundlage für eine liebevolle Freundschaft, Güte und Vertrauen geschaffen werden.

Mike: Ja.

Jim: Danach kann unsere Beziehung so tief sein, wie du willst, und jede Ausdrucksform der Liebe und Güte annehmen, die du möchtest. Ich brauche dich nicht, damit du mich auf diese Weise das ganze Leben lang liebst. Ich bin immer zu dir gekommen, um dich um Rat oder Anleitung zu fragen. Auch dieses Mal möchte ich das von dir erbitten – zusätzlich zu unserer Freundschaft.

Mike: Das will ich dir gern geben. Das passt gut in meine Pläne für dieses Leben, denn es wird mir etwas geben, an das ich mich lange erinnern und darüber nachdenken werde. Es wird meinen Fokus auf bestimmte Beziehungsthemen richten, mit denen ich mich weiterhin auseinandersetze – zum Beispiel Aufrichtigkeit – und auch die Art und Weise verwandeln, in der ich mich selbst sehe. Es wird mir eine Erfahrung ermöglichen, durch die auch ich bedingungslose Liebe und Selbstakzeptanz lernen kann.

»Mikes Hände waren immer verschränkt gewesen oder manchmal hatte eine auf der anderen gelegen. Jetzt dreht er sie um, sodass die Handflächen nach oben zeigen.«

Mike: Also, warum nicht?

»Ihr lacht und umarmt euch. Dann steht Mike auf und schwebt von der vorgeburtlichen Planungskarte weg zurück in den Bereich der Seelengruppe.«

Damit schloss Staci ihre Einblicke in Jims vorgeburtliche Planungssitzung ab. Jetzt war es an der Zeit, mit Stacis Geistführer zu sprechen. Ich bat ihn, uns mehr darüber zu erzählen, warum Jim sein Leben auf diese Weise geplant hatte.

»Die Seele dieses Individuums hat ihren Trost schon immer in schwer erkämpften Siegen gefunden«, gab der Geistführer zur Antwort. »Zum Beispiel in dem Leben, in dem dieses Individuum das Leben ablehnte, das seine Eltern für es vorgesehen hatten, und es stattdessen der Priesterschaft beitrat, um sich selbst zu erkennen, mit seinem Wesen, mit ALLEM, WAS IST und dem dahinterliegenden Gottesbewusstsein zu kommunizieren. In anderen Leben trat es auf verschiedene Weise für andere ein: in früheren Zeiten mit Schwert und Schild und heute durch das gesprochene Wort. Seine Seele tritt für andere ein, durch das, was sie sagt, wie sie zuhört, wie sie wahrnimmt und wie sie auf sanfte Weise andere individuelle Formen zur Ganzheit führt.«

»Im Verlauf vieler Leben und in den Zeiten zwischen den Leben hat diese Seele häufig die Bedürfnisse ihres eigenen Selbst und ihrer Persönlichkeit zugunsten der Bedürfnisse anderer hintangestellt. Der notwendige Fokus auf das Nähren des eigenen Selbst und die Anwendung bestimmter Prinzipien der bedingungslosen Liebe und Akzeptanz des Selbst wurden bisher übersehen. Diese Seele benötigte viele Leben, um sich ein bestimmtes Wissen anzueignen und die Tatsache zu akzeptieren, dass Liebe zu anderen aus der Liebe zu sich selbst erwachsen muss. Diese Seele will sich selbst ganz und gar so lieben, wie sie Gottes Liebe für sich wahrnimmt – auf dieselbe reine Weise, auf die wir alle unsere Verbundenheit mit dem spüren, was ihr das Göttliche nennt.«

»In diesem Leben hat sich diese Seele in ihrem Streben nach Selbstmeisterung und der Integration des Selbst dafür entschieden, ein vollkommeneres und perfekteres Ganzes zu bilden, um so anderen besser dienen zu können. Sie hat sich endlich bereiterklärt, ihr Selbst anzunehmen und eine Umgebung zu erschaffen, in der sie den Gegensatz zwischen Liebe und einer sexuellen Ausdrucksform, die in dieser Kultur nicht als normaler Ausdruck der Liebe gilt, erfahren konnte. Diese Seele hatte im Grunde keine Wahl, als sich von Angesicht zu Angesicht selbst zu begegnen und mit Sehnsüchten konfrontiert zu werden, die so stark waren, dass sie nicht länger ignoriert werden konnten. So wurde sie für sich auf einen perfekten Weg gebracht und war gezwungen, ihre Wahrheit zu erkennen. Auf diese Weise konnte sich diese individuierte Persönlichkeit mit einem Ausmaß an Selbstliebe akzeptieren, wie sie es noch nie getan hatte. Dadurch wurde auch das Bild dessen, was Liebe ist, vervollständigt.«

Diese eindrücklichen Worte zeigten mir, dass Jim auf wunderbare Weise ein Maß an Selbstliebe verwirklicht hatte wie in noch keinem seiner früheren Leben. Waren aber Jims allmähliches Erwachen seiner wahren Wesenhaftigkeit und die schmerzhafte Trennung von Sue wirklich notwendig gewesen? Ich fragte Stacis Führer, warum Jim nicht einfach geplant hatte, seine sexuelle Orientierung bereits zu einem früheren Zeitpunkt zu akzeptieren.

»Es war für das Individuum [Jim] sehr wichtig, die Normen der Gesellschaft zu akzeptieren«, antwortete der Geistführer. »Es wollte das Leben der breiten Bevölkerungsmehrheit erfahren, weil es das Gefühl hatte, sich in vergangenen Leben von der Gesellschaft entfernt zu haben – besonders in jenem Leben mit der Wesenheit Mike, über das schon gesprochen wurde, in dem beide Teil der Priesterschaft waren.«

»In diesem Leben, dem gegenwärtigen, wollte dieses Individuum die Beziehung zu Sue in ihrer Ganzheit vollenden. Darüber hinaus aber glaubte es, dass der beste Weg zur Entdeckung der Selbstliebe darin bestehen würde, sich mit den Gedanken eines heterosexuellen Mannes innerhalb der Normen eurer Gesellschaft zu bewegen und zu erfahren. Diese Seele wollte den Weg der Akzeptanz gehen, und in dieser Zeit und an diesem Ort bestand der akzeptierte Rahmen der heterosexuellen Mehrheitskultur in der Ehe zwischen Mann und Frau.«

»In so vielen Leben ist diese Seele den Weg gegangen, den auch andere beschritten haben. Einen Weg, der nicht außerhalb der Norm liegt, sondern im Rahmen dessen, was als akzeptabel gilt. Sie ist innerhalb der Grenzen akzeptablen Verhaltens geblieben und hat durch diesen Prozess ein Gefühl für Stabilität und ihren eigenen Wert bekommen. Sie wollte frühere Lektionen nicht noch einmal wiederholen. James' Seele hat in eurer Terminologie »schon alles gesehen, alles gemacht« und daher beschlossen, den normalen Weg nur für die von ihr vorbestimmte Zeit zu gehen. Dann wollte sie anfangen, den Unterschied und das Ungleichgewicht zu erleben, um Zugang zu dem zu finden, was diese Seele wollte: das Gleichgewicht in sich, statt die emotionale Achterbahn, die ihr bevorstünde, wenn sie versuchen würde, es allen gleichzeitig Recht zu machen.«

»Dieses Individuum blieb dem, was ihm gefiel, und der Liebe, die es im Innern spürte, treu. Und indem es dem Lauf der Liebe durch die normale Heirat mit einer Frau folgte, entdeckte es seinen Wert, seine Kraft und seine Identität als Mann. Dieses Individuum akzeptierte und benutzte die Heterosexualität als solide gebautes Fundament, als Basis, von der aus es vorwärts gehen konnte. Sie war wie ein Sprungbrett, das es dieser Seele ermöglichte, eine ausgeglichene Perspektive einzunehmen, mit der sie das Leben besser fortsetzen konnte, als es jede andere Lebensweise möglich gemacht hätte.«

Dann bat ich Stacis Führer etwas allgemeiner über Homosexualität zu sprechen.

»Manchmal ist diese Erfahrung rein sexueller Natur, manchmal ist es eine vollständige Annahme der Liebe zum eigenen Geschlecht. Meistens entscheidet sich die Seele dazu, wenn sie diese Form ein- oder zweimal ausgelebt hat, ihren weiteren Weg als heterosexuell liebend fortzusetzen. Aber etwa zwanzig Prozent aller Seelen haben Freude daran, mit dem Selbstausdruck als Homosexuelle zu spielen, sei es in männlicher oder weiblicher Form. Für sie bietet dies eine sichere Reise durch die von ihnen gewünschten Erfahrungen. Sie fühlen sich in dieser Rolle immer wohler und behalten sie im Verlauf weiterer Leben bei – fünf, zehn, fünfzehn, zwanzig. Bedenkt bitte, dass dies nur ein Teil der Erfahrung des Lebens ist. Diese Erfahrung wird nicht nur in eurem Planetensystem gemacht, sondern auch in anderen, obwohl dort der Ausdruck männlich/weiblich etwas anders ist. Euer planetarisches System ist mehr für die Erfahrung bestimmter emotionaler Konzepte geeignet wie Liebe und Angst, Verlangen und Sehnsucht.«

»Die Erfahrung der Homosexualität ist ein Verlangen. Wird es verspürt, wird entsprechend gehandelt. Viele von uns hier haben diese Erfahrung nicht gemacht, aber wir haben viele Leben an anderen Orten als ihr [Menschen] gelebt. Ihr würdet uns wohl weise nennen. Uns fehlt weder das Verständnis für diese Erfahrung noch haben wir eine Abneigung dagegen. Wir haben eher ein absolutes und vollständiges Verständnis davon gewonnen, weil wir jenen dienen, die diese Erfahrung gemacht haben. Und deshalb ist die Erfahrung auch vollständig in uns selbst, ohne dass wir uns jemals verkörpert oder Homosexualität ausgelebt hätten.«

»Welche anderen Beweggründe haben Seelen, die homosexuell leben wollen?«

»Es kann eine Erfahrung aus einem früheren Leben sein, in dem die Seele aufgrund ihrer sexuellen Rolle versklavt, verletzt oder getötet wurde und dies nicht noch einmal erleben möchte. Dann kommt sie unter Umständen als das andere Geschlecht wieder, ist aber vielleicht noch nicht bereit, nun das gegenteilige Geschlecht zu lieben. Und so liebt sie das gleiche wie im vergangenen Leben. Wenn eine Seele zum Beispiel eine Frau war, die von einem Mann missbraucht wurde, mag sie sich entscheiden, sich sehr schnell wieder als Mann zu inkarnieren, um nicht wieder in solch einer unterlegenen Position zu sein. Aber möglicherweise ist sie noch nicht bereit, auch den Wechsel zu vollziehen, eine Frau zu lieben. Daher schließt sie mit einer anderen Seele, die sich ebenfalls in männlicher Form inkarniert, einen Vertrag. Dadurch entsteht ein Gefühl der Sicherheit, Nähe und Übereinstimmung, das bestimmte Erfahrungen ermöglicht und begünstigt. In der Beziehung zu einer Frau würde sie sich nicht so wohl fühlen, deshalb bleibt die Seele in einer Beziehung mit einem Mann.«

Jim fragte, warum sich eine Seele dafür entscheiden würde, sich als heterosexueller Mensch zu inkarnieren.

»Das Spiel mit dem anderen Geschlecht ermöglicht einzigartige Erfahrungen«, erklärte uns der Führer. »In eurem planetarischen System gibt es die Schule der Gegensätze, die oft als ›kontrastierende Erfahrung‹ bezeichnet wird. Wenn ein Mann in einer Beziehung mit einer Frau ist, gibt es viele Gelegenheiten, sich verschiedene Lernkonzepte anzueignen, die ohne den Gegensatz des anderen Geschlechts im bewussten Denken des Individuums nicht auftauchen oder nicht beobachtet werden würden. Das Zusammensein mit dem anderen Geschlecht bringt einen zur Auseinandersetzung mit Gegensätzen [im Allgemeinen]. Das ist ein wesentlicher Bestandteil dieser Schule. In einigen anderen planetarischen Systemen existieren andere Formen der Fortpflanzung, unterschiedliche Persönlichkeitsstrukturen, größere oder kleinere Ausdrucksformen der Zweigeschlechtlichkeit.«

Ich warf ein: »Soweit ich weiß, existieren in anderen planetarischen Systemen mehr als zwei Geschlechter. In einigen gibt es sogar fünf.«

»Diese anderen Systeme erweitern einige der Lektionen, die bei euch gelernt werden können, und ermöglichen auch den Zugang zu vielen anderen Lektionen, die in eurem System nicht vorgesehen sind. Ein großer Teil davon kann nicht beschrieben werden, weil ihr nicht die Worte dafür habt, und weil dieser Channel nicht die Vorstellungskraft besitzt, die dafür nötig wäre.«

Stacis Führer sagte dies in Bezug auf den menschlichen Verstand im Allgemeinen, der sich vieles von dem, was im Universum existiert, einfach nicht vorstellen kann.

»Wir hoffen, dass dies genug ist, um euren Wissensdurst zu diesem Zeitpunkt zu befriedigen.«

»Jim entschied sich, Katholik zu sein«, sagte ich zu dem Führer. »Er wuchs in dem Glauben auf, Masturbation sei eine Sünde. Warum wurde das geplant? Er hätte doch auch eine andere Religion wählen können.«

»Diese Entscheidung verankerte in der Persönlichkeit sowohl unterschwellig als auch bewusst die notwendige Botschaft, dass Selbstliebe und die liebevolle Hinwendung zum Penis falsch wären. Denkt bitte daran, dass sich diese Seele entschieden hatte, Gegensätzlichkeit zu erfahren. Während diese Botschaften also in das gegenwärtige Leben einflossen, waren sie noch nicht Teil des Lebens, das diese Seele im Vatikan verbrachte. Diese Botschaften, nämlich dass Selbstliebe eine Sünde ist, dass Masturbation eine Sünde ist, dass der Körper sündhaft ist, waren ein Affront für diese Persönlichkeit. Ein Affront, den sich die Persönlichkeit eine ganze Weile anschauen, darüber nachdenken und schließlich in dem Prozess, die bedingungslose Liebe zum Selbst in all ihren Formen zu akzeptieren, zurückweisen würde. Das war einfach ein Konzept, das präsentiert werden musste und in das Leben dieser Persönlichkeit eingefügt wurde, um den Kampf der Gegensätze anzufachen, was letztlich zu bedingungsloser Liebe und Akzeptanz führte.«

»Eine letzte Frage: Jims Großmutter sagte ihm, sein Körper sei schmutzig und beschämend. Sie schrubbte seinen Körper sauber. Welche Rolle spielte sie in Jims Entwicklung?«

»Sie verkörperte eine Erfahrung, die Jim in seinem Leben haben wollte. Dieses Individuum [die Großmutter] hat in zwei weiteren [Jims] Leben die Rolle von Mutter und Vater gespielt. In diesem Leben arbeitete diese Seele mit ihren eigenen Konzepten und Herausforderungen, die nichts mit Jims Anwesenheit in ihrem Leben zu tun hatten. Ihre Abmachung mit Jim auf der Seelenebene bestand darin, ihm eine gewisse Fürsorglichkeit angedeihen zu lassen und so eine Umgebung zu schaffen, die seine körperliche Form innerhalb der Familie nährte. Wichtiger ist aber, dass sie ihm Botschaften übermitteln und gegensätzliche Erfahrungen in Bezug auf seinen Körper ermöglichen sollte. Zudem sollte ihre eigene Unausgeglichenheit Jim als lebendes Beispiel dafür dienen, in welche Richtung er seine bewusste Persönlichkeit *nicht* entwickeln wollte.«

»James ist schon seit Langem auf einem Weg, um sein inneres Wesen auf gütigere, sanftere und weniger extreme Art auszudrücken. Seine Großmutter andererseits ist das nicht, und sie haben in keinem ihrer Leben eine freundschaftliche Beziehung gehabt. In diesem Leben war es ihre Rolle, Jim als Gegenspieler zu dienen, um ihm gegensätzliche Botschaften zu vermitteln, Botschaften, die der Erfahrung zuwiderliefen, die seine Seele in körperlicher Form zu haben wünschte.«

Jims Sitzung mit Corbie

Um das, was Staci und ihr Führer uns mitgeteilt hatten, noch besser nachvollziehen zu können, bat ich Corbie, einen Blick auf Jims frühere Leben zu werfen. Corbie begann mit ihrem üblichen Gebet, um eine Verbindung zu den nicht körperlichen Wesen herzustellen, die uns führen würden, und auch um eine klare Absicht zu formulieren: Wir wollten Jims vorgeburtlichen Plan noch besser verstehen.

»Das erste wichtige Leben, das ich sehe, ereignete sich im Kenia des sechsten Jahrhunderts«, sagte Corbie, nachdem sie ihr Gebet beendet hatte. »Jim, dein Verhalten war ein bisschen anders, und du wurdest je nach Standpunkt des Betrachters für einen Schamanen, einen Verrückten oder einen Weisen gehalten. Du trugst androgyne Kleidung. Du wolltest nicht dieses ›Ich bin ein Kerl, ich jage, ich pflanze mich fort‹ [-Leben]. Du hast mit feinstofflichen Wesen gesprochen, die irgendwo dort draußen waren. Du sagtest, das sei deine Art, Gott dazu zu bringen, zu deinem Volk zu kommen und mit ihm zu tanzen, und dass du die Anweisung dafür von der Sonne erhalten hättest. Dein Volk hatte eine sehr einfache Religion: Gott *war* die Sonne. Jeder dachte, dass Gott dort wohnen würde.«

»Als du anfingst zu prophezeien, dachten alle, du wärst verrückt geworden. Aber du hattest eine sehr tiefe Verbindung zur Natur. Du konntest spüren, wann eine Sonnenfinsternis oder eine Dürre bevorstanden und du konntest die Bewegungen der Himmelskörper voraussagen. Eines Tages sagtest du: ›Der Mond wird vor Zorn über euren Spott bluten und die Sonne wird ihren Zorn auf euch richten.‹ Und tatsächlich, kurz darauf ereignete sich eine Mondfinsternis – der Mond hatte eine rote Färbung angenommen –, auf die eine Dürre folgte. Du sagtest das Ende der Dürreperiode richtig voraus. Für dich war in den Augen deiner Stammesangehörigen nichts gut genug, denn du hieltest ja ihr Leben in Händen. Als sie dich fragten: ›Was willst du?‹, hast du geantwortet: ›Einen Mann‹. Nicht aus sexuellen Beweggründen, sondern weil in dieser Gesellschaft ein Ehemann jagte und seine Familie ernährte.«

»Sue war ein heterosexueller Mann, dem von den Stammesältesten gesagt wurde: ›Du bist es.‹ Er wurde dir geschenkt. Es fand kein Geschlechtsverkehr zwischen euch statt und die gegenseitigen Pflichten waren klar definiert. Wenn die Felder bestellt werden sollten, fand sexuelle Magie in ritueller Form statt, aber das hatte nichts mit Fleischeslust zu tun. Hier wurde Sexualität zum ersten Mal vom Lustempfinden getrennt.«

»Im nächsten Leben, das ich sehe, dientest du, Jim, und auch Mike als Priester. Ihr gestandet euch eure Gefühle für einander zwar ein – um euren Gelübden aber treu zu bleiben, ignoriertet ihr sie doch. Mike ließ dich damals wissen: ›Im Himmel, wo es keinen Körper und keine fleischliche Lust gibt, werden unsere Gefühle angemessener sein und von Gott verstanden werden. Unsere gebrochenen Formen hier auf Erden interpretieren diese tiefe Zuneigung falsch.‹ Das war anscheinend etwas, das er dir schrieb, denn ich sehe diese Worte auf Pergament.«

Corbie fuhr fort: »Im nächsten Leben, das ich wahrnehme, ist Mike dein Vater. Er sagt zu dir: ›Es reicht nicht, dass ein Vater seinen Sohn einfach großzieht, damit dieser wiederum Kinder hat. Es ist die Pflicht eines Vaters, für alle Generationen zu sorgen.‹ In diesem Sinne hast du geheiratet und hier kam wieder Sue ins Spiel. Du hast sie geschwängert, aber Sex war für dich nur eine Pflicht, weil dein Vater gesagt hatte, du müsstest für alle Generationen sorgen. Also musstest du Generationen erschaffen. Sue hatte ein sehr leidenschaftliches Wesen und konnte nicht verstehen, warum du ihre sexuellen Bedürfnisse ignoriertest. Als sie schwanger war – Klasse! –, hattest du neun Monate lang Ruhe. Sie war gut genährt, trug schöne Kleider und wurde von der Gemeinschaft respektiert, aber du hast keine große Liebe für sie empfunden. Deine Liebe galt der Idee der Familie – der nächsten Generation – und dem Wachstum der Gemeinschaft. Nach diesem Leben sagte Sue, sie wolle ein Leben, in dem du sie um ihrer selbst willen lieben würdest.«

»Jetzt kommt ein sehr wichtiges Leben für Mike. Ich sehe ihn als Rabbiner, der sich über einige Schriftrollen beugt. Das war während des Zweiten Weltkriegs. Er musste den Judenstern tragen und wurde in ein Konzentrationslager gesperrt. Er war in diesem Leben nicht homosexuell, aber er erfüllte seine seelsorgerischen Pflichten gegenüber den schwulen Männern mit den rosa Sternen, was nicht einmal die anderen Opfer der Lager tun wollten. Ihr müsst wissen, dass die Homosexuellen in den Konzentrationslagern am schlimmsten behandelt wurden. Den anderen Gefangenen war es sogar erlaubt, ihnen das Essen zu stehlen.«

»Mike sah schwule Männer, die einander wahrhaft liebten. Sie waren krank, erschöpft und am Verhungern, aber ihre Liebe zueinander war immer noch da. Das hinterließ in ihm einen sehr großen, ihn nachhaltig prägenden Eindruck. Die Persönlichkeit des Rabbiners war so tief gerührt von der Liebe, die diese homosexuellen Männer füreinander empfanden, dass er später dann beschloss, dieses Mal mit dir zurückzukommen. Er sagte: ›Ich will mir das selbst beweisen.‹«

Während ich Corbies Worte in mich aufnahm, wurde mir klar, dass Mikes Motivation in dem schlichten Wunsch bestand, am eigenen Leib zu erfahren, was er in einem früheren Leben nur beobachtet hatte – was für die vorgeburtliche Lebensplanung nicht ungewöhnlich ist. Als Seelen streben wir danach, *alles* zu erleben. Tatsächlich gibt es im Universum nichts weiter zu tun, als uns selbst die verschiedensten Erfahrungen zu schenken.

»Die Sexualität zwischen dir und Sue«, fasste Corbie zusammen, »geht jedes Mal den Bach runter, und zwar unabhängig davon, welches Leben ihr gerade teilt, weil du immer etwas Größeres im Sinn hast. Mike und du, ihr habt immer versucht, jede Art sexueller Verbindung zu vermeiden, aber ihr habt eine starke Herzensverbindung. Aus diesem Grund seid ihr in das Vater-Sohn-Leben gekommen. Ihr wolltet immer etwas erschaffen, das ›kein Baby des Fleisches‹ ist. Beschließt Sue, eine schwierige Lektion zu lernen, ist normalerweise auch Mike da, entweder als Geistführer oder in verkörperter Form, um ihr zu helfen, ihre Lektion zu verstehen. Von euch dreien ist er der am weitesten entwickelte.«

Ich fragte: »Corbie, vorhin hast du den Begriff ›nächstes Leben‹ gebraucht. Ich weiß, dass Leben in einer bestimmten Reihenfolge stattfinden, aber ich weiß auch, dass vom Standpunkt der Seele aus alle Leben gleichzeitig stattfinden. Kannst du dazu etwas sagen?«

»Es ist wie bei einem Festmahl«, antwortete Corbie. »Ein wirklich guter Küchenchef kann das Soufflé, den Salat, den Truthahn und die Vorspeisen gleichzeitig vorbereiten, aber den Gästen wird alles in verschiedenen Gängen serviert. Man könnte es auch mit einem Schachbrett vergleichen, auf dem alle Figuren gleichzeitig stehen. Welche sollen wir zuerst bewegen? Welche schauen wir uns an? Ein guter Schachspieler muss sechs Züge im Voraus denken. Jeder Zug, den er macht, wird sich nach vier weiteren Zügen auf die Dame auswirken. Wenn wir mit unserem eingeschränkten Verstand Schach spielen können, dann können wir das doch wohl auch tun, wenn wir außerhalb des Körpers sind.«

»Corbie, Jim hat mir gesagt, dass Sue unfruchtbar ist. Haben Jim und Sue ihre Unfruchtbarkeit geplant und, falls ja, warum?«

»Ja«, antwortete Corbie im Brustton der Überzeugung. »Sue wollte um ihrer selbst willen geliebt werden, nichts für das, was sie sonst bieten konnte. Wenn eine Frau Kinder hat, kommt es häufig vor, dass ein Großteil ihrer Persönlichkeitsentwicklung auf Eis gelegt wird, bis die Kinder aus dem Haus sind. Sue kam als Frau, um von dir, Jim, geliebt und geheiratet zu werden. Keine Kinder zu bekommen, bedeutete, dass sie deine volle Aufmerksamkeit so lange haben konnte, wie sie wollte.«

»Corbie, Jim erzählte mir außerdem, dass er als Katholik aufwuchs und dass ihm beigebracht wurde, Masturbation sei eine Sünde. Warum hat er das für sich gewählt?«

»Wie ich [aus der geistigen Welt] höre, sollte das dafür sorgen, dass er zumindest äußerlich heterosexuell bleiben würde, bis er reif genug war, eine Beziehung mit Mike einzugehen. Wenn es zudem nach deinem Verständnis richtig ist, dass du heterosexuell bist und heiratest, die Homosexualität dann aber wie eine Naturgewalt über dich hereinbricht, dann ist sie nicht verwässert.«

Jim wollte sich also nicht einfach irgendwie als schwul erleben, sondern eine besonders intensive Erfahrung machen, mit allem, was dazugehört, dachte ich bei mir.

Dann fügte Corbie hinzu: »Jim, wenn du bereits mit einer schwulen Orientierung in dieses Leben gekommen wärst und dich ein Leben lang als homosexuell betrachtet hättest, wärst du ein anderer Mensch. Du könntest nicht wirklich nachvollziehen, was es bedeutet, ein ›normales‹ Leben zu führen und dann zu entdecken, wie es ist, ein homosexueller Mann zu sein und als dieser Erfüllung zu finden.«

Dann bat ich Corbie, uns den Unterschied zu erklären zwischen einer Seele, die ein Leben plant, in dem sie ihre sexuelle Orientierung schon früh erkennt und akzeptiert, und einer, die eine spätere Entdeckung plant.

»Der Wechsel von der Hetero- zu Homosexualität«, antwortete Corbie, »kann mit der Konvertierung eines eingefleischten Katholiken zum Judentum verglichen werden. Ich bekomme ein Bild [aus der geistigen Welt]. Es ist wie der Unterschied zwischen sanft geschwungenen Hügeln und Bergen. Wanderst du auf sanft geschwungenen Hügeln, wirst du auch irgendwann müde, aber du bist dir des ständigen Auf- und Abstiegs nicht so bewusst. Wenn du einen Berg erklimmst, ist das eine Erfahrung, die dir ein Hochgefühl verschafft. Du stemmst dich mit den Steigeisen in den Felsen, und die Kletterhaken sorgen dafür, dass du nicht abstürzt.«

»Corbie, worin bestehen Jims Lektionen für dieses Leben?«

»Er soll fähig sein, Liebe als etwas Größeres als die an ihr beteiligten Menschen zu sehen. Er soll sich selbst als etwas Größeres sehen als das, was er in dieser speziellen Inkarnation ist. Für Sue, so höre ich, besteht die Lektion darin, zu lieben und loszulassen. Mike ist hier, um die Dinge in Schwung zu bringen und sich dann zurückzuziehen.«

Corbie fuhr fort: »Jim, wenn ich mich mit deiner Energie verbinde, dann spüre ich da etwas ganz Spezielles an dir. Ich habe das Gefühl, dass ich mir erlauben darf zu weinen – nicht etwa vor Schmerz, sondern vor Erleichterung und Dankbarkeit, weil mich jemand wirklich sieht. Das ist es, was wir alle im Grunde unseres Herzens möchten: als die gesehen zu werden, die wir sind. Menschen wie du, die uns als die sehen, die wir sind, statt als die, welche wir sein sollen, sind wie wunderbare Engel in Menschengestalt, die uns einen goldenen Schlüssel reichen und sagen: ›Hier ist der Schlüssel zu dir selbst. Möchtest du ihn haben? Ich kann sehen, wo er hineinpasst. Ich bleibe hier bei dir, bis du ihn dir nimmst.‹ Du hast ein unglaubliches Vertrauen, dass der andere es schon packen wird, selbst wenn er es im Moment noch nicht kann. Das ist meiner Meinung nach der Grund, warum Mike auf der Seelenebene so gern mit dir arbeitet. Es wird nicht mehr lange dauern, bis du dich so weit entwickelt hast wie er. Du bist einer seiner Meisterschüler.«

»Wenn du still wirst, kannst du den Herzschlag der Welt spüren: Langsam und tief hallt er in dir wider. Dort herrscht ein Friede, der auch in dir ist, Jim. Weil du ihn in dir verankert hast, kannst du ihn auch anderen Menschen bieten, im Großen wie im Kleinen. Du kannst an sie glauben, wenn sie den Glauben an sich selbst verloren haben. Ob du ihnen das nun laut sagst oder ob du nur das Wissen in dir trägst, dass den Funken für sie am Glimmen hält – das ist es, was dich ausmacht.«

»Das ist ja genau das, was ich mit den Menschen mache!«, rief Jim aus. »Das bekomme ich immer wieder zu hören. Es ist mir schleierhaft, und ich verstehe es selbst nicht genau, aber genau das scheint es zu sein, was ich der Welt schenken kann.«

»Meine Homosexualität war ganz hervorragend für den Kampf um Selbstakzeptanz geeignet. Dadurch hat sich meine

Fähigkeit entwickelt, andere in ihrem Bemühen um Selbstakzeptanz zu unterstützen, und zwar ganz gleich, ob es dabei um Sexualität, Rassenzugehörigkeit oder was auch immer geht.«

»Corbie«, sagte ich, »bitte sprich zu den Menschen, die diese Worte lesen und wissen oder glauben, dass sie homosexuell sind, aber Mühe haben, dies zu akzeptieren.«

»Ihr sagt doch auch nicht: ›Ich wünschte, ich hätte dort eine Hand, aber dummerweise ist es ein Fuß‹«, gab Corbie zur Antwort. »Gäbe es keine Moral, kein richtig oder falsch, würdet ihr gar nicht darüber urteilen. Wenn ihr eure eigene Sexualität als fehlerhaft, als unrein oder als einzige Möglichkeit betrachtet, seht ihr nur die Einschränkungen. Ihr seht sie dann, wie die Welt sie sieht, nicht so, wie sie ist. Versucht einfach, sie ganz neutral zu betrachten. Dann ist ›schwul‹ einfach das, was ihr seid. Menschen, die mit einer heterosexuellen Neigung geboren werden, schauen doch auch nicht in den Spiegel und fragen sich: ›Warum bin ich heterosexuell?‹ Sie akzeptieren es einfach. Also jenen, die immer noch mit sich ringen, sage ich: ›Glaubt mir, womit ihr ringt, ist nicht, ob ihr richtig oder falsch seid, ihr reagiert auf euch selbst einfach innerhalb des Rahmens, der euch von der Gesellschaft vorgegeben wurde. Wenn wir außerhalb des Körpers sind, sind wir schließlich alles und nichts.‹«

Selbstliebe

Als Seelen, die sich auf der irdischen Ebene inkarnieren, haben wir mit unserer vorgeburtlichen Planung im Allgemeinen und mit der Planung unserer Herausforderungen im Besonderen häufig die Absicht, Selbstliebe zu entwickeln. Um uns selbst lieben zu können, müssen wir uns zunächst einmal akzeptieren, denn nur das, was akzeptiert wurde, kann auch geliebt werden. Um uns selbst zu akzeptieren, müssen wir aber zuerst wissen, wer wir sind. Voller Weisheit hatte Jim einen großartigen vorgeburtlichen Plan entworfen, der dazu gedacht war, zunächst zur Selbsterkenntnis, dann zur Selbstakzeptanz und schließlich zur Selbstliebe zu führen – was ihm auch gelang.

Jim erkannte sich und sein wahres Wesen, als er an jenem denkwürdigen Tag auf die Liberty Street hinaustrat. Vor seiner Geburt hatte er die Umstände, die verhinderten, dass diese tief reichende Selbsterkenntnis schon früher stattfinden konnte, sehr weise arrangiert: die strenge katholische Erziehung und die Großmutter, die ihm Scham beibrachte. Wie Stacis Führer uns mitgeteilt hatte, sorgten diese Elemente dafür, dass er auf dem von der Gesellschaft akzeptierten Weg blieb – auf einem Weg, den er brauchte, um ein solides Fundament zu errichten, von dem aus er dann den Sprung in sein neues Leben wagen konnte. Jims Lebensplan beinhaltete zudem ein wichtiges Element, das diesen Sprung fördern sollte: einen liebevollen, nicht urteilenden Vater. Als sich Jim seinen Vater aussuchte, entschied er sich für jemanden, der ihm zeigte, dass man Homosexualität offenen Herzens akzeptieren konnte, wodurch seine Selbstfindung erst möglich wurde. Ohne diese nicht urteilende Einstellung seines Vaters hätte Jim seine sexuelle Orientierung vermutlich noch viel länger unterdrückt, möglicherweise sogar ein Leben lang.

Häufig werde ich gefragt, wie man seinen vorgeburtlichen Lebensplan erkennen kann. Wenn Sie Ihren Plan verstehen möchten, schauen Sie sich die Umstände genau an, in die Sie hineingeboren wurden: die historische Epoche, deren Kultur und Normen, Ihre Rasse, Ihre Religion und Ihren wirtschaftlichen Status sowie die Einstellungen und Überzeugungen derjenigen, die während ihrer Entwicklungsjahre Schlüsselrollen innehatten.

Oft werden Sie dann gegensätzliche Kräfte am Werk sehen, die eine starke und unvermeidbare dynamische Spannung erzeugen. Schauen Sie sich diese Kräfte genau an, denn in der durch sie erzeugten Spannung liegt ein tiefer Sinn verborgen. Vor der Geburt wünscht sich jeder, eine solche Spannung zu erfahren, weil diese unsere geistige Entwicklung sowohl anstößt als auch fördert. In Jims Leben zeigte sich die dynamische Spannung im Konflikt zwischen der inneren Stimme, die auf Unterdrückung drängte – die Echos seiner urteilenden Großmutter und der religiösen Autoritäten, die lehrten, dass Masturbation sündhaft sei – und einer ihr widersprechenden inneren Stimme, die Mitgefühl forderte – ein Mitgefühl, das aus der liebevollen Akzeptanz seines Vaters erwachsen war.

In dieser inneren Spannung liegt eine Wahlmöglichkeit verborgen: die Wahl zwischen Liebe und Angst. Aus Sicht der Seele ist es diese Wahl, diese Ausübung unseren freien Willens, die das Leben zu einem so großartigen Abenteuer macht, das wir immer und immer wieder erleben wollen. Als Seelen hoffen wir, dass wir uns für die Liebe entscheiden werden. Wenn wir das tun, heben wir unser Schwingungsniveau an, erfüllen uns selbst mit Licht und entwickeln göttliche Tugenden wie Mut, die buchstäblich für alle Ewigkeit ein Teil von uns bleiben.

In der Zeit zwischen seiner Selbsterkenntnis auf der Liberty Street und dem Augenblick, in dem er Sue offenbarte, was er entdeckt hatte, kämpfte Jim mit der Entscheidung zwischen Liebe und Angst. Obwohl es sich nur um verhältnismäßig kurze zwei Wochen handelte, stellte diese Zeit doch einen Wendepunkt in seinem Leben dar. Denn während dieser Periode wurde eine richtungweisende Entscheidung getroffen, die den weiteren Verlauf seiner Inkarnation maßgeblich bestimmen sollte.

Jim hätte der Angst nachgeben können – Angst, Sue zu verletzen, Angst vor ihrer möglichen Ablehnung, Angst vor der inneren Stimme der Unterdrückung, die er immer noch in sich hatte – und sich entscheiden können, seine sexuelle Orientierung vor Sue zu verstecken. Aber er entschied sich dagegen. Tapfer nahm er all seinen Mut zusammen und erzählte Sue, dass er sich zu Männern hingezogen fühlte. Seine Entscheidung war außerordentlich bedeutsam, weil sie ihm abverlangte, sich über die Konditionierungen aus seiner Kindheit und die dadurch hervorgerufenen Ängste zu erheben.

Daher geht es in Jims Leben um viel mehr als nur darum, sich als schwuler Mann zu erfahren. Es geht darum, sich mutig dafür zu entscheiden, sich selbst treu zu sein. In dem Augenblick, in dem Jim beschloss, ehrlich zu Sue zu sein, hob er die Frequenz seines Bewusstseins an. Er erlebte sich selbst als mutig, was eine machtvolle Erfahrung für die Seele ist, die das Leben auf der physischen Ebene so erstrebenswert macht. Ohne die Angst wäre der Mut weder nötig noch erfahrbar gewesen.

Jeder, der bestimmte Menschen oder Umstände ablehnt, die ihm Angst machen, sollte Folgendes wissen: All diese Gegebenheiten sind auf Ihren eigenen Wunsch da, damit Sie sich dafür entscheiden können, mutig zu sein. Diese Erkenntnis wird dazu führen, dass Sie für ihre Anwesenheit dankbar sind. Die hohe Schwingung der Dankbarkeit ist mit der niederen Schwingung der Angst nicht vereinbar und wird sie vollständig verwandeln.

Auf diese wundervolle Weise besiegt die Angst sich selbst, weil sie das nötige Bewusstsein erzeugt, das sie heilt. So sieht der vorgeburtliche Lebensplan vieler Seelen aus, die sich heute inkarnieren. Weil Sie diese Worte lesen, haben Sie sich vor Ihrer Geburt gewünscht, die Angst auf diesem Planeten zu heilen, und gewusst, dass Sie dazu reichlich Gelegenheit bekommen würden. Jede Seele, die sich zu diesem Zeitpunkt verkörpert hat, besitzt die Fähigkeit, die Angst auf irgendeine Weise zu heilen. Sie könnten nicht hier sein, wenn Ihnen diese Fähigkeit fehlen würde. Immer wenn Sie Liebe über Angst stellen, kultivieren Sie die Eigenschaft des Mutes in Ihrer Seele und heilen dadurch sowohl sich als Individuum als auch die Erde als Ganzes. Jede derartige Entscheidung trägt dazu bei, das goldene Zeitalter einzuläuten – ein Zeitalter, das Sie erschaffen und von dem Sie Teil sein wollten – und führt zu einer dramatischen Anhebung des menschlichen Bewusstseins, wie sie der Planet noch nie gesehen hat.

Jims mutige Entscheidung, seine sexuelle Orientierung zu akzeptieren und Liebe über Angst zu stellen, bildete das Fundament der Selbstliebe, derer er sich jetzt erfreuen kann. In jedem Mutigen wächst auch die Selbstliebe. Manch einer mag sich nun aber fragen, warum das Gefühl der Selbstliebe, das sich einstellt, nachdem man eine mutige Entscheidung getroffen hat, mit der Zeit verblasst und man sich erneut in schwierigen Umständen wiederfindet.

Das Universum unterstützt eine mutige Entscheidung immer, aber es verlangt auch vom Individuum, dass es weiterhin mutige Entscheidungen fällt – und zwar eine nach der anderen. Viele fühlen sich dazu jedoch nicht in der Lage. Wenn Sie Ihre anstehenden Entscheidungen nicht treffen, verlischt buchstäblich Ihr Licht und Ihre niedere Schwingung zieht von Neuem Schwierigkeiten an. Diese Herausforderungen werden vor der Geburt als Potenzial geplant und bilden einige der Zeitachsen, die Traci auf den vorgeburtlichen Planungskarten sieht.

Als Jim und Sue nach Kalifornien zogen und Jim sich entschied, seine sexuellen Neigungen wieder zu unterdrücken, widerrief er damit einige seiner vorher so mutig getroffenen Entscheidungen. Indem er die Angst über die Liebe stellte, zog er eine schwierige Phase an, die es ihm ermöglichen sollte, sich erneut zu entscheiden. Schließlich wuchs Jims Selbstliebe. Nicht weil er eine einzige mutige Entscheidung getroffen hatte, Sue seine sexuelle Orientierung zu offenbaren, sondern weil er im Lauf der Jahre viele mutige Entscheidungen getroffen hatte. Sein Weg zur Selbstliebe war steil und lang und wurde durch die Entscheidung, seine sexuelle Orientierung wieder zu unterdrücken, noch länger, aber er schritt mutig weiter voran.

Weil lehren lernen ist, sind die vorgeburtlichen Pläne so gestaltet, dass wir die Gelegenheit bekommen, das zu lehren, was wir am dringendsten lernen müssen. Manchmal wird der Lehrer formell als solcher erkannt, aber viel häufiger planen wir, andere zu lehren, indem wir ihnen etwas vorleben: durch unser Beispiel, durch unsere Kämpfe und sogar durch das, was unsere Niederlagen zu sein scheinen.

Jim wollte sich in diesem Leben selbst lieben lernen und plante das Potenzial ein, das durch seinen freien Willen aktiviert und realisiert wurde, sich innerhalb des Rahmens der Ehe mit einer Frau mit seiner Neigung zu Männern auszusöhnen. Sue hatte die gleiche Absicht für dieses Leben – sich selbst lieben zu lernen – und plante so die Ehe mit einem schwulen Mann. Sie hoffte, diese Erfahrung würde ihr Herz öffnen und sie zur Selbstliebe führen. Sowohl sie als auch Jim hofften, dass er ihr dabei als Vorbild und Lehrer dienen würde, was er voller Liebe auch tat. Gleichermaßen diente Sue in ihrem Bemühen, sich selbst zu lieben, Jim als Vorbild und Lehrerin.

Ihre vorgeburtlichen Pläne und ihre Leben im Körper ergänzten sich in dieser fundamentalen Weise. Und hier sehen wir einen zentralen Grundsatz der vorgeburtlichen Lebensplanung: Familien – und zwar sowohl die, in die wir hineingeboren werden wollen, als auch die, die wir uns später selbst erschaffen – entscheiden sich häufig dafür, zusammen zu sein, weil die einzelnen Mitglieder die gleichen Lektionen lehren und lernen wollen. Üblicherweise ist die Lektion Selbstliebe. Sollte Sue eines Tages verstehen, dass Jim sie liebt und sich voller Liebe entschieden hatte, ihr Vorbild und Lehrer zu sein, wird sie ihm möglicherweise vergeben. Wenn Sie der Partner eines Menschen sind, der Sie verletzt hat oder jetzt verletzt, weil er seine sexuelle Orientierung erkannt hat, bedenken Sie bitte, dass es dieser Mensch möglicherweise auf Ihre Bitte hin als Dienst an Ihnen und aus Liebe für Sie getan hat.

Aber was ist mit Eltern, die Probleme damit haben, die sexuelle Orientierung eines Kindes zu akzeptieren? Falls Sie ein solcher Vater oder eine solche Mutter sind, wusste Ihr Kind bereits vor seiner Geburt, dass Sie dieses Problem haben würden, und es hat sich nicht trotzdem, sondern gerade deswegen für Sie entschieden. Ihr innerer Kampf ist sowohl eine Gelegenheit, Ihr Kind lieben zu lernen, als auch eine Form des Dienstes an Ihrem Kind. Bedenken Sie bitte, dass im Reich des Physischen nichts so ist, wie es zu sein scheint. Hätte Ihr Kind Eltern gewollt, die dieses Problem nicht haben, hätte es sich anders entschieden. Die vorgeburtliche Wahl der Eltern wird immer voller Liebe und mit großer Weisheit getroffen.

Warum ein Kind sich Eltern aussucht, die Probleme mit seiner sexuellen Orientierung haben? Aus demselben Grund, aus dem Jim die Herausforderungen plante, denen er sich gegenübersah: als starken Impuls, der zur Selbstliebe führen sollte. Diese Erkenntnis erlaubt es Eltern, sich dafür zu vergeben, dass sie über ihr Kind urteilen. Die Selbstvergebung der Eltern ist sowohl der Beginn einer umfassenden Selbstliebe als auch der Heilung der Beziehung zu ihrem Kind. Wenn Sie über Ihr Kind geurteilt haben, nehmen Sie dieses Urteil und sich selbst voller Vergebung und Mitgefühl an, statt Ihr Urteilen auch noch zu verurteilen. Finden Sie Ihren Frieden in dem Wissen, dass die

Entscheidung Ihres Kindes, Sie als Elternteil auszusuchen, perfekt war. Nichts weniger ist möglich.

Und falls Sie Ihre eigene sexuelle Orientierung verurteilen oder diese Verurteilung durch andere erfahren haben, sollten Sie wissen, dass Sie zu den mutigsten unter den Seelen gehören. Ihr Weg zur Selbstakzeptanz und Selbstliebe bahnt einen energetischen Pfad, der es allen Menschen – selbst jenen, denen Sie nie begegnen und die nie von Ihnen hören werden – leichter macht, nicht nur ihre sexuelle Identität zu akzeptieren und zu lieben, sondern alle Aspekte ihres Wesens. Was Sie sich selbst schenken, das schenken Sie allen.

Sie sind ein Lehrer für die Welt, ein Segen für alles und jeden.

Kapitel 2

Vergewaltigung

Ein Jahr nach der Veröffentlichung von *Your Soul's Plan*[3] hielt ich an der Unity of Birmingham Kirche in Birmingham, Alabama, einen Vortrag. Während meines Aufenthalts dort wohnte ich bei Beverly und ihrem Partner Tom, zwei Mitgliedern dieser Kirche. Beverly zu begegnen war wie das Wiedersehen mit einer lange nicht gesehenen Freundin. Während meines ganzen Besuchs staunte ich über ihre Warmherzigkeit, Güte und Offenheit.

Als wir eines Abends spät allein in der Küche saßen, vertraute Beverly mir an, dass sie vor vielen Jahren vergewaltigt worden war. Da sich meine Arbeit auf das Planen von Herausforderungen während unseres Lebens konzentriert, ist es nicht ungewöhnlich, dass mir Menschen intime Angelegenheiten anvertrauen. Ungewöhnlich war aber ein Detail, das mir Beverly erzählte.

Der Vergewaltiger war nach der Tat neben ihr im Bett eingeschlafen. Sie nutzte die Gelegenheit zur Flucht, kroch leise aus dem Bett und schlich zur Schlafzimmertür. Als sie an ihrem

3 Deutsch: *Mutige Seelen. Planen wir unsere Lebensaufgabe bereits vor der Geburt?* Ansata, München 2008

Vergewaltiger vorbeiging, tat sie etwas, was ihr damals vollkommen unverständlich war.

»Ich lehnte mich herab und küsste ihn auf die Wange.«

Diese Aussage faszinierte mich, und zwar nicht nur, weil Beverly den Mann geküsst hatte, von dem sie vergewaltigt worden war, sondern auch, weil mir sofort klar wurde, dass dieses Verhalten vermutlich durch eine vorgeburtliche Absprache erklärt werden könnte. Ich spürte, dass es tatsächlich eine solche Verbindung zwischen Beverly und ihrem Vergewaltiger gab und dass sie möglicherweise bereits vor ihrer Geburt gewusst hatte, dass sie vergewaltigt werden könnte. Der Gedanke verblüffte mich, obwohl ich schon wusste, dass einige sehr dunkle Ereignisse eingeplant werden, bevor wir uns verkörpern. Dennoch fragte ich mich, ob diese Sichtweise auch das Potenzial für Heilung enthielt. Als ich zwei Jahre später Menschen bat, ihre persönlichen Geschichten für dieses Buch zu erzählen, erinnerte ich mich an meinen eigenen vorgeburtlichen Plan, meine Wahrheit unerschrocken auszusprechen. Ich holte tief Luft und bat Beverly, noch einmal mit mir darüber zu sprechen, obwohl ich nicht wusste, wie sie reagieren würde.

Im Laufe der Gespräche, die wir daraufhin führten, fand ich heraus, dass Beverly einen steinigen, aber sehr heilsamen Weg gegangen war. Sie erzählte mir, dass sie sich – jahrelang durch die Vergewaltigung traumatisiert – in den Alkohol geflüchtet hatte, zweimal geschieden und sehr lange nicht in der Lage gewesen war, »eine gesunde Beziehung zu ihrer Sexualität zu haben«. Aber jetzt mit fünfzig erfreute sie sich einer emotional und körperlich intimen Beziehung mit ihrem Partner und hatte dem Mann, der sie vergewaltigt hatte, vollständig vergeben. Einige Zeit nach unseren Gesprächen wurde sie als ehrenamtliche Beraterin in einem Zentrum für Vergewaltigungsopfer tätig.

Was, fragte ich mich, hatte Beverly getan, um sich zu heilen und ihm vergeben zu können? War ihr Weg der Heilung jetzt abgeschlossen? Und falls nicht, was konnte sie sonst noch tun, um ihre seelischen Wunden zu heilen?

Wenn Sie Beverlys Geschichte lesen, bedenken Sie bitte, dass nicht alle Vergewaltigungen geplant wurden; manche von ihnen basieren auf Entscheidungen, die von Menschen nach ihrer Geburt aufgrund ihres freien Willens getroffen werden – was in den meisten Fällen so ist. Und unter denen, die geplant wurden, gibt es große Unterschiede in der Wahrscheinlichkeit, dass sie auch stattfinden werden. Wenn Sie vergewaltigt worden sind, ist Ihre Intuition Ihr bester Ratgeber, um herauszufinden, ob die Vergewaltigung Teil Ihres vorgeburtlichen Plans war. Ihre Intuition – also die Stimme Ihrer Seele, die mit Ihnen kommuniziert – wird Sie zu der Sichtweise bringen, die für Sie wahr und daher heilsam ist.

Beverlys Geschichte

Beverly erwartete, dass der Sommer des Jahres 1978 eine unbeschwerte Zeit voller Spaß sein würde. Sie war zwanzig und vom College heimgekommen, um den heißen texanischen Sommer bei ihren Eltern und in der Gesellschaft alter Schulfreunde zu verbringen.

Eines Abends fuhr Beverly mit zwei dieser Freunde, Gary und Amy, nach Houston, um sich zu amüsieren. 1978 war Disko der letzte Schrei, und Beverly und ihre Freunde gingen in einen angesagten zweistöckigen Nachtklub, der eine besonders große Tanzfläche hatte. Beverly wollte es mit Gary und Amy so richtig krachen lassen.

Während des Abends saßen die drei an einem der Backgammon-Tische in der Disko. Ein Mann, der aussah, als ob er Ende vierzig war, und einen Anzug trug, kam auf sie zu und stellte sich als Steve, der Klubmanager, vor. Er meinte, er hätte sie vorher noch nie gesehen, und stellte einige harmlose Fragen, um sie kennenzulernen. Am Ende ihrer Plauderei sagte er noch: »Schön, dass ihr gekommen seid. Ich hoffe, ihr kommt bald mal wieder.«

»Später ging ich an die Bar«, erinnerte sich Beverly. »Steve sah mich, ging zum Barkeeper und sagte: ›Das geht auf mich.‹ Ich erwiderte: ›Danke, aber lieber nicht‹ und bezahlte mein Getränk. Ich fand das irgendwie komisch. Nach einer Weile kam Steve wieder zu uns. Ich stand auf, ging zum Barkeeper und fragte: ›Ist der wirklich echt?‹ Der Mann hinter dem Tresen antwortete: ›O ja, ihm gehört der Laden.‹ Ich setzte mich wieder hin und war beruhigt.« Später würde Beverly herausfinden, dass der Barkeeper für Steve gelogen hatte.

Im Verlauf des Abends suchten Gary und Amy einen anderen Teil des Klubs auf, und Beverly saß am Backgammon-Tisch neben einem Mann namens John, der sich als Freund von Steve vorgestellt hatte. Dann tauchte Steve wieder auf.

»Gary hat mich zu sich nach Hause eingeladen«, log er Beverly an. »Ich hab ihm gesagt, dass du mit mir und John mitfährst.«

»Nein, ich möchte mit den beiden fahren.«

»Sie sind schon los.«

Beverly war verwirrt und verstand nicht, warum ihre Freunde ohne sie gehen würden. Sie ging zum Parkplatz, um nach ihrem Auto zu suchen. Steve folgte ihr. Als sie den Wagen nicht finden konnte, sagte sie zu Steve, sie würde wieder hineingehen, um nach Gary und Amy zu suchen.

»Nein, wirst du nicht«, erwiderte Steve bestimmt. »Du bleibst hier.«

»Ich wurde ziemlich nervös und stand auch ein bisschen unter Schock«, erzählte Beverly weiter. »Also stand ich einfach da.

Heute frage ich mich, warum ich nicht weggelaufen bin und um Hilfe gerufen habe.«

Dann kam John angefahren. Steve öffnete die Wagentür, stieß Beverly hinein und setzte sich rechts neben sie, sodass sie auf dem Vordersitz zwischen den beiden eingequetscht war. »Gary und Amy müssen schon losgefahren sein«, sagte er zu John. »Wir fahren auch los.«

»Ich kannte Houston nicht sehr gut«, sagte Beverly, »aber ich wusste, dass man den Schildern nach Dallas folgen musste, wenn man in den Teil der Stadt kommen wollte, in dem Gary wohnte. Der Wagen fuhr aber in die entgegengesetzte Richtung: von Dallas weg.« Als Beverly einwarf, dass sie in die falsche Richtung fuhren, sagte Steve ihr, dass sie noch etwas bei ihm zu Hause abholen mussten.

»Ich erinnere mich noch genau, wie ich auf die Figur auf der Kühlerhaube ihres Cadillacs starrte«, erzählte Beverly nun mit emotionsgeladener Stimme. »Da ist diese Figur … Ich verfiel in eine Art Schockstarre oder trennte mich von mir selbst ab, weil ich jedes Gefühl für Zeit verlor. Ich kam erst wieder zu mir, als der Wagen eine Auffahrt hinauffuhr und parkte.« Als Beverly keine Anstalten machte auszusteigen, nahm Steve sie beim Arm und zerrte sie ins Haus, durch die Küche und in das Schlafzimmer.

»Bitte«, flehte Beverly ihn an, »niemand weiß, dass ich hier bin. Wenn du mich gehen lässt, ruf ich mir ein Taxi und erzähle niemandem etwas. Es wird keine Probleme geben. Aber bitte, bitte, lass mich gehen!«

»Nein.«

»Wenn du mir etwas tust, wird meine Familie dafür sorgen, dass du bestraft wirst.«

»Damit kannst du mir keine Angst machen. Du wirst deine Familie nämlich nie wiedersehen.«

Beverly fing an zu schluchzen. Steve befahl ihr, sich auszuziehen. Beverly weigerte sich.

»Dann zog er mir die Kleider aus«, sagte Beverly mit zitternder Stimme. »Als er auf mich kletterte, war es wie schon im Auto. Ich erinnere mich an rein gar nichts, bis ich dalag und zur Decke hochschaute. Da merkte ich, dass er schlafend neben mir lag. Ich wusste nicht, wie viel Zeit vergangen war. Ich dachte nur: ›Dies ist deine einzige Chance. Wie viele Leute sind hier? Komme ich hier raus?‹ Langsam kroch ich aus dem Bett und versuchte dabei, es so wenig wie möglich zu erschüttern. Ich zog Hemd und Hose an und nahm die Schuhe in die Hand. Als ich auf seiner Seite des Bettes vorbeikam, lehnte ich mich herab und küsste ihn auf die Wange. Als ich das Haus verließ, schloss ich die Tür ganz leise hinter mir.«

»Beverly«, warf ich ein, »was brachte dich dazu, ihn zu küssen?«

»Ich weiß es nicht. Es hat mich selbst schockiert. Es fiel mir sehr schwer, irgendjemandem davon zu erzählen. Wie soll das jemand akzeptieren? Wie soll man das jemandem erklären?«

Mit rasendem Herzen lief Beverly die Straße entlang. Da sie Angst hatte, dass John oder Steve sie verfolgen würden, blieb sie dicht an den Häusern und hielt sich von den Straßenlaternen fern, in deren Schein man sie hätte sehen können. Sie klopfte an die Tür des ersten Hauses, in dem noch Licht brannte. »Ich wurde vergewaltigt«, rief sie dem überraschten Mann zu, der zwar zur Tür kam, sie aber nicht öffnete. »Sie müssen woanders Hilfe suchen«, wies er sie ab.

Beverly lief zum nächsten Haus, in dem noch Licht brannte. Dort ließ man sie ein. Sie rief ihre Eltern an und erzählte ihnen, was geschehen war.

»Es war merkwürdig«, erinnerte sich Beverly. »Meine Schwester war mit meinen Eltern zu Hause, als die Vergewaltigung geschah. Früh in der Nacht wachte sie völlig verstört und weinend auf, weil sie einen lebhaften Traum gehabt hatte, in dem sie vergewaltigt worden war. Meine Mutter stand auf, um sie zu trösten. Kurz nachdem meine Mutter wieder zu Bett gegangen war, klingelte das Telefon. Ich rief an, um zu erzählen, dass ich vergewaltigt worden war.«

Beverlys Eltern riefen die Polizei, die mit ihr zurück zum Tatort fuhr. Dort identifizierte sie Steve, der immer noch schlief, und John. Beide wurden festgenommen. Beverly wurde in die Notaufnahme des Krankenhauses gebracht, wo ihr Penicillin gespritzt wurde. »Seither reagiere ich allergisch auf Penicillin«, sagte sie. »Wenn du ein Trauma erlebst, reagiert dein Körper negativ auf alles, was damit in Verbindung steht.«

»Dann kehrte ich ins Haus meiner Eltern zurück. Ich rollte mich auf meinem Bett zusammen und schlang die Hände um den Kopf. Ich war völlig verängstigt. Ich erinnere mich noch, dass mich meine Mutter fragte, wie es mir ginge. Ich antwortete: ›Er hat mich gestohlen. Von mir ist nichts mehr da. Beverly ist verschwunden.‹«

Am nächsten Tag riefen Beverlys Eltern Amys Eltern an, um ihnen von der Vergewaltigung zu erzählen. »Erst später erfuhr ich, dass Amys Eltern wegen der Vergewaltigung auf mich herabsahen, weil sie meinten, ich hätte es vermutlich darauf angelegt. Das war ein furchtbares Gefühl. Wie konnte jemand so etwas denken? Ich war völlig erstaunt.«

Bei der Gerichtsverhandlung behauptete Steve, dass Beverly seine Freundin sei und bereitwillig mit ihm nach Hause gegangen wäre. Zu Beverlys Überraschung bestätigte der Nachbar, der sie abgewiesen hatte – ein Freund von Steve – bestimmte Aspekte von Steves Version. Der Verteidiger fragte sie, wie viel Alkohol sie an jenem Abend konsumiert hatte und warum sie mit Steve auf den Parkplatz gegangen sei. Damit wollte er andeuten, dass die beiden eine Beziehung hätten. Dennoch wurde Steve verurteilt und erhielt zwanzig Jahre Gefängnis. Nach fünf Jahren wurde er bedingt entlassen und starb sechzehn Jahre später.

Heilung

Ich fragte Beverly, wie sie sich in der ersten Zeit nach der Vergewaltigung gefühlt hatte.

»Vollkommen schmutzig«, stieß sie hervor. »Ich konnte mir nicht vorstellen, jemals wieder Sex haben zu wollen. Mir war furchtbare Gewalt angetan worden. Ich kam mir wie beschädigte Ware vor. Es war mir unvorstellbar, jemals darüber hinwegzukommen.«

»Wie bist du damit fertiggeworden?«

»Es dauerte mehrere Jahre. Ich habe Alkohol getrunken, um meine Gefühle zu betäuben. Ich versuchte, mich selbst davon zu überzeugen, dass alles in Ordnung sei, aber ich nahm Medikamente, damit der Schmerz wegging. Bis ich einen Therapeuten aufsuchte, war ich bereits in den Dreißigern. Die Heilung nahm die Zeit zwischen Mitte dreißig und Anfang vierzig in Anspruch. Ich ging zu den Anonymen Alkoholikern und hörte mit dem Trinken auf. Dann erst begann ich, Fortschritte zu machen.«

»Ich meiner Ehe war ich nicht glücklich«, fuhr sie fort. »In unserem Sexualleben gab es Probleme, und ich wusste nicht, ob ich jemals für irgendjemanden eine gute Partnerin abgeben würde. Mir tat mein Mann leid, weil ich ihm nicht die Art von Beziehung geben konnte, die er verdient hatte und brauchte.«

»Als ich endlich zu den Anonymen Alkoholikern ging, begann ich, mich zu öffnen und mich auszudrücken. Vorher hatte ich alles unterdrückt. Ich dachte, dass ich dem Vergewaltiger

Macht über mich geben und bestätigen würde, dass er mein Leben immer noch beeinflusste, wenn ich versuchte, die Vergewaltigung und meine Emotionen aufzuarbeiten. Ich wollte das nicht, aber indem ich meinen Schmerz und meine Wut nicht zum Ausdruck brachte, zerstörte ich mich selbst.«

»Beverly, was hast du dann getan, um den Schmerz und die Wut loszulassen?«

»Ich begann verschiedene Therapien. Ich ging zu einem zehntägigen *Healing Your Life*-Seminar, in dessen Verlauf ich viel in mein Tagebuch schrieb. Wir stellten bestimmte Ereignisse nach, um die Wut rauszulassen. Wir benutzten Sandsäcke dafür. Ich übte mich in tiefen Atemtechniken.[4] Dann besuchte ich ein Seminar, in dem bestimmte Themen durch Rituale aufgelöst werden sollten. Ich hatte ein Bild von ihm. Am letzten Abend des Seminars schrieb ich ihm einen Brief. Ich las ihn vor und verbrannte ihn dann zusammen mit seinem Bild.«

Ich fragte Beverly, was sie in diesem Brief geschrieben hatte.

»Ich schrieb ihm, dass er mich betrogen und mir etwas sehr Kostbares genommen hatte: die Kontrolle über meinen eigenen Körper.« Beverly begann zu weinen. »Man hat einfach … Man hat einfach das Gefühl, keine Kontrolle über irgendetwas zu haben. Wenn ich nicht bestimmen kann, wann mich jemand berührt oder mit mir intim wird, worüber habe ich dann noch Kontrolle? Außerdem schrieb ich in dem Brief, wie ich das alles hinter mir lassen würde. So wenig ich mir auch eingestehen wollte, dass die Vergewaltigung mein Leben nachhaltig und stark beeinflusst hatte, so sehr wollte ich sie doch auch abschütteln, weil es eben doch so war.«

4 Atemtechniken können den Zugang zu unterdrückten Emotionen ermöglichen. Wenn diese schmerzhaften Emotionen ins Licht des Bewusstseins gerückt werden, können sie in Liebe angenommen und so geheilt werden.

»Ich erinnere mich, dass ich jemanden fragte: ›Woher weiß ich, wann ich geheilt bin? Wann wird das aufhören?‹ Es schien mir nicht möglich zu sein.«

Ein großer Durchbrach gelang Beverly, als sie während eines Treffens der Anonymen Alkoholiker ihre Lebensgeschichte erzählte. »Das war das Schwerste, was ich jemals getan hatte. Ich weinte, ich zitterte, aber ich erzählte alles. Nachdem ich es getan hatte, fühlte ich mich erstaunlicherweise so viel besser. Mir wurde klar, dass es einen gewaltigen Unterschied machte, darüber zu reden oder zu schreiben und es einfach herauszulassen. Wenn ich danach das Bedürfnis hatte zu weinen, ließ ich es einfach zu, ohne darüber nachzudenken, warum ich weinte. Ich verstand, dass ich wissen werde, was ich wissen muss, wenn die Zeit dafür reif ist. Ich muss die Antworten nicht erzwingen.«

»Beverly, du hast vorhin Probleme mit Intimität erwähnt«, sagte ich. »Wie hast du diese geheilt?«

»Ich erinnere mich, dass ich dachte, es sei mir egal, ob ich jemals wieder Sex haben würde«, antwortete sie. »Erst nachdem ich bei den Anonymen Alkoholikern war und aufgehört hatte zu trinken, begannen sich in meinem Körper wieder sexuelle Energien zu regen. Ich wachte nachts auf, weil ich einen Orgasmus hatte. Plötzlich war da diese ganze Sexualität, die ich all die Jahre unterdrückt hatte. Es war nicht mehr meine Entscheidung. Mein Körper sagte mir: ›ja.‹ Mit Tantra und einem Sexualtherapeuten habe ich diese Thematik aufgearbeitet. Ich hatte Angst, nüchtern Sex zu haben, weil ich nicht wusste, wie ich mich verhalten würde. Es machte mir Angst. Es dauerte eine ganze Weile, bevor ich verstand, dass es nicht nur um mich ging. Da erkannte ich, dass Sexualität eine gesunde, spirituelle Begegnung sein kann.«

»Etwas, auf das ich vor allem stolz bin«, fügte sie hinzu, »ist, dass ich keinen Hass gegenüber diesem Mann empfinde.«

»Was fühlst du jetzt ihm gegenüber?«

»Ich bete für ihn. Und ich verstecke mich nicht mehr vor meiner Geschichte. Ich führe einfach ein gesundes, engagiertes, ehrliches Leben.«

»Beverly, was würdest du einer Frau sagen, die sich nach einer Vergewaltigung auf den Weg macht, um zu heilen?«

»Bitte gib nicht auf«, sagte sie leidenschaftlich. »Du kannst wieder ein besseres, gesünderes Leben haben und ganz werden. Ich habe mehr Kontrolle über mein Leben, eine engere Beziehung zu mir selbst und bin jetzt in einem Ausmaß ganz, wie ich es vor der Vergewaltigung nie war. Auf irgendeiner Ebene habe ich mich für diesen Weg entschieden und er hat mich dorthin gebracht, wo ich jetzt bin. Ich bin dankbar, dass ich heute eine so enge Verbindung zu mir selbst und zum Geistigen habe.«

Pamelas Eindrücke von Beverly

Nachdem ich mit Beverly gesprochen hatte, blieb mir nur ein einziger Hinweis auf eine mögliche vorgeburtliche Vereinbarung zwischen ihr und dem Vergewaltiger: der Kuss. Ich wusste nicht, was ich damit anfangen sollte. Und da ich große Mühe mit der Vorstellung hatte, dass eine Seele wissentlich und willentlich zustimmen würde, sich in irgendeiner Weise an einer Vergewaltigung zu beteiligen, wollte ich Pamela und Jeschua unbedingt diese Fragen stellen: Hatten Beverly und Steve sich vor ihrer Inkarnation gekannt? War sich einer von beiden oder waren sich beide der Möglichkeit bewusst, dass eine Vergewaltigung stattfinden würde? Falls ja, warum hatten sie einen solchen Plan geschmiedet?

Vor der Sitzung hatte Beverly Pamela erklärt, dass sie für Steves Seele beten würde. Dann fragte sie Pamela, auf welche Weise eine verbliebene karmische Verbindung zwischen den beiden geheilt werden könnte.

»Beverly, ich beginne, indem ich mich mit deiner Aura verbinde und dir beschreibe, was ich sehe und fühle«, begann Pamela. Wieder einmal erinnerte ich mich daran, dass Pamela das Wort »fühlen« benutzte, um ihre Hellfühligkeit zu beschreiben, also ihre Fähigkeit, in Beverlys Energiefeld einzutreten und direkt zu spüren, was dort ist.

»Wenn ich mir die Energie anschaue, die dich umgibt, spüre ich Offenheit in deinem Herzen, die Bereitschaft, zu lernen und das Leben und das zu verstehen, was du durchgemacht hast. Ich spüre in dir eine Verbindung zum Geistigen, zu Gott, was bedeutet, dass du einer höheren Führung in deinem Leben gegenüber aufgeschlossen bist. Ich sehe auch, dass du viele schwere Emotionen durchlebt hast. Deine Aura fühlt sich zerbrechlich und verletzlich an. Sie fühlt sich auf positive Weise offen an, um Führung zu empfangen, aber auch offen im Sinn von ungeschützt, offen gegenüber einer Unsicherheit in dir, ob du das Richtige spürst, ob du es richtig machst.«

»Ich finde, du solltest stolzer auf dich und all die Dinge sein, die du erreicht und durchgemacht hast, ohne dabei den Glauben zu verlieren. Ich finde, du könntest größeres Selbstvertrauen haben. Gleichzeitig kann ich fühlen, dass es für dich wegen der Dinge, die du in der Vergangenheit erlebt hast – nicht nur die Vergewaltigung, sondern auch andere Sachen in deiner Kindheit – schwierig ist, Vertrauen zu haben und dich auf dich selbst zu verlassen.«

»Wenn ich in die Energie deiner Kindheit hineinspüre, fühle ich, dass du damals irgendeiner Form von Aggression ausgesetzt warst. Ich habe das ganz starke Gefühl, dass es deine Seelenaufgabe in diesem Leben ist, mit Aggressionen umzugehen, Grenzen zu setzen und dich nicht von der Aggression vereinnahmen zu lassen oder zuzulassen, dass sie tief in deine Seele und deinen Körper eindringt. In diesem Leben geht es darum, für dich selbst einzustehen. Es geht um Selbstwert und darum, sich nicht in die Energien anderer Menschen hineinziehen zu lassen – besonders von Menschen, die sich für dich nicht stimmig anfühlen.«

»In deinen ersten und zweiten Chakras, den Energiezentren an der Wirbelsäulenbasis und in deinem Unterbauch, stecken noch Emotionen, die noch nicht verarbeitet wurden, besonders Wut. Ich fühle, dass deine Persönlichkeit die Neigung hat, immer sehr nett zu sein und sich anderen anzupassen. Aber in diesen unteren beiden Energiezentren befindet sich Wut, weil durch diese Anpassung deine eigenen Bedürfnisse geleugnet und verletzt werden. Falls irgend möglich wäre es wünschenswert, wenn du zurück zur Erfahrung der Vergewaltigung gehen und zu diesem Zeitpunkt einmal *in* deinen Körper eintreten könntest. Ich verstehe, dass dies für dich sehr schwierig ist, aber die Verletzung, die dir sowohl auf körperlicher als auch auf emotionaler Ebene zugefügt worden ist, wurde von deinem Körper erfahren und muss noch immer auf allen Ebenen angesprochen werden, bevor du völlig frei davon sein kannst.«

Obwohl Beverly in ihrem Heilungsprozess schon weit gekommen war, überraschte mich Pamelas Aussage nicht. Beverly war sicher nicht in der Lage gewesen, ihre Wut während der Vergewaltigung auszudrücken. Wenn wir aber unsere Emotionen nicht ausdrücken können oder wollen, wird diese Energie buchstäblich in die Körperzellen hineingedrückt. Und dort sitzt sie, wartet immer darauf, freigesetzt zu werden, und verursacht möglicherweise Krankheiten. Dass Beverly sich während der Vergewaltigung von sich selbst abgetrennt hatte, spielte dabei keine Rolle, denn sowohl ihr Unterbewusstsein als auch das elementare Bewusstsein ihres Körpers waren sich des Angriffs sehr wohl bewusst. Später hatte Beverly im Rahmen ihres Heilungsprozesses einen Teil ihrer Wut losgelassen – den Teil, an den sie sich bewusst erinnerte –, aber offensichtlich war da noch mehr.

Pamela fuhr fort: »Verallgemeinernd gesagt geht es in diesem Leben darum, die Wut bewusst zu nutzen und die in ihr verborgene Heilkraft zu spüren. Wird Wut offen angesprochen und akzeptiert, kann sie dir deine wahren Grenzen bewusst machen und dir helfen, zentrierter und geerdeter zu werden. Wenn du zu der Erfahrung der Vergewaltigung zurückgehst und dir vorstellst, nicht außerhalb deines Körpers zu sein, sondern in ihm, kannst du herausfinden, was du in diesem Augenblick wirklich gefühlt hast.«

»Du kannst die Demütigung, die Verzweiflung, die Hilflosigkeit, aber auch den Hass gegen den Mann und die Wut auf ihn spüren, weil er deine Grenzen gewaltsam verletzt hat. Es ist wichtig, diese Emotionen zu fühlen. Es mag dir zu destruktiv erscheinen, zu dem Erlebnis zurückzugehen und all diese Negativität noch einmal zu durchleben, aber wenn du es tust, verlässt sie dein Energiefeld und deinen Körper, und dadurch wirst du dich wie befreit fühlen.«

Der von Pamela beschriebene Prozess ist für die Heilung sehr wirkungsvoll. Dabei ist wichtig, dass das Wiedererleben der Vergewaltigung behutsam unter Anleitung eines erfahrenen Therapeuten durchgeführt wird, da sonst die Gefahr besteht, (re-)traumatisiert zu werden. Die liebevolle Unterstützung von Familienangehörigen und Freunden unterstützt den Prozess über alle Maßen.

»Während der Vergewaltigung konntest du mit diesen Emotionen nicht umgehen«, erklärte Pamela Beverly. »Die Emotionen waren sogar so stark, dass deine Schwester sie spürte. Sie erlebte einen Teil der Verzweiflung, die du nicht spüren konntest. Deine

Emotionen hatten sich von dir gelöst und schwebten energetisch um dich herum, sodass sie nicht mehr dir gehörten. Deine Schwester, die mit dir emotional eng verbunden war, stimmte sich auf sie ein. Sie half dir, dich zu erden und die Emotionen zu integrieren – nicht in deinem Körper! –, aber sie nahm dir einen Teil der Last ab, indem sie diese physisch in ihrem Körper spürte. Dafür schuldest du ihr nichts, es war etwas, das sie – möglicherweise unbewusst – für dich tun wollte. Deine damalige Reaktion – die Dissoziation – war völlig in Ordnung. Es ist wichtig, dass du akzeptierst, was geschehen ist, und dich selbst voller Mitgefühl betrachtest.«

»Geh in Gedanken zurück zur Vergewaltigung. Stell dir vor, dass du wie ein Engel neben dir stehst, während sie stattfindet. Du kannst dich jetzt selbst als der Engel, der du bist, als schreiendes, weinendes Kind sehen. Frag das Kind: ›Was fühlst du?‹ Das innere Kind repräsentiert reine, spontane Emotionen. Indem du in einen inneren Dialog mit deinem damaligen inneren Kind eintrittst, kannst du ihm helfen, die Erfahrung zu verstehen und alle Emotionen zu integrieren, die Teil dieses Erlebnisses waren.«

Wieder einmal hörte ich, wie wichtig die Befreiung von Emotionen ist. Wir lassen Emotionen los, indem wir sie ausdrücken. Und um sie ausdrücken zu können, müssen wir sie fühlen. Heilung erfordert Fühlen.

»Ich kann sehen«, erzählte Pamela weiter, »dass du auf der emotionalen Ebene, der Ebene des inneren Kindes, tatsächlich sehr ambivalente Gefühle gegenüber dem Vergewaltiger hattest. Der menschliche Teil von dir war von dem Erlebnis völlig überfordert und hatte große Angst. Aber es gab auch einen Teil von dir, der sich dem Mann irgendwie verbunden fühlte. Das war für dich damals unerklärlich. Dies ist aber der Teil von dir, der den Vergewaltiger in einem früheren Leben gekannt hat. Das erklärt die Tatsache, dass du ihm einen Kuss gegeben hast, bevor du dich aus dem Staub machtest.«

»Ich werde nun zu dieser Energie aus einem früheren Leben gehen, die ich zwischen euch beiden spüre. Ich fühle und sehe, dass du einst die Mutter dieses Mannes warst. Er wurde schon früh von dir getrennt, etwa mit acht oder neun, und war deswegen extrem wütend. Er hat dir nie vergeben.«

»Ich werde dieses frühere Leben nun von Anfang an anschauen, um herauszufinden, warum dies geschah. Ich sehe dich in diesem Leben als Baby. Du wirst von einer Mutter gehalten, die sehr freundlich ist und dich liebt. Sie ist aber eine Träumerin. Sie fantasiert gern und ist nicht wirklich anwesend, obwohl sie gütig und liebevoll ist. Dein Vater ist ein religiöser Mann mit sehr strengen Moralvorstellungen, sehr gewissenhaft.«

»Irgendwann stirbt deine Mutter. Du bist noch sehr klein, etwa vier. Die Beziehung deines Vaters zu dir ist nicht von Wärme geprägt; du fühlst dich emotional im Stich gelassen und bist einsam ohne deine Mutter. Du bist wütend, du hast das Gefühl, dir wurde durch den Tod deiner Mutter alles genommen. Aber du spürst auch die Trauer deines Vaters, er tut dir leid. Du hast irgendwie das Gefühl, dass du die Schuld daran trägst. Psychologisch gesehen fühlst du dich für den Kummer anderer Menschen verantwortlich, selbst wenn du gar nichts damit zu tun hast.«

»Du versuchst, ihm über die Trauer über den Tod deiner Mutter hinwegzuhelfen und sogar die Rolle der Mutter zu übernehmen. Seine Reaktion ist gemischt. Einerseits ist er ein Mensch, der nicht weiß, wie er mit Emotionen umgehen soll. Deine Energie ist so warm, so liebevoll und voller Mitgefühl, dass er nicht weiß, was er damit anfangen soll. Er scheint nicht fähig zu sein, sie anzunehmen. Andererseits fühlt er sich auf unreine Weise zu dir hingezogen. Er fühlt sich sexuell von dir angezogen. Er sucht in deiner Gegenwart Trost, fast so, als wärst du die Frau, die er verloren hat. Das ist für dich sehr verwirrend.«

»An einem gewissen Punkt berührt er dich auf unangemessene Weise und fordert dich auf, dich zu ihm ins Bett zu legen. Er umarmt dich und sucht Trost, aber nicht nur als Vater. Er ist in Bezug auf Sexualität ziemlich verwirrt. Er verachtet sie, aber er kann sie nicht völlig unterdrücken. Es ist schwierig für dich, deine Grenzen zu spüren oder wütend auf ihn zu werden. Du fühlst dich schuldig und denkst: ›Sollte ich ihm nicht noch mehr geben?‹ In deinem Kopf herrscht Durcheinander.«

Pamela fuhr fort: »Als du etwa achtzehn bist, sagt er dir, du sollst einen bestimmten Mann heiraten. Du liebst diesen Mann nicht, aber du bist einverstanden, weil du nicht wagst, deinem Vater zu widersprechen. Du glaubst immer noch, dass er weise ist und viele Dinge weiß. Da du als Kind völlig von ihm abhängig warst, vertraust du ihm.«

»Du fühlst dich bei dem Mann, den du heiratest, nicht wohl. Der Mann ist ein Freund deines Vaters und sehr besitzergreifend und eifersüchtig. Du hast Angst vor ihm. Dann wirst du schwanger und trägst sein Kind in dir. Dieses Baby ist die Seele von Steve, und als es geboren wird und du es in den Armen hältst, bist du wirklich glücklich.«

»Das ist einer der schönsten Augenblicke deines Lebens. Du bist von Ehrfurcht erfüllt. Das Baby in deinen Armen ist wunderbar, und zum ersten Mal in deinem Leben hast du das Gefühl, jemanden ganz für dich zu haben – jemanden, den du lieben kannst und mit dem alles nicht so schwer sein wird. Du freust dich darauf, für das Baby zu sorgen und ihm eine gute Mutter zu sein. Aber die Dinge entwickeln sich anders. Dein Ehemann wird sehr eifersüchtig auf seinen eigenen Sohn, weil dieser nun deine ganze Aufmerksamkeit bekommt. Er merkt, dass du wirklich glücklich mit dem Jungen bist und wird deswegen sehr wütend. Er wird sehr misstrauisch, ja sogar gewalttätig, und schlägt dich.«

»Der Junge, den ich Steve nennen will, hasst seinen Vater. Er versteht sich überhaupt nicht mit ihm. Dich möchte er beschützen. Er fühlt sich aber auch von dir abhängig, weil du der einzige Lichtblick in seinem Leben bist. Er will ständig bei dir sein. Er ist auf kindliche Weise ebenfalls sehr besitzergreifend.«

»Als Steve neun oder zehn ist, zwingt dich dein Mann, dich von deinem Sohn zu trennen. Steve wird in ein Internat geschickt, wo er sehr streng erzogen wird. Dein Mann redet dir ein, es wäre zum Besten des Jungen, weil du eine ›ungesunde Beziehung zu ihm hast. Ihr seid euch zu nahe.‹ Er ist immer noch auf geradezu krankhafte Weise eifersüchtig und misstrauisch. Du fühlst dich nicht in der Lage, dich gegen ihn zu behaupten, weil du Angst davor hast, dass er dich schlägt oder deinem Sohn etwas antut. Du beschließt, seine Entscheidung zu akzeptieren, aber es zerreißt dich fast. Du willst nicht von deinem Sohn getrennt sein und dein Sohn will nicht von dir getrennt sein.«

»Du bringst Steve in das Internat, das nicht sehr freundlich aussieht. Du sagst ihm nicht klar, dass du ihn verlassen und auf Dauer von ihm getrennt sein wirst. Du hast Angst, ihm das zu sagen, weil er ziemlich wütend werden kann. Er hat eine besitzergreifende Seite, die sehr zornig werden kann, wenn ihre Bedürfnisse nicht erfüllt werden. Als ihr von den Leuten, die das Internat leiten, getrennt werdet, bricht dein Herz. Steve muss mit Gewalt von dir gerissen werden. Er schreit dich an, weil er so wütend darüber ist, dass du ihn alleinlässt, dass du dich nicht gegen deinen Mann gewehrt hast.«

»Du hast das Gefühl, ihn betrogen zu haben. Du fühlst dich schuldig und bist innerlich zwischen deiner Loyalität zu deinem Mann und der zu deinem Kind zerrissen. Im Augenblick der

Trennung fühlt sich Steve so verraten und im Stich gelassen, dass in ihm ein großer Zorn auf dich aufwallt. Dieser Zorn, den er damals fühlte, setzt eine karmische Energie in Bewegung, die zu dem Verlangen wird, sich an dir zu rächen, aber dir auch wieder nahe zu sein.«

»Nachdem du ihn verlassen hast, empfindet er dir gegenüber sowohl Liebe als auch Hass. Diese Emotionen werden in jenem Leben nie aufgearbeitet. Du deinerseits hast dich den Rest deines Lebens schuldig gefühlt. Du hast dich selbst gehasst.«

Und da hatten wir es: Nicht aufgearbeitete Emotionen zwischen zwei Seelen, besonders mangelnde Vergebung, erschaffen karmische Bindungen, die aufgelöst werden müssen – wenn nicht in einem Leben, dann eben in einem anderen. Es heißt, Vergebung sei das Lösen der Bindungen, die uns aneinander fesseln. Diese Bindungen waren in Beverlys früheren Leben mit Steve nicht gelöst worden und wurden deshalb in das gegenwärtige Leben übernommen, um geheilt zu werden.

»Die Lektion, die durch diese Erfahrung gelernt werden soll«, erklärte Pamela weiter, »ist, dass du für deine Interessen und deine weibliche Energie einstehen musst.« Damit bezog sich Pamela nicht auf die Vergewaltigung, also auf eine Situation, in der Beverly völlig hilflos gewesen war, sondern auf das Leben im Allgemeinen. »Die Vergewaltigung hat dich ins Zentrum deiner Aufgabe für dieses Leben gebracht: Du sollst lernen, mit deinen Emotionen umzugehen, dich selbst zu ehren und für dich einzustehen, liebevoll zu sein, aber dich selbst zu schützen, ein Gleichgewicht zwischen Geben und Empfangen zu finden.«

»Zu diesem Zeitpunkt besteht der wichtigste Schritt zur Heilung darin, dich dem nicht aufgearbeiteten Zorn in dir zuzuwenden: wegen der Vergewaltigung, aber auch wegen anderer Ereignisse in deinem Leben, in denen du dich mit männlichen Aggressionen in anderer Form auseinandersetzen musstest.

Werde dir dieses Zornes bewusst. Das ist manchmal schwierig. Daher kann es hilfreich sein, den Zorn durch den Körper auszudrücken, zum Beispiel, indem du auf ein Kissen einschlägst oder mit den Füßen auf den Boden stampfst. Auf diese Weise kann dir der Körper helfen, den Zorn zu erwecken.«

»Zorn kann sehr heilsam sein, er ist nicht an sich schlecht. Erst wenn wir unseren Zorn unterdrücken und uns wegen ihm wertlos fühlen, werden wir deprimiert und verwirrt. Aber Zorn in seiner ursprünglichen Form drückt nur Folgendes aus: ›Nein, das will ich nicht!‹ Das ist eine sehr authentische Reaktion. Ich habe das Gefühl, du hast dich daran gewöhnt, diese Reaktion zu unterdrücken.«

»Es ist so wichtig, zu dem ursprünglichen Gefühl zurückzukehren und es zu akzeptieren. Dann gleicht es einer großen Welle im Meer: Nachdem sie ihren Scheitelpunkt erreicht hat, läuft sie auf den Strand auf und wird ganz ruhig und friedlich. Emotionen habe ihre eigene Dynamik. Wenn du sie freilässt, werden sie dir Frieden bringen und dich befreien. Sie haben die natürliche Tendenz, selbst ein Gleichgewicht zu finden.«

»Du hast mir gesagt, dass du für Steves Seele betest und darum, dass die karmische Verbindung zwischen euch in diesem Leben geheilt werden möge. Du hast gefragt, ob das bereits geschehen ist – und falls nicht, was du tun kannst, um dies zu erreichen.«

»Vor allen Dingen geht es darum, dein eigenes Karma aufzulösen. Karma wird nicht wirklich von mehreren Menschen geteilt. Du kannst dein eigenes Karma in der Beziehung zu einem anderen Menschen aufarbeiten, aber du hast dein Karma, und Steve hat seins. Ihr seid nur für euer eigenes verantwortlich. Steve hatte starke Schuldgefühle und fürchtete sogar, wegen dem verdammt zu sein, was er dir angetan hat. Aber jetzt, wo er hinübergegangen ist, hat er erkannt, dass du für das verantwortlich warst, was dir geschehen ist, genauso wie er für das verantwortlich war, was er dir angetan hat und was ihm daraufhin geschehen ist.« Pamela bezog sich hier meiner Meinung nach auf die Seelenebene, nicht auf die Ebene der Persönlichkeit.

»Diese Erkenntnis hat ihn von seinem größten Selbsthass befreit. Er bekommt auf der anderen Seite Hilfe. Er lernt und wächst. Aber ich will auch klar sagen, dass es einzig seine Sache ist, ob er etwas aus seiner Vergangenheit lernt oder nicht. Ob er nun sein Karma auflöst oder nicht, hat keine Auswirkungen auf dich.«

»Was sich aber auf dich auswirken wird«, erklärte Pamela weiter, »ist, wie du mit deinem eigenen Thema umgehst, ob du dir selbst dafür vergibst, dass du dieses Erlebnis in dein Leben gezogen hast. Es ist sehr mutig, dass du siehst, dass du für die Dinge verantwortlich bist, die du in dein Leben ziehst. Das gibt dir deine Macht zurück. Es ist ein großer spiritueller Durchbruch, die Vorstellung aufzugeben, nur ein hilfloses Opfer zu sein, und stattdessen zu erkennen, dass du Macht über dein Leben hast und nicht nur bestimmte Dinge in dein Leben ziehen, sondern dich auch über sie erheben und dich heilen kannst.«

»Du bist dir dessen bewusst. Es ist jetzt sehr wichtig, dich selbst voller Mitgefühl zu betrachten und dem Teil von dir, der noch durch die Vergewaltigung traumatisiert ist, zu erlauben, sich vollständig auszudrücken. Selbstausdruck führt zum Gleichgewicht. Indem du dir gestattest, die verdrängten Emotionen zu fühlen, sagst du zu deinem inneren Kind: ›Ich liebe dich so sehr. Du bist es dermaßen wert, geliebt zu werden, dass ich dir erlaube, dich vollständig auszudrücken, damit du an einen Punkt gelangen kannst, an dem du spürst, dass du in Wirklichkeit Freude und Liebe bist.‹ Die Lebensfreude, Kreativität, Liebe und Unschuld des inneren Kindes können dann freigesetzt werden. Die ursprüngliche Natur des Kindes kann enthüllt werden, wenn du den negativen Emotionen erlaubst, einfach da zu sein und sich auszudrücken.«

»Wenn du für die Seele des Vergewaltigers betest, schau tief in dich hinein und finde heraus, ob irgendwo Schuldgefühle versteckt sind. Jemand, der vergewaltigt wurde, kann sich schuldig fühlen, weil er glaubt, dem Vergewaltiger auch etwas angetan zu haben. Du denkst vielleicht: ›Jetzt kommt er meinetwegen in die Hölle.‹ Das ist nicht richtig, du brauchst nicht aus diesem Grund für seine Seele zu beten. Aber wenn du an den Punkt kommst, an dem du tiefes Mitgefühl für dich selbst empfindest und alle Emotionen loslässt, die mit der Vergewaltigung einhergehen, dann kannst du eine Stufe erreichen, auf der du sagst: ›Ich vergebe ihm. Ich kann sehen, wie dies aufgrund seiner Vergangenheit entstanden ist, wie er dazu kam, so etwas zu tun.‹ Wenn du dem Vergewaltiger auf diese Weise vergibst, befreist du dich selbst. Das ist etwas Wunderschönes.«

»Vergebung geschieht ganz natürlich, wenn du dich selbst wirklich liebst, dir vergibst und fähig bist, jedem Teil von dir zu vergeben, der verletzt und traumatisiert wurde. An diesem Punkt geschieht die Vergebung einfach aus der Erkenntnis heraus: ›Ich habe ihm vergeben.‹«

»Du musst nicht aufgrund von Schuldgefühlen für seine Seele beten. Bete für dich selbst, dass du in diesem Leben geheilt wirst. Das wird ihn befreien. Denn wenn seine Seele spürt, dass du frei von dem Schmerz bist, der dir durch die Vergewaltigung zugefügt wurde, wird das ihr Leiden lindern. Indem du dir selbst hilfst und dich heilst, hilfst du Steve, zu wachsen und sich zu entwickeln.«

»Das Karma aus dem früheren Leben, das ich beschrieben habe, ist jetzt ausgeglichen. Ihr seid quitt, wenn ich es einmal so salopp sagen darf. Aber um dein Karma wirklich aufzulösen, musst du einerseits sehen, welche Verantwortung du selbst für das Ereignis trägst, und andererseits deine verletzten Emotionen aufarbeiten.«

Ich verstand Pamelas Gebrauch des Wortes »Verantwortung« so, dass damit Energie gemeint war. Mit anderen Worten, es ging darum, welche Energie in Beverly unterhalb der Ebene ihres Bewusstseins vorhanden war, die es ermöglicht hatte, dass eine Vergewaltigung in ihr Leben trat.

»Darum geht es bei der Auflösung von Karma«, fügte Pamela hinzu. »Du machst das, Beverly. Wenn du diesen Weg der Selbstheilung weitergehst, stärker wirst, ein besseres Selbstwertgefühl bekommst und größeres Selbstvertrauen hast, dann besteht keine Notwendigkeit mehr, Steve noch einmal unter so schmerzhaften Umständen zu begegnen. Ihr werdet euch nicht mehr zueinander hingezogen fühlen.«

Das Gespräch mit Jeschua

Pamelas Hellfühligkeit, die es ihr ermöglichte, sowohl Beverlys bewusste und unterbewusste Emotionen aus diesem als auch die aus einem früheren Leben zu fühlen, und ihre Hellsichtigkeit, die sie Beverlys früheres Leben sehen ließ, hatte uns eine eindeutige Erklärung für die Verbindung zwischen Beverly und Steve gegeben. Um unser Verständnis noch zu erweitern, baten Beverly und ich Jeschua, uns zu erklären, warum sich eine Seele vor der Geburt vornehmen würde, eine dermaßen schmerzhafte Herausforderung anzunehmen. Beverly gestattete mir, die meisten Dinge zu erfragen, die mich interessierten.

»Wir möchten dir sagen, dass wir den von dir gewählten Pfad ehren«, sagte Jeschua zu Beverly. »Du bist sehr mutig und bereit gewesen, dich deiner eigenen Finsternis in den entscheidenden

Momenten deines Lebens zu stellen. Deine Seele erwacht und ist dir sehr dankbar, Beverly, also dem Aspekt ihrer selbst, der Dunkelheit und Schwierigkeiten im Leben durchmacht und lernt, sich darüber zu erheben und sein wahres, wundervolles Selbst anzunehmen. Wir empfehlen dir, dich jeden Tag selbst zu ehren, dich selbst zu segnen, indem du dir selbst etwas Gutes tust. Es ist wichtig, jeden Tag zu erkennen, wie weit du gekommen bist und wie wunderschön und wertvoll du jetzt bist.«

»Jeschua«, bat ich, »bitte erzähle uns etwas über die Verbindung zwischen Beverly und dem Vergewaltiger aus einem früheren Leben.«

»Beverly war in einem früheren Leben die Mutter des Vergewaltigers«, antwortete Jeschua und bestätigte damit, was Pamela gesehen hatte. »Als seine Mutter fügte sie ihm Leid zu, weil sie ihn schon früh weggab. Er fühlte sich tief verletzt, war gekränkt und fürchterlich wütend. Auf einer gewissen Ebene war sie überzeugt, dass sie ihn im Stich gelassen und verdient hatte, dafür bestraft zu werden. Diese Gefühle der Wertlosigkeit auf ihrer Seite und der Zorn auf seiner wurden in jenem Leben nicht aufgelöst. In dem gegenwärtigen Leben begegneten sie sich wieder, und der Sohn erschien als gewalttätiger Mann, der Beverly vergewaltigte. Er wollte immer noch ihre Anerkennung, ihre Liebe, konnte aber nur auf diese aggressive Weise darum bitten.«

»Warum küsste Beverly den Vergewaltiger, bevor sie das Zimmer verließ?«

»In ihrer Seele herrschten mütterliche Gefühle vor, als sie dies tat. Die Dynamik des früheren Lebens offenbarte sich während der Vergewaltigung. Auf einer bestimmten Ebene tat es ihr leid, was sie ihm im früheren Leben angetan hatte. Der Kuss war eine Geste der Vergebung, die von der Seelenebene kam. Auf der Ebene der irdischen Persönlichkeit musste sie aber mit den machtvollen Emotionen der Angst, Wut und Trauer fertigwerden, die die Vergewaltigung ausgelöst hatten.«

»Was ist mit den Menschen, die Beverly dafür verurteilen, dass sie ihn geküsst hat?«

»Es ist immer klug, hinter den äußeren Anschein zu schauen und sich der Möglichkeit zu öffnen, dass die Beziehung zwischen Opfer und Täter psychologisch sehr komplex sein kann. Außerdem hatte Beverly nicht die bewusste Absicht, den Vergewaltiger zu küssen, es geschah einfach. Sie befand sich in diesem Augenblick in einem traumähnlichen Zustand und durchlebte Seelenerinnerungen, die dazu führten, dass sie sich über ihn beugte und küsste. Das zu verurteilen, leugnet nur die Komplexität des Geschehens und führt dazu, dass sich das Opfer schämt und schuldig fühlt. Es sind aber genau jene unerwarteten und sogenannten verbotenen Emotionen, die ein anderes Licht auf eine Situation werfen können und es euch ermöglichen, die Gefühle des Opfers auf einer tieferen Ebene zu verstehen.«

»Plante Beverly dieses Erlebnis vor ihrer Geburt«, fragte ich weiter, »und, falls ja, warum?«

»Beverlys Seele wusste, dass es notwendig war, mit dem Thema der Selbstverleugnung klarzukommen, das in mehreren Leben eine große Rolle gespielt hatte. In einem früheren Leben [dem, das Pamela beschrieben hatte] hatte Beverly Probleme damit, sich gegen männliche Aggression zur Wehr zu setzen und ihre Grenzen als Frau zu schützen. Beverly entschied sich, das Potenzial für eine Vergewaltigung in ihren Lebensweg einzubauen, weil sie dieses Thema bewältigen wollte. Weil sie vergewaltigt wurde, war sie gezwungen, sich mit sehr starken Emotionen auseinanderzusetzen: sich wertlos und machtlos zu fühlen und nicht in der Lage zu sein, für sich selbst einzustehen. Das würde ihrer Seele die Gelegenheit geben, sich über diese Emotionen und alte negative Glaubenssysteme zu erheben. Außerdem fühlte sich ihre Seele dem Vergewaltiger persönlich verpflichtet, weil sie ihn als ihren Sohn in dem früheren Leben verlassen hatte.«

»Warum plante der Vergewaltiger dies?«

»Die Seele des Vergewaltigers spürte noch immer Schmerz, Wut und Empörung, weil Beverly ihn in einem früheren Leben verlassen hatte. Der unwissendere Teil seiner Seele gab dem Drang nach, sich an ihr zu rächen. Der höhere Teil seiner Seele gestattete dem niederen Teil, dies zu tun, weil er wusste, dass die Seele möglicherweise durch diese Tat endlich erkennen würde, dass man durch Gewalt niemals die Liebe eines anderen Menschen gewinnen kann. Liebe muss frei gewährt werden, sonst ist sie einfach Gehorsam und Angst. Die Seele des Vergewaltigers musste dies lernen, und Steve hat es teilweise gelernt, obwohl er immer noch große innere Angst und Unruhe verspürt.«

»Lebenspläne reichen oft über mehrere Leben hinweg«, fuhr Jeschua fort. »Eine Seele kann an bestimmten Themen viele Leben lang arbeiten und in jedem Leben kleine Fortschritte machen. Eine Herausforderung zu planen, die ein bestimmtes Thema gewaltsam in den Vordergrund rückt, ermöglicht es der Seele, neue und bessere Entscheidungen zu treffen.«

»Sowohl hoch entwickelte als auch weniger entwickelte Seelen können Vergewaltigung in ihr Leben einplanen. Sie mögen dies als etwas erkennen, das bestimmte tief verankerte Überzeugungen hinsichtlich ihrer eigenen Wertlosigkeit widerspiegelt. Jede Seele möchte mit ihrer inneren Finsternis konfrontiert werden, um sich über sie zu erheben. Gleiches zieht Gleiches an. Die Seele will das Dunkle ans Licht bringen, indem sie äußere Umstände anzieht, die die innere Finsternis widerspiegeln.«

»Im Allgemeinen haben höher entwickelte Seelen eine bessere Chance, mit den spirituellen Herausforderungen umzugehen, die mit einer Vergewaltigung einhergehen. Es wird für sie leichter sein, sich ihren Emotionen zu stellen und sich über sie zu erheben, weil sie eine stärkere Verbindung zum Geistigen haben. Diese Menschen mögen unglaublich robust und positiv erscheinen und ein inspirierendes Vorbild für andere abgeben. Die weniger entwickelte Seele wird eher im Trauma und den durch die Vergewaltigung ausgelösten belastenden Emotionen stecken bleiben und mehr Zeit, manchmal sogar mehrere Leben, brauchen, um zu wachsen und sich zu entwickeln.«

»Ich glaube nicht an das Böse«, erklärte ich Jeschua. »Ich glaube aber, dass gewisse Menschen großen Schmerz in sich tragen und aus diesem Schmerz heraus Dinge tun, die wir dann als böse bezeichnen.«

»Du hast recht«, antwortete Jeschua. »Es gibt kein reines oder absolutes Böses. Böses erwächst aus nicht erkanntem Schmerz. Es ist aber nicht der Schmerz selbst, der Böses entstehen lässt. Es sind die Leugnung und Unterdrückung des Schmerzes, die schließlich das Verlangen erzeugen, anderen Schmerz zuzufügen. Wendet man sich dem Schmerz bewusst zu, akzeptiert man ihn und lässt zu, dass man ihn auf allen Ebenen fühlt, wird er sich auflösen und einen zu einem noch liebevolleren und weiseren Menschen machen. Wird der Schmerz aber unterdrückt, glaubt die Persönlichkeit, dass ein Teil von ihr schlecht und nicht willkommen sei. Die eigentlich reinen Emotionen wie Angst, Kummer oder Wut werden pervertiert. Indem sie beurteilt und verdrängt werden, verwandeln sie sich in negative Überzeugungen wie zum Beispiel ›Ich bin ein Feigling‹ (weil man Angst hat), ›Ich bin unfähig, meinen Kummer zu überwinden‹, ›Ich bin viel zu sensibel, um mit diesem Leben fertigzuwerden‹ oder ›Ich sollte nett und fügsam sein, weil Wut falsch ist‹.«

»Werden die eigentlichen Emotionen unterdrückt und von den Trägern dieser Emotionen in Urteile hinsichtlich ihrer eigenen Wertlosigkeit verwandelt, verkrampfen diese Menschen, werden deprimiert und sogar gewalttätig. Sie befinden sich in einem ständigen Kampf mit sich selbst. Wird dieser innere Kampf unerträglich, wendet sich die Aggression nicht mehr gegen sie selbst, sondern gegen andere. Dann wird ein Mensch böse, wie ihr es nennt. Aber zuerst richtet sich die Aggression immer gegen ihn selbst. Und unter der Aggression befindet sich Schmerz, dem keine Aufmerksamkeit zuteilwurde. Sich diesem Schmerz zuzuwenden, ist der Schlüssel, um mit dem Bösen auf der elementarsten Ebene umzugehen.«

»Jeschua«, fragte ich neugierig, »wie groß war die Wahrscheinlichkeit vor Beverlys Geburt, dass eine Vergewaltigung stattfinden würde?«

»Sehr wahrscheinlich, sagen wir einmal achtzig Prozent. Aber der Prozentsatz ist nicht als absolut anzusehen. Die Wahrscheinlichkeit betrug achtzig Prozent, wenn man den Zustand von Beverlys Seele zu Beginn dieses Lebens und die allgemeine menschliche Entwicklung auf Erden in Betracht zieht. Die Menschen wachen im Allgemeinen nicht so leicht auf. Häufig brauchen sie eine Krise, um sich innerlich zu verändern. Auf der Erde herrscht in den Köpfen der Menschen große Angst, sodass sie sich Veränderungen widersetzen. Die Menschen neigen dazu, sich an dem Alten festzuhalten, um Schmerz zu vermeiden, und zwar sogar dann, wenn das Alte selbst schmerzhaft war.«

»Beverly hatte ein Muster der Selbstverleugnung in ihrer Psyche, eine Neigung, anderen zu viel zu geben, ihre eigenen Bedürfnisse und letztlich die Heiligkeit ihres eigenen Selbst zu vernachlässigen. Dieses schmerzhafte Muster der Selbstverleugnung führte schließlich dazu, dass die Vergewaltigung in ihr Leben gezogen wurde. Auf einer gewissen Ebene ließ sie also zu, dass das geschah. Auf dieser Ebene ermöglichte es eine negative Überzeugung hinsichtlich ihrer eigenen Wertlosigkeit dem Vergewaltiger, in ihre physische Realität zu treten.«

»Was als Folge dieses schlimmsten Akts der Gewalt geschah, ist Folgendes: Beverly stand an einer Kreuzung. Sie konnte sich entweder in der Erfahrung des Opfers und des Schmerzes verlieren oder sich entscheiden, aufzustehen und den Schmerz als Folge eines negativen Musters in sich selbst sehen, das nun aufgrund der Vergewaltigung klar zu erkennen war und durch eine bewusste Entscheidung verarbeitet und losgelassen werden konnte. Das Erlebnis der Vergewaltigung war ein spiritueller Katalysator, der Beverly einlud, sich dem Thema der gefühlten Wertlosigkeit zuzuwenden.«

»Auf einer tiefen Ebene wusste sie dies [zum Zeitpunkt der Vergewaltigung]. Seelen wissen, dass solche Ereignisse Wendepunkte in ihrem Leben sind. Sie wissen, dass sie sie in ihr Leben gezogen haben. Sie wissen auch, dass ihnen solche Ereignisse die Möglichkeit zu tiefen, inneren Veränderungen bieten. Es ist der größte Sieg der Seele, sich dafür zu entscheiden, sich selbst nicht als Opfer zu sehen, sondern die Herausforderung anzunehmen und an ihr zu wachsen. Wenn du Menschen siehst, die diesen Weg wählen, siehst du ihre wahre Größe, ihre Göttlichkeit, deutlich durchscheinen.«

»Jeschua, hätte Beverly irgendetwas tun können, um die Vergewaltigung zu vermeiden? Oder allgemeiner gefragt: Kann ein Mensch, der eine schmerzhafte Erfahrung geplant hat, nach der Geburt einen Weg finden, um die Lektion auf weniger schmerzhafte Weise zu lernen?«

»Es besteht immer die Möglichkeit, im Leben eher als erwartet zu erwachen«, antwortete Jeschua. »Dadurch treten bestimmte Ereignisse nicht ein, die sonst wahrscheinlich eingetreten wären. Beverly hätte theoretisch früher erwachen können, wodurch die Vergewaltigung überflüssig geworden wäre. Ich sage dies, um den Menschen klarzumachen, dass sie immer die Freiheit haben, ihr Leben zu ändern. Ich sage dies nicht, um Beverlys Entscheidungen zu kritisieren. Praktisch gesehen war es angesichts der Art und Weise, wie sie dieses Leben begonnen hatte, in dem sie die Erinnerungen an ein früheres Leben in sich trug, eher unwahrscheinlich, dass sie die Vergewaltigung hätte vermeiden können.«

»Wir urteilen nicht darüber, ob eine Seele eine selbst erschaffene Herausforderung durchmacht oder nicht. Wir respektieren und schätzen beides: Wenn es der Seele gelingt, die Herausforderung durch Selbstentdeckung zu vermeiden, und wenn sie die Herausforderung auf sich nimmt und durch Leiden lernt. Beides erfordert großen Mut und einen klaren, entschlossenen Geist.«

»Der Sinn, bewusster zu werden, besteht darin, sich seiner eigenen Göttlichkeit und schöpferischen Macht bewusst zu werden und durch Freude statt durch Leiden zu wachsen. Das Wesen der Seele ist Freude; Schmerz ist nicht notwendig. Wenn du aber in der Dualität gefangen bist, kannst du Leiden benutzen, um aufzuwachen. Das heißt aber nicht, dass Leiden immer unbedingt notwendig ist.«

»Wenn du dich selbst erleuchten möchtest, indem du über dein Leben, deine Psyche und deine Beziehung zu anderen nachsinnst, wenn du dich deinem eigenen emotionalen Schmerz stellst und es wagst, den dunklen Teilen von dir direkt ins Auge zu schauen, so wird dies mit Sicherheit Auswirkungen auf die Umstände und Ereignisse haben, die du in dein Leben ziehst«, fuhr Jeschua fort. »Auf diese Weise kannst du vermeiden, krank zu werden, einen Unfall zu haben oder gekündigt zu werden. Du hast die bewusste Kontrolle über dein Leben, selbst wenn du nicht weißt, welchen Ereignissen du durch deine bewusste Entscheidung zu wachsen aus dem Weg gehst. In dein Leben sind bestimmte Weckrufe eingeplant, aber viele sind nur als Möglichkeiten gedacht. Wenn du sie nicht mehr brauchst, verschwinden sie von der Zeitlinie, auf der du dich befindest. Lebenspläne sind flexibel. Sie können sich aufgrund deines inneren Wachstums verändern.«

»Jeschua«, warf ich ein, »manche Menschen mögen sich von dieser Unterhaltung angegriffen fühlen, wütend oder entsetzt darüber sein, weil sie das Gefühl haben, die Person, die vergewaltigt wurde, würde so verleumdet oder der Vergewaltiger würde von der Verantwortung für seine Taten freigesprochen werden.«

»Ja, es geht wahrlich ziemlich weit, wenn ich sage, dass die Menschen auf einer gewissen Ebene für die Verbrechen verantwortlich sind, die an ihnen begangen werden. Daher sollte man immer sehr vorsichtig sein, wenn man so etwas behauptet. Mein Rat an ein Opfer ist, für sich selbst herauszufinden, ob diese Sichtweise heilsam ist oder nicht. Niemand sollte einer vergewaltigten Frau je erzählen, dass sie auf einer gewissen Ebene selbst für die Vergewaltigung verantwortlich ist, da vergewaltigte Frauen sowieso dazu neigen, sich schuldig zu fühlen und zu schämen. Diese Frauen sollten ihre Wut und ihren unbändigen Zorn auf den Vergewaltiger in einem sicheren Rahmen frei äußern können. Aber ab einem gewissen Punkt spüren sie vielleicht selbst das Bedürfnis, Verantwortung zu übernehmen – zuerst nicht so sehr für das Ereignis selbst, sondern für die Art und Weise, wie sie damit umgehen. Sie erkennen, dass es ihnen ihre Macht zurückgibt, wenn sie Verantwortung übernehmen. Wenn sie für spirituelle Sichtweisen offen sind, können sie vielleicht sogar die Vorstellung akzeptieren, dass die Vergewaltigung ein Ereignis war, das sie von der Seelenebene aus in ihr Leben geholt haben. Nur wenn diese Sichtweise befreiend wirkt, hat sie wahren spirituellen Wert.«

»Auf der praktischen und juristischen Ebene«, fügte Jeschua hinzu, »sollte der Vergewaltiger für seine Taten vollständig zur Rechenschaft gezogen werden. Das Rechtssystem sollte diese beiden spirituellen Wahrheiten widerspiegeln: Alle Frauen müssen in ihrer sexuellen Identität respektiert werden, und Gewalt ist Unrecht. Das Rechtssystem sollte nicht die dunklen, unwissenden Aspekte in Tätern wie Opfern widerspiegeln, es sollte ein Leuchtfeuer sein, das ihnen diese blinden oder dunklen Flecken spiegelt. Indem der Vergewaltiger zur Verantwortung gezogen wird, drückt das Rechtssystem eine positive Botschaft in Bezug darauf aus, wie Menschen einander in einer erleuchteten Gesellschaft behandeln sollten.«

»Jeschua, wenn eine Vergewaltigung vor der Geburt geplant wird, bedeutet das, dass der Vergewaltiger kein Karma anhäuft?«

»Die Vergewaltigung findet immer von dem Teil der Seele des Vergewaltigers aus statt, die blind für die Wahrheit ist – dem Teil, der voller Angst und Unwissenheit ist. Die Tat wird immer Karma erzeugen, ob sie nun geplant ist oder nicht.«

»Wenn eine Vergewaltigung nicht vor der Geburt geplant ist, was geschieht dann mit dem Vergewaltiger während der Rückschau nach seinem Tod?«

»Das hängt davon ab, wie sich der Vergewaltiger nach der Tat entwickelt. Hat er die Verantwortung übernommen? Hat er sich für das geöffnet, was die Person, die er vergewaltigt hat, durchgemacht hat? Hat er sich seinen eigenen dunkelsten Emotionen gestellt?«

»Willst du damit sagen, dass weniger Karma in anderen Leben ausgeglichen werden muss, wenn der Vergewaltiger seine Tat wirklich bereut?«

»Ja«, bestätigte Jeschua, »wenn du Verantwortung für deine eigene Finsternis übernimmst, verbindet dich das immer stärker mit dem Geist. Dann entsteht Raum für Heilung und Vergebung. Dennoch mag der Vergewaltiger ein Leben anziehen, in dem er zum Opfer sexueller Gewalt wird. Die Seele mag die Notwendigkeit spüren, die Emotionen derjenigen zu erleben, die vergewaltigt wurden, um ihre eigenen Fehler wirklich loszulassen.«

»Wenn die Seele des Vergewaltigers aber Verantwortung übernommen hat und sich nach der Tat und im Leben nach dem Leben entwickelt hat, wird sie sich im nächsten Leben leichter über das Trauma einer Vergewaltigung erheben, als wenn sie keine Verantwortung übernommen und keine Reue gezeigt hätte. Das Karma mag dann zwar dieselben Konsequenzen erschaffen – Herausforderungen auf der physischen Ebene –, diese werden aber leichter und mit mehr Gnade bewältigt werden.«

»Jeschua, eine Vergewaltigung ist eine so schreckliche Missachtung und Entehrung eines Menschen. Viele Menschen finden es schwer zu glauben, dass ein liebevoller Gott so etwas zulassen könnte.«

»Der Geist erlaubt es der Seele, das Leben ohne Einschränkungen zu erfahren. Es würde gegen das Wesen des Geistes, das unbegrenzt kreativ ist, verstoßen, bestimmte Erfahrungen auszuschließen – selbst wenn es finstere Taten sind. Aber der Geist steht nicht außerhalb der Schöpfung. Der Geist ist in der vergewaltigten Person gegenwärtig und leidet mit ihr. Der Geist ist kein Außenseiter. Ihr seid Geist, der menschliche Erfahrungen macht.«

»Warum hat Beverlys Seele nicht geplant, auf weniger schmerzhafte Weise zu lernen?«, hakte ich nach, weil mir Jeschuas frühere Aussage einfiel, dass Leiden nicht nötig ist.

»Sie sah sich nicht in der Lage, auf eine andere, freudvollere Weise zu lernen. Oft muss die Seele ihre negativen Überzeugungen in äußeren Ereignissen gespiegelt sehen, um zu erkennen, dass sie falsch sind. Manchmal erkennt man erst dadurch, dass man extreme Erfahrungen macht, dass man ein Teil des Geistes ist, als solcher bedingungslos geliebt wird und durch Freude statt durch Leiden wachsen kann.«

»Der emotionale Schmerz nach einer Vergewaltigung ist so tief und hält so lange an«, sagte ich. »Wie kann man nach einer solchen Erfahrung wirklich und vollständig heilen?«

»Vergewaltigt zu werden, ist eine der tiefsten Verletzungen, die man als Mensch erleben kann«, antwortete Jeschua. »Auf der Erde ist dies den Frauen in einem solchen Ausmaß geschehen, dass man von einer kollektiven weiblichen Wunde sprechen kann, die in diesem Zeitalter unbedingt geheilt werden muss. Heute befindet sich die Menschheit an der Schwelle des Erwachens. Sie befreit sich von der Vergangenheit, die voller Gewalt und großem Leid war. Im Rahmen der gegenwärtigen Umwandlung des Bewusstseins ist die Heilung der weiblichen Wunde von großer Bedeutung. Denn die weibliche Energie wird gebraucht, um das neue Erwachen zu beschleunigen, da die Menschheit ihr Gleichgewicht erst durch die Verbindung zu den Kräften der Intuition, des Gefühls und der Empathie wiederfinden wird.«

»Wie kann diese Wunde, das kollektive Trauma, vergewaltigt, gedemütigt und abgewertet worden zu sein, von den heutigen Frauen geheilt werden? Wie sollen sie mit den tiefen emotionalen Verletzungen einer Vergewaltigung umgehen?«

»Zunächst einmal ist es bei der Auseinandersetzung mit jedem Trauma notwendig, diese Emotionen noch einmal bewusst und voller Mitgefühl zu erleben. Niemand kann das Trauma, vergewaltigt worden zu sein, hinter sich lassen, ohne sich den Emotionen zu stellen, die dadurch ausgelöst wurden. Fast immer wurden diese Emotionen von den betroffenen Frauen verdrängt, weil sie in dem Augenblick, in dem die Vergewaltigung geschah, zu überwältigend waren.«

»Viele Frauen verlassen während der Vergewaltigung ihren Körper und sind nur zur Hälfte anwesend. Zudem verschließen sie die unteren Chakras oder Energiezentren ihres Körpers. Die Energie in ihren Genitalien und im Unterleib friert sozusagen ein. Das geschieht beinahe automatisch bei dem Versuch, den Schmerz nicht zu fühlen. Als Folge verlieren viele Frauen nach einer Vergewaltigung den Kontakt zu ihren Emotionen. Es ist häufig schwer, die Wut, den Schmerz und die Trauer zu spüren, die aufgrund der Vergewaltigung in ihnen stecken.«

»An einem gewissen Punkt fangen viele Frauen sogar an, sich vorzuwerfen, [auf der Ebene der Persönlichkeit] selbst schuld an der Vergewaltigung zu sein. Sie fühlen sich schuldig, schämen sich und urteilen negativ über sich selbst. Das geschieht dann, wenn die eigentlichen Emotionen wie Angst, Wut oder Trauer unterdrückt und nicht zugelassen werden. Dann verwandeln sie sich in negative Selbstbeurteilungen, was wiederum Depression, Suchtverhalten oder ein anderes selbstzerstörerisches Verhalten auslösen kann.«

»Der Schlüssel liegt darin«, fuhr Jeschua fort, »zurück zur Erfahrung zu gehen und es den reinen Emotionen der Angst, Wut und Verlassenheit, die während der Vergewaltigung da waren, zu erlauben, vollständig ins Bewusstsein zu rücken. Fühle sie, ohne zu urteilen. Es kann helfen, dich dabei von jemandem begleiten und unterstützen zu lassen – jemand, der entspannt damit umgehen kann, dass du deine Emotionen frei und offen, allerdings auf friedliche Weise, ausdrückst, ohne dich selbst oder andere zu verletzen. Auf diese Weise wirst du Teile von dir integrieren, die durch die Vergewaltigung abgetrennt und verdrängt worden sind. Wut, Kummer und Traurigkeit können heilsame Kräfte sein, wenn du sie ungehindert durch dich hindurchströmen lässt. Sie werden dich innerlich aufrichten und dir eine Selbstliebe ermöglichen, wie du sie bisher nicht gekannt hast.«

»Nachdem du diese Emotionen noch einmal erlebt und integriert hast – was einige Jahre in Anspruch nehmen kann –, wird es dir möglich, dich wieder frei zu fühlen, frei in deinem Körper und im Einklang mit deinen Emotionen zu sein. Die Erinnerung an die Vergewaltigung wird immer noch vorhanden sein, aber sie wird begleitet sein von Mitgefühl gegenüber dir selbst statt von Selbsthass. Es ist möglich, sich von den emotionalen Verletzungen zu erholen, die eine Vergewaltigung verursacht. Und wenn du das tust, wirst du für andere, die die gleiche Erfahrung gemacht haben, zu einem strahlenden Licht und Vorbild.«

»Hat sich eine Frau erst einmal über das Trauma einer Vergewaltigung erhoben, wird sie ein starkes Selbstwertgefühl und große Würde als Frau aufgebaut haben. Sie wird nicht nur sich selbst heilen, sondern auch anderen Frauen bei der Heilung helfen, weil sie mit ihrem inneren Licht das kollektive Bewusstsein berührt und verändert.«

»In dieser Zeit hängt viel von der Heilung dieser weiblichen Wunde ab. Denn nur durch die Wiedergeburt und Ermächtigung der weiblichen Energie kann die Menschheit zu einer liebevolleren und respektvolleren Lebensweise untereinander und mit dem Planeten Erde gelangen.«

»Jeschua«, sagte ich, »du hast von der heilenden Kraft gesprochen, die daraus erwächst, dass man die Emotionen noch einmal fühlt, die während der Vergewaltigung verdrängt wurden. Wenn diese Emotionen aber zum größten Teil oder sogar vollständig unterbewusst sind, woher soll eine Betroffene dann wissen, dass sie dies zu ihrer Heilung braucht?«

»Sie weiß es, weil sie sich nicht vollständig und ganz fühlt«, antwortete Jeschua. »Der Persönlichkeit mangelt es an Freude und Kreativität, wenn wichtige Emotionen verdrängt werden, selbst wenn dies vor langer Zeit geschehen ist. Sie hat das Gefühl, dass sie in ihrem eigenen Leben irgendwie nicht richtig da ist und ihre Emotionen nicht auf tiefe und stimmige Weise fühlen und ausdrücken kann.«

»In einem Menschen mit verdrängten Emotionen herrscht immer auch die Angst vor Emotionen. Daher besteht der Drang, sich ununterbrochen abzulenken, sei es durch Aktivitäten und Beziehungen, aber auch durch Süchte oder andere Formen selbstzerstörerischen Verhaltens. Man kann die Notwendigkeit für Heilung daran erkennen, dass eine Person immer unruhig ist, sich nur schwer entspannen kann oder scheinbar irrational selbstzerstörerisch handelt.«

»Jeschua, obwohl wir uns als Gesellschaft beim Thema auf Vergewaltigung eher auf Frauen konzentrieren, werden doch auch Männer vergewaltigt.«

»Die Vergewaltigung eines Mannes ruft den gleichen Schmerz und das gleiche emotionale Trauma hervor. Der Weg der Heilung ist im Allgemeinen genau der gleiche. Aber zusätzlich sehen sich Männer dem Unglauben und Spott der Gesellschaft ausgesetzt, weil sie häufig nicht ernst genommen werden. Um zu heilen, würde ich die betroffenen Männer ermutigen, mit Frauen zu sprechen, die ebenfalls vergewaltigt wurden. Wenn sie spüren, dass sie dasselbe Thema und denselben Schmerz zu verarbeiten haben, werden sie Frieden mit der weiblichen Energie schließen können. Sie brauchen diesen Frieden, um ihre Emotionen vollständig zu fühlen, da diese Teil ihrer weiblichen, fühlenden Seite sind.«

Beverly befragt Jeschua

»Alles, was du über meine inneren Kämpfe und darüber gesagt hast, woran ich in diesem Leben arbeiten muss – Schwierigkeiten im Umgang mit Aggressionen, das Setzen von gesunden Grenzen –, ist etwas, das ich klar erkenne«, sagte Beverly zu Jeschua. »Wie gehe ich am besten mit diesen Themen um?«

»Setze deine männliche Energie ein, den Teil von dir, der geerdet, selbstbewusst und zentriert ist«, gab er ihr zur Antwort. »Deine Probleme mit Grenzen entspringen einem Mangel an Vertrauen in deine eigene männliche Energie. Du hast dich in vielen Leben gegen diese männliche Energie gesträubt, weil du sie mit Aggressivität und Unterdrückung assoziiert hast. Deshalb hast du dich auf die weibliche Energie zurückgezogen. Aber es ist nicht möglich, ein ausgeglichenes Leben zu führen, ohne die männliche Energie einzusetzen. Bei der männlichen Energie geht es darum, eine gesunde Trennung zwischen »ich« und »anderen« aufrechtzuerhalten. Übe dich darin, Nein zu sagen, wann immer du den Drang dazu verspürst. Wage es, deinen Impulsen zu vertrauen. Erlaube dir selbst, wütend zu sein, wenn du diese Emotion in dir spürst. Heiße Wut als Freund, als Botschafter, willkommen. Wenn du dich mit deiner Wut anfreundest und den Botschaften vertraust, die sie dir übermittelt, wird es viel leichter, Grenzen zu setzen. Du unterdrückst die Wut, weil du ihre Macht fürchtest, aber dadurch kannst du auch deine eigene Macht nicht ausleben. Die Wut wird dich retten, nicht zerstören. Wenn du die dunklen Emotionen annimmst, wirst du ganz und strahlend. Die Macht, die aus dieser bewussten Annahme hervorgeht, ist nichts Böses oder Schlechtes, sondern in Wahrheit die Großartigkeit deines natürlichen Wesens.«

»Einige meiner engsten Beziehungen hatte ich mit Männern – mit meinem Vater, meinem Bruder und meinen Neffen«, warf Beverly erklärend ein, »daher sind die Beziehungen zu Männern sowohl positiv als auch negativ und gewalttätig.«

»Du hast sowohl positive wie negative Beispiele für männliche Energie in dein Leben gezogen«, sagte Jeschua. »Die positiven Erfahrungen sind die Konsequenz des Wunsches deiner Seele, Frieden mit der männlichen Energie im Inneren wie im Äußeren zu schließen. In weit zurückliegenden Leben hast du deine weibliche Energie missbraucht, indem du durch sie Macht über Männer ausgeübt hast. In diesen Leben warst du Täterin statt Opfer. Aber ab einem gewissen Punkt wolltest du das nicht mehr. Du hast deine Macht aufgegeben und bist ins andere Extrem verfallen, daher warst du in mehreren Leben machtlos und wurdest missbraucht. Als Seele hast du versucht, ein Gleichgewicht zwischen einer dominanten, manipulativen weiblichen Energie und einer zu sanften, unterwürfigen Weiblichkeit zu finden. Die Lösung liegt im Annehmen einer ausgewogenen männlichen Energie. Das wird auch die weibliche Energie ins Gleichgewicht bringen. Die Tatsache, dass du sowohl positive wie negative Beziehungen zu Männern angezogen hast, zeigt, dass du zwar altes Karma aufgelöst und die Früchte dieser Bemühungen auch geerntet hast, aber doch noch einige Themen aufarbeiten musst.«

Parallele Dimensionen

Da unser Gespräch über Heilung nun abgeschlossen war, fragte ich Jeschua nach einem wichtigen verwandten Thema: parallele Dimensionen. »Jeschua, hat Beverlys Entscheidung in dem früheren Leben, ihren Sohn ins Internat zu geben, eine parallele Dimension erzeugt, in der es eine Beverly gibt, die ihren Sohn bei sich behalten hat?«

»Ja, das ist in der Tat so. In dieser alternativen Zeitlinie trennte sie sich von ihrem Mann. Das war ein herausforderndes, aber sehr befreiendes paralleles Leben.«

»Kannst du generell erklären, was parallele Dimensionen sind, wie und warum sie erschaffen werden und auf welche Weise sie der Seele dienen?«

»Stell dir die Beverly-Persönlichkeit wie einen Baum vor«, antwortete Jeschua. »Der Stamm steht für die grundsätzlichen

Charaktereigenschaften der Persönlichkeit, für die Parameter, innerhalb derer sie funktioniert. Der Stamm ist in der Seele verwurzelt. Die Äste repräsentieren verschiedene Lebenswege der Persönlichkeit. Die verschiedenen Zweige stehen für unterschiedliche Lebenswege, die eingeschlagen werden, wenn sich die Persönlichkeit vor wichtigen Entscheidungen an einem Scheideweg befindet. Ist die Persönlichkeit innerlich zerrissen, weil sie nicht weiß, welchen Weg sie einschlagen soll, ermöglicht es ihr die Seele, beide Wege zu gehen, um auf ihnen zu lernen und zu erfahren, worin die Unterschiede bestehen.«

»Diese Spaltung der Seelenenergie findet nicht statt, wenn du im Alltag kleinere Entscheidungen triffst. Es geht vielmehr um Entscheidungen grundsätzlicher Art, die das ganze Leben tief greifend beeinflussen. Die parallele Wirklichkeit findet in einer anderen Dimension statt, die aber genauso real und physisch ist wie diese. Aber all diese parallelen Realitäten sind Teil derselben Persönlichkeit und mit demselben Stamm verbunden.«

»Gibt es eine Dimension, in der Beverly nicht vergewaltigt wurde?«

»Ja, es gibt einen Ast, der eine Zeitlinie repräsentiert, auf der Beverly nicht vergewaltigt wurde. Man könnte sagen, zum Zeitpunkt ihrer Geburt war dieser Ast nur ein kleines Zweiglein. Er hatte keine große Lebenskraft in sich, aber er war da. Obwohl dieser Ast von der Beverly, die du kennst, nicht gewählt wurde, kann sie die Energie dieses Zweiges – dieser anderen Beverly – aktivieren, indem sie die durch die Vergewaltigung entstandenen Emotionen heilt. Wenn sie an einen Punkt kommt, an dem sie erkennt, dass sie die Erfahrung der Vergewaltigung weder damals noch heute brauchte, um zu wachsen, verändert sie den Energiefluss im Baum. Sie wird der anderen Beverly, die sich nicht für eine Vergewaltigung entschieden hat, Energie geben und Energie von ihr empfangen. Sie wird in einem gewissen Sinn sogar zu ihr werden. Auf diese Weise wird sich der winzige Zweig nun in einen dicken Ast verwandelt haben.«

»Auf diese Weise kann man durch innere Arbeit und inneres Wachstum mit parallelen Realitäten interagieren. Wenn sich Beverly vom Trauma der Vergewaltigung geheilt hat, wird sich das positiv auf alle anderen Zeitlinien auswirken. Der von ihr gewählte Weg (mit der Vergewaltigung) wird von einem Ast zu einem Zweig werden und weniger Lebensenergie enthalten. Er wird schließlich verdorren, was nicht heißt, dass das tatsächliche Ereignis ungeschehen gemacht wird, sondern, dass sich sein energetisches Gewicht verringert, weil Beverly das mit ihm assoziierte Trauma beseitigt hat. In diesem Prozess wird Beverly nicht verblassen, sie wird stärker mit ihrer Seele, den Wurzeln des Baumes, verschmelzen.«

»Jeschua«, fragte ich neugierig, »wie viele Beverlys gibt es? Und auf welche Weise beeinflussen uns unsere anderen Selbste in parallelen Dimensionen?«

»Zum jetzigen Zeitpunkt gibt es etwa vier Persönlichkeiten, die für Beverly hier und jetzt relevant sind. Die Zahl ist nicht klar definiert. Um zu unserer Baumanalogie zurückzukehren: Parallele Realitäten sind durch den Stamm miteinander verbunden und wirken ständig aufeinander ein. Durch diese Interaktion werden in einem fortlaufenden Prozess des Wachsens und Lernens neue Realitäten geboren, während andere verschwinden.«

»Das ist für euch schwer vorstellbar, weil ihr ein Zeitverständnis habt, in dem sich Vergangenheit, Gegenwart und Zukunft in einer genauen Abfolge auf einer geraden Linie befinden. Das Konzept paralleler Realitäten kann nur verstanden werden, wenn man ein anderes Zeitverständnis akzeptiert, in dem Vergangenheit, Gegenwart und Zukunft gleichzeitig in einem großen JETZT existieren, wie in einem vibrierenden Netz aus

Energien, die ständig hin und her fließen und aufeinander einwirken. Die Persönlichkeit besitzt die Macht, einen bestimmten Faden dieses Netzes mit Lebenskraft auszustatten und ihn von den anderen zu trennen. Das liegt in der Freiheit der Persönlichkeit.«

»Erschafft man parallele Zeitlinien aus dem Nichts heraus, wenn man an einen wichtigen Scheideweg kommt, oder sind sie bereits da und warten nur darauf, aktiviert zu werden?«

»In gewisser Weise trifft beides zu. Der Baum als das Potenzial für viele verschiedene Lebenswege ist bereits da. Aber welche Zeitlinien tatsächlich aktiviert werden, welche Äste Lebensenergie bekommen, hängt von der freien Entscheidung der Persönlichkeit ab.«

»Eure anderen Selbste in parallelen Dimensionen interagieren mit euch auf verschiedenste Weise«, erklärte Jeschua weiter. »Zunächst einmal durch Träume, auch durch Tagträumereien. Du kannst mit einem parallelen Selbst Kontakt haben, ohne dir dessen bewusst zu sein, und manche seiner Probleme erleben, ihm sogar helfen, manche zu lösen, oder von seinen Talenten und Erfolgen inspiriert werden. Zweitens kann dir der Tod einer parallelen Persönlichkeit entweder ein Gefühl von Freiheit oder von Trauer geben, aber auch zu einer Zunahme deiner Lebenskraft führen. Drittens kann dir es helfen, zu heilen und zu wachsen, wenn deine parallele Persönlichkeit eine höhere Entwicklungsstufe erreicht. Umgekehrt gilt dasselbe: Du hilfst deinem parallelen Selbst durch deine Bemühungen, dich deiner inneren Finsternis zu stellen und dich selbst mehr zu lieben. Viertens ist es möglich, sich durch Hypnose oder bestimmte Entspannungsmethoden bewusst mit einem parallelen Selbst zu verbinden und es zu unterstützen oder Rat und Unterstützung von ihm zu erhalten.«

Beverlys Sitzung mit Barbara und Aaron

Pamela und Jeschua hatten die vorgeburtliche Verbindung zwischen Beverly und dem Vergewaltiger detailliert beschrieben. Sie hatten erklärt, warum die Vergewaltigung Teil ihres Lebensplans war und wie sie ihre emotionalen Wunden weiterhin heilen konnte. Um noch mehr über Beverlys Plan und über die Heilung des Traumas zu erfahren, sprach ich mit Aaron.

»Guten Tag, meine Liebe und mein Segen gelten euch. Ich bin hier, um euch zu helfen«, begrüßte uns Aaron herzlich. Es war eine Freude, wieder in seiner Gegenwart zu sein. Ich begann, indem ich Aaron bat, etwas über Beverlys Absichten zu erzählen, die sie hatte, bevor sie sich verkörperte. Wir warteten einen Moment, während er sich auf Beverlys Akasha-Chronik einstimmte.

»Teil dieser Situation ist die vorgeburtliche Absicht, Mitgefühl für jemanden zu entwickeln, der sie missbraucht hat«, erklärte uns Aaron dann. »Wenn du dem Vergewaltiger nicht vergeben kannst, kannst du wenigstens Mitgefühl mit ihm haben? Kann es Mitgefühl geben, kannst du verstehen, dass der Vergewaltiger ebenfalls ein Opfer der Umstände war?«

»Beverly, du hast die Vergewaltigung nicht herbeigeführt, aber in einem gewissen Sinne hast du sie miterschaffen, indem du dich zu einer Zeit an einen Ort begeben hast, an dem sie stattfinden konnte. Das war die Folge deines Karmas. Nun werden manche fragen: ›Warum war ich an diesem Ort statt an jenem? Warum zu dieser Zeit statt zu einer anderen? Warum ich?‹ Es muss immer irgendeine Form der Vereinbarung geben, um dort zu sein.«

»Der Vergewaltiger lebte sein eigenes, sehr ungesundes Karma aus. Auf einer gewissen Ebene gab es eine Übereinkunft, dass du ein Trauma dieser Art erleben würdest, um so den nötigen Impuls zu bekommen, Mitgefühl zu entwickeln. Es war eine

Möglichkeit zu verstehen, dass der Vergewaltiger in diesem Leben wie viele andere, die ebenfalls furchtbare Dinge tun, Produkte ihrer Umgebung, ihrer Kultur und ihres Karmas sind. Sie sind verantwortlich, aber man sollte dennoch Mitgefühl mit ihnen empfinden statt Hass.«

»Wenn man vergewaltigt worden ist«, fuhr Aaron fort, »kann es leicht geschehen, dass man die Opferrolle übernimmt und sich auf subtile, unterbewusste Weise so verhält, dass auch weiterhin verschiedene missbräuchliche Verhaltensweisen in das eigene Leben eingeladen werden. Mit anderen Worten: Dies ist eine Erfahrung, die das Leben und die Persönlichkeit verändert.«

»Die wichtigste Frage für die Person, die vergewaltigt wurde, lautet: ›In welche Richtung gehe ich nun?‹ Wichtig ist, dass du nicht nur das Gefühl heilst, entehrt worden zu sein, sondern dass auch dein Mitgefühl wächst. Achte sorgsam darauf, dein Leben auf eine Weise zu leben, dies es dir ermöglicht, voller Mitgefühl Nein zu jeder Form von Missbrauch sagen zu können.«

»Ich denke darüber nach, mit Vergewaltigungsopfern in einem Selbsthilfeprogramm zu arbeiten«, sagte Beverly. »Dadurch kann ich anderen Menschen möglicherweise jetzt helfen – was ich in früheren Leben nicht getan habe.«

»Beverly, das ist genau das Richtige, und ich bin froh, dass du es für dich schon siehst. Karma hat immer zwei Aspekte: Auflösung und Ausgleich. Die Auflösung des Karmas geschieht durch Verständnis, Mitgefühl und Vergebung. Aber dennoch muss das Karma noch ausgeglichen werden. Die von dir erwähnte ehrenamtliche Tätigkeit ist eine Möglichkeit, Karma auszugleichen, indem du etwas für andere tust. Das wird für dich sehr gesund und heilsam sein.«

»Beverly, ich möchte aber hinzufügen, dass mir beim Blick in die Akasha-Chronik auffällt, dass du eine alte Seele bist. Deshalb müssen wir jetzt eine Unterscheidung treffen. Der Grund, warum eine alte Seele Erfahrungen macht, unterscheidet sich stark von der Motivation einer neuen Seele. Eine jüngere Seele kann durch Gewalt stimuliert werden – ganz ähnlich, wie sich bestimmte Leute ja auch gern gewalttätige Filme anschauen oder bei einem Unfall auf der Straße anhalten, um zuzusehen. Sieht eine ältere Seele auf der Straße einen Unfall, fährt sie normalerweise weiter und spricht ein Gebet für die Personen, die dabei zu Schaden kamen. Das ist nicht gut oder schlecht, es ist einfach eine Frage der Reife. Für eine alte Seele besteht der größte Teil der vorgeburtlichen Planung darin, Karma aus der Vergangenheit abzuschließen, anderen zu dienen, größere Liebe und tieferes Mitgefühl zu entwickeln und aufzuhören, über sich selbst und andere zu urteilen. Die Erfahrung einer Vergewaltigung ist Teil der Läuterung des Karmas.«

»Da du eine alte Seele bist, besteht der größte Teil deines Lernprozesses auf Erden nicht nur darin, Mitgefühl zu entwickeln, sondern dieses Mitgefühl auch im Alltag auszudrücken, wie du es vor der Geburt geplant hattest. Die Fragen für eine alte Seele lauten immer: ›Was verhindert, dass ich unbegrenzt liebe, und wie kann ich dieses Hindernis beseitigen?‹«

»Aaron«, sagte ich, »lass uns über Heilung sprechen. Bitte sag etwas zu jenen, die nach einer Vergewaltigung mitten im Heilungsprozess stecken.«

»Diese Schwestern und Brüder möchte ich an Folgendes erinnern: Lasst euch von niemandem einreden, auch nicht von eurer inneren Stimme, dass ihr vergeben *müsst*.«

Aarons Bemerkung erinnerte mich daran, dass Worte wie »du sollst« oder »du musst« Befehle des Egos sind. Im Gegensatz dazu motiviert die Seele die Persönlichkeit auf möglichst liebevolle Weise durch Gefühle der Liebe und Freude.

»Seid besser auf so liebevolle Weise wie nur möglich präsent mit dem Schmerz, den ihr spürt, ohne diesen Schmerz zu beurteilen. Macht euch bewusst, dass viele Wesen überall auf der Welt den Schmerz spüren, der ihnen durch den Missbrauch anderer zugefügt wird. Und auch die Täter leiden furchtbare Schmerzen, die sie dazu gebracht haben, andere zu missbrauchen. Aus dieser Art des Reflektierens erwächst Mitgefühl, und ohne Mitgefühl kann der letzte Schritt, die Vergebung, nicht gemacht werden. Vergebung ist ein Prozess, nicht ein einmaliges Ereignis. Und ihr solltet diesen Prozess behutsam und allmählich angehen.«

Ich sagte zu Aaron: »Nicht nur Frauen, auch Männer werden vergewaltigt. Kannst du speziell etwas zu den Männern sagen, die so etwas erfahren haben?«

»Rob, wie du weißt, war ich sowohl in männlichen als auch in weiblichen Körpern. Wie alle Menschen habe ich Vergewaltigung oder anderen sexuellen Missbrauch erlebt. Die Erfahrung unterscheidet sich für einen Mann auf subtile Weise, weil noch ein Gefühl der Demütigung hinzukommt. Eine Frau wird sich wie ein Mann im Innersten entehrt fühlen, aber bei einem Mann entsteht durch das Gefühl, einem anderen Mann hilflos ausgeliefert zu sein, noch ein großes Schamgefühl. Es ist sehr wichtig, dass sich ein Mann, der vergewaltigt oder auf andere Weise sexuell missbraucht worden ist, diesen Schamgefühlen stellt. Nicht mit der Idee ›Ich sollte mich nicht schämen‹, sondern einfach, indem er mit der Scham präsent ist, bis er die Wut sieht, die sich in der Scham verbirgt. Dann kann er all dem Raum geben.«

Ich bat Aaron zu erklären, was er mit »Raum geben« meinte, und wie man das macht.

»Wenn du eine starke Emotion wie Angst oder Wut spürst«, antwortete Aaron, »fühlt sich das gar nicht gut an, sodass du normalerweise vor diesen Emotionen davonlaufen möchtest. Manchmal verbirgt sich hinter der Angst Wut, manchmal auch hinter der Wut Angst. Das eine wird eher an der Oberfläche und intensiver sein. Wenn man große Wut verspürt, möchte man um sich schlagen und jemandem die Schuld geben. Tief im Inneren benutzt man dann die Wut als Ablenkungsmanöver, weil man die Angst nicht spüren möchte und die Hilflosigkeit, die mit ihr einhergeht. Man hat eine beinahe existenzielle Erfahrung der Hilflosigkeit. Ganz gleich, was man im Leben auch anstellen mag, man wird sich niemals sicher fühlen. Man wird sterben. Es wird Schmerz geben, es wird Leiden geben. So ist nun einmal das menschliche Leben. Ich sage das nicht im negativen Sinn. Es ist einfach eine Tatsache, dass die Menschen unglaublich leiden. Aber sie wollen das nicht akzeptieren und suchen nach einem Ausweg.«

»Raum zu geben bedeutet, mit der direkten Erfahrung – also etwa der des Schmerzes, der Demütigung, Angst, Wut, Verwirrung – zu sein und all die Geschichten zu beobachten, die dann auftauchen. Die Wut hat zum Beispiel Folgendes im Schlepptau: ›Wer ist schuld? Wie kriegen wir das wieder hin?‹ Wenn du etwas in der Art auftauchen siehst, mach dir klar, dass das Bewusstsein diese Gedanken als Möglichkeit erfindet, um dem Schmerz der direkten Erfahrung zu entfliehen. Wie sieht die direkte Erfahrung der Wut oder des Schmerzes ohne all diese Überlegungen aus? Mit dieser Herangehensweise beginnen die Emotionen zu zerbröckeln. Wir können nicht wirklich sagen, was Wut oder Scham ist. Ab einem gewissen Punkt dürfen wir nicht mehr intellektuell darüber nachdenken, sondern können einfach da sein: mit einem gebrochenen Herzen voller Trauer. Wenn man den Emotionen Raum gibt und so ein größeres Gefäß für sie erschafft, dann wird man nicht mehr von ihnen kontrolliert. Man sieht dann, dass die Emotion in einem bestimmten Umfeld zwar existiert, dass sie aber wieder vergehen wird. Das verringert die Angst, diese Emotion wahrzunehmen. Das meinte ich mit ›Raum geben‹.«

»Aaron«, sagte Beverly, »an einen bestimmten Punkt wurde mir klar, dass ich den Schmerz fühlen musste, um gesund zu werden. Ich wusste, dass ich einige Prozesse durchmachen musste, um über ihn hinauszugehen, damit er sich nicht mehr auf so negative Weise auf mich auswirken konnte.«

»Schwester, du bist sehr weise«, antwortete er liebevoll. »Ja, man darf sich selbst erlauben, den Schmerz in einem geschützten Rahmen zu fühlen. Dann hört er auf, dein Schmerz zu sein und wird buchstäblich zum Schmerz aller Wesen. So viele Menschen überall auf der Welt sind vergewaltigt und auf verschiedene Weise missbraucht worden, dass man sich nicht länger isoliert betrachten kann. Man hört auf zu fragen: ›Warum ich?‹ und beginnt stattdessen zu fragen: ›Wo beginnt die Heilung für die ganze Welt?‹ Das ist eine vollkommen andere Frage, die man sich nur stellen kann, wenn man bereit ist aufzuhören, den Schmerz zu verleugnen, und zuzulassen, dass man von ihm berührt wird.«

»Aaron, viele Menschen fragen sich, wie ein liebender Gott es zulassen kann, dass Dinge wie Vergewaltigung überhaupt geschehen«, sagte ich.

»Rob, Gott gibt uns den freien Willen. Wenn wir aber einen freien Willen haben, dann erschaffen wir auch unsere eigenen Lebensumstände. Gott erlaubt nicht und verbietet auch nicht. Gott vergewaltigt nicht, Menschen vergewaltigen. Gott erschafft auch nicht die Reaktion auf eine Vergewaltigung, aber Gott ist da, um eine mitfühlende Reaktion auf jede menschliche Entehrung zu ermöglichen. Gott *ist* diese mitfühlende Reaktion! Das, was ich als Gott bezeichne, der Kern der liebevollen Energie im Universum, ist immer da, um uns zu unterstützen, wenn wir uns für die Liebe entscheiden. Da sich immer mehr Menschen entscheiden, auf eine liebevolle Weise zu leben und auf die Gräueltaten der Welt mit großem Mitgefühl, aber ohne Urteil und

Hass zu reagieren, erschaffen wir alle eine friedlichere Welt, in der wir gemeinsam mit dem liebevollen Element, das wir Gott nennen können, schöpferisch tätig werden.«

Ich hakte nach. »Was wird ein Mensch, der einen anderen vergewaltigt hat, erleben, wenn er in die geistige Welt zurückkehrt?«

»Das hängt davon ab, ob er die Tat aufrichtig bereut oder ob er sie weiterhin auf irgendeine Weise rechtfertigt, Rob. Wenn er tiefe Reue gezeigt und alles getan hat, um Wiedergutmachung zu leisten, wenn er das Gleichgewicht wiederherstellt und dafür sorgt, dass solche Taten in Zukunft weder von ihm noch von anderen begangen werden können, wird er nach seinem Tod wahrscheinlich aufgefordert werden, die Verantwortung für das zu übernehmen, was er getan hat. Er wird ein neues Leben bekommen, in dem ihm Gelegenheit gegeben wird, dieses Karma vollständig auszugleichen und aufzulösen. Aber er wird von liebevollen geistigen Führern begrüßt werden. Er wird Liebe erfahren.«

»Wenn er aber überhaupt keine Reue zeigt, voller Wut ist und anderen die Schuld gibt, wird er zwar ebenfalls voller Liebe begrüßt werden, diese Liebe aber nicht annehmen können. Nach dem Übergang urteilt niemand über dich. Wenn du aber zu Lebzeiten nicht fähig bist, der Liebe dein Herz zu öffnen, wie sollst du es dann auf der himmlischen Ebene können? Ein solcher Mensch wird sich an einem sehr finsteren Ort wiederfinden, an dem er immer und immer wieder dieselbe Geschichte erzählt: ›Es ist nicht meine Schuld. Schaut euch doch an, was mit mir geschehen ist.‹ Er tut dies, bis er endlich erkennt, dass er selbst derjenige ist, der diesen Kerker der Finsternis erschaffen hat und sich anders entscheiden kann.«

»Mir gefällt der Begriff ›mitfühlende Reue‹«, fuhr Aaron fort. »Mitfühlende Reue erlaubt es uns, uns selbst voller Mitgefühl zu betrachten, die ungesunden Dinge zu sehen, die wir getan haben, und Verantwortung für sie zu übernehmen. Mitfühlende Reue erlaubt es auch, den Weg zur Auflösung und zum Ausgleich zu suchen, aber ohne die ungesunden Gefühle von tiefer Schuld, Scham und Selbstverurteilung.«

»Wenn du vergewaltigt oder auf andere Weise missbraucht worden bist, fühle ich mit dir. Du hast zweifellos gelitten. Triff nun die gesunde Entscheidung, dieses Leid zum Wohle aller Wesen einzusetzen. Lass dein Herz immer größeres Mitgefühl entwickeln, bis du verstehst, wie du dieses Mitgefühl in die Welt bringen kannst, um dich und die Welt zu heilen. Hör auf, dich selbst von anderen zu trennen. Lass dich von deinem Schmerz verwandeln, ergehe dich nicht in Selbstmitleid, sondern öffne dich der direkten Erfahrung des Schmerzes, den ein liebevolles Herz umwandeln kann.«

»Ich habe aufgehört, vor dem Schmerz davonzulaufen«, erzählte Beverly Aaron. »Früher habe ich geleugnet, wie stark er sich auf mich auswirkt. Wie du schon gesagt hast: Man fühlt ihn, lässt ihn los und kommt ans andere Ufer.«

»Ich bin so froh, dass du das tun konntest«, sagte Aaron. »Es ist sicher, dass du heilst. Schmerz funktioniert auf seltsame Weise. Wir glauben, wir hätten endlich Frieden mit ihm geschlossen, aber dann taucht plötzlich etwas auf, das uns erschüttert, und wir tauchen kurzzeitig wieder in ihn ein. Sollte das geschehen, gib ihm Raum, liebe dich selbst und alle, die einen solchen Schmerz erleiden. Das muss nicht, aber es sollte geschehen – begegne dem Schmerz mit Liebe.«

»Ich bin sehr dankbar für alles, was du uns heute mitgeteilt hast«, sagte Beverly.

»Schwester, ich bin auch dir dankbar. Ich wünsche dir alles Gute. Rob, danke für die Gelegenheit, euch einen Dienst zu erweisen.«

»Danke, dass du heute mit uns gesprochen hast«, antwortete ich.

Stacis ergänzendes Reading für Beverly

Um noch tiefer verstehen zu können, aus welchem Grund eine Vergewaltigung geplant worden war, sprachen Beverly und ich noch einmal mit Staci und ihrem Geistführer. Vor der Sitzung hatte ich sie darum gebeten, sich den Teil von Beverlys Akasha-Chronik anzusehen, der sich speziell mit ihrer Beziehung zu Steve befasste.

»Nach einer Zeit des Reflektierens zwischen den Leben«, sagte Staci zu Beverly, »und nachdem du dich mit deinem Geistführer und den Mitgliedern deiner Seelengruppe beraten hattest, erkanntest du, dass dein [nicht besonders ehrenhaftes] Verhalten [in anderen Leben] dadurch zu erklären ist, dass du nicht in dir nach Antworten gesucht hast, wo alles hätte gefunden werden können, sondern im Außen. Du wolltest gezwungen sein, dich auf dich selbst zu besinnen. Nachdem du vergewaltigt worden warst, hast du mehr an deinem emotionalen Wohlergehen gearbeitet. Vom Standpunkt der Seele aus ist das genau das, was du in diesem Leben wolltest.«

»Das ergibt Sinn«, sagte Beverly zustimmend.

»Die nächste Lektion bestand darin, dass deine Eltern dir ein gewisses Maß an emotionaler Fürsorge vorenthalten haben, das für die Entwicklung deines Selbstwertgefühls notwendig gewesen wäre. Das war Teil der Seelenvereinbarung zwischen euch. Du wolltest in diesem Leben lernen, dich selbst zu nähren, damit du dein Selbstwertgefühl aus dir heraus entwickeln kannst. Dadurch würdest du auch deine eigene Wahrheit erkennen. Was für dich wahr ist, muss für andere nicht unbedingt wahr sein; dennoch ist es wichtig und von Bedeutung und hat seinen eigenen Wert. Wenn du das erkennst, erlangst du ein Maß an Ehrlichkeit dir selbst gegenüber, das zu Selbstvertrauen wird und dir ermöglicht, umfassender auszudrücken, wer du bist, statt dich zurückzuhalten. Wenn man vergewaltigt wird, möchte man am liebsten unter die Decke kriechen, sich dort verstecken und niemals wieder hervorkommen. Aber genau damit beginnst du, dich selbst zu nähren. Bis zum Zeitpunkt der Vergewaltigung hatte es in deinem Leben nicht genug emotionale Nahrung gegeben. Nicht von dir und nicht für dich. Und nicht von dir für dich selbst.«

»Ich nehme einmal an, dass es für dich sehr schwierig sein muss, den Vergewaltiger auf mitfühlende Weise zu betrachten«, fügte Staci hinzu. »Aber genau darin liegt die Herausforderung für dich: ihn von einem anderen Standpunkt aus zu verstehen und es dem Mitgefühl zu gestatten, sich in deinen Ansichten über ihn auszudrücken.«

»Aus welchen anderen Gründen hast du dies gewählt? Weil du auf der Seelenebene erkannt hast, dass alles an deiner Verbindung zu ALLEM, WAS IST, Gott entspringt. Wenn ich aus dem Fenster schaue und die Wolken, Blumen, Gräser und Bäume betrachte, sehe ich, dass zwischen mir und all dem eine energetische Verbindung besteht. Durch dich selbst wird die Verbindung zu ALLEM, WAS IST hergestellt. Wenn sich eine Seele für diesen Weg entscheidet, wird sie reichlich Zeit und Gelegenheit erschaffen, um zu lernen, zu meditieren, ein Buch zu lesen, Zeit mit sich selbst zu verbringen, die Beziehung zu sich selbst zu bereichern und sich schließlich zu fragen: ›Was tue ich? Warum fühle ich mich so leer?‹ Dann findest du heraus, was du tun kannst und wie du dich selbst so ändern kannst, dass dich dein Leben erfüllt. Bestand eine deiner damaligen Reaktionen darin, dich zurückzuziehen?«

»Ja«, bestätigte Beverly. »Ich zog mich besonders von der Situation zurück. Ich wollte nicht daran denken, nicht darüber sprechen. Ich brauchte Jahre, um zu erkennen, wie stark es mich beeinflusst hat, dass ich die Gefühle nicht gefühlt, sie nicht angeschaut, nicht berührt und nicht über sie gesprochen habe.«

»Du hast sie verdrängt«, kommentierte Staci, »deshalb hast du sie auch nicht eingesetzt, um so schnell wie möglich voranzukommen. Aber weißt du was? Wenn wir unser Leben vom Standpunkt der Seele aus betrachten, spielt Zeit keine Rolle. Ich sage dir das, weil ich nicht möchte, dass du dich schlecht fühlst, weil du diese Zeit nicht zu deinem Besten genutzt hast. Es sind einfach alles Erfahrungen. Etwas, aus dem du lernen kannst. Und wichtig ist nur, *dass* du lernst. Das ist es, was du wolltest.«

»Mir wird jetzt gerade mitgeteilt, dass diese Seele mit Namen Steve die Gewohnheit hat, [in seinen verschiedenen Leben] Persönlichkeitsstrukturen zu entwickeln, die sehr kopflastig sind, sodass er so lange über Dinge nachdenkt, bis er komplexe Fantasien entwickelt hat, die es ihm ermöglichen, sich bei seinen Taten im Recht zu fühlen. Er hat im Verlauf mehrerer Leben die Überzeugung entwickelt, dass er nicht so schwer wie andere arbeiten muss, um zurechtzukommen.«

Staci machte eine Pause. Als sie wieder zu sprechen anfing, hatte sich ihr Sprechrhythmus verlangsamt, was für mich ein Hinweis darauf war, dass ihr geistiger Führer nun direkt durch sie sprach.

»Das Gefühl, es sei in Ordnung, sich etwas zu nehmen, was einem nicht gehört, entwickelte sich allmählich im Verlauf mehrerer Leben«, erklärte er uns. »Außerdem hatte Steve das Gefühl entwickelt, er sei der Liebe nicht würdig. In einer ganzen Reihe von Inkarnationen war er der Liebe und emotionaler Nahrung hinterhergejagt. Dies und die Einstellung, dass ihm alles zusteht, führten dazu, dass er es als gerechtfertigt ansah, sich Beverly zu nehmen.«

»Hätten diese Überzeugungen nicht durch die Unterweisung geheilt werden können, die wir in der geistigen Welt erhalten?«, fragte ich den Führer.

»Steve war nicht in der Lage, dies ausreichend in sein Bewusstsein zu integrieren«, erklärte er. »Obwohl er in der Zeit zwischen den Leben ein gewisses Verständnis erlangt hatte, war er doch nicht fähig, dies in seinem Bewusstsein zu verankern, um den entsprechenden Aspekt seiner Persönlichkeit nachhaltig zu stärken.«

»Steve hatte Leben, in denen er voller Demut dienen wollte, aber zu oft schaffte er es nur halb und traf dann auf der Persönlichkeitsebene Entscheidungen, die sehr impulsiv waren und sich auf den Verlauf seines Lebens auswirkten. Die Seele hatte nach einem Weg gesucht, um dieses Verhaltensmuster ein für alle Mal zu beenden. Das Individuum, das wir als Beverly kennen, erwies Steve einen extremen, aber einzigartig liebevollen und mitfühlenden Dienst, damit er während seiner Lebensrückschau demütig werden und sich schwören würde, diesen Weg niemals wieder zu gehen. Und genau das ist es, was diese individuierte Seele getan hat.«

»Woher wussten Beverly und Steve, dass sie einander finden würden?«

»Geistführer hatten dafür gesorgt, dass sie zur selben Zeit am selben Ort sein würden. Wenn du die beiden fragen würdest, würden sie dir sagen, dass sie das Gefühl hatten, dort sein zu müssen.«

»Welche Auswirkungen hätte es auf Beverly gehabt, wenn die Vergewaltigung niemals stattgefunden hätte?«

»Beverly hätte sich mit den Gefühlen der Ungleichheit und dem Mangel an Selbstständigkeit weitaus länger auseinandersetzen müssen, als sie es infolge der Vergewaltigung getan hat.«

»Und welche Folgen hätte es gehabt, wenn Beverly immer noch sehr wütend auf Steve wäre?«

»Hätte Beverly diese Emotionen nicht loslassen können«, antwortete der Führer, »hätten diese sie für ein weiteres Leben an Steve gebunden, sodass sie die Unausgewogenheit in sich noch länger hätte aufarbeiten müssen. Beverly war einverstanden, diese Dynamik zu einem Abschluss zu bringen. Mit der Vergewaltigung hatte diese ja nicht nicht begonnen, sondern damit vielmehr ihren Höhepunkt erreicht. Sie musste ausreichend motiviert werden, um ihn wirklich loszulassen. Wäre ihr das nicht gelungen, hätte Steve gefühlt, dass er durch sehr reale Schnüre immer noch an sie gebunden war. Diese Schnüre hätten diese beiden individuierten Seelen aneinander gefesselt. Sie hätten sich dann für ein weiteres Leben entschieden, in dem sie eine Verbindung miteinander eingegangen wären.«

»Kann Steve von dort, wo er in der nicht physischen Welt ist, spüren, dass Beverly ihn losgelassen hat?«, fragte ich neugierig.

»Ganz bestimmt.«

»Was würde die geistige Welt jemandem sagen, der vergewaltigt wurde und nun mit den Emotionen kämpft, die durch eine Vergewaltigung ganz natürlich entstehen?«, hakte ich nach.

»Eine Vergewaltigung ermöglicht in besonderem Maße, sich selbst lieben zu lernen. Da Selbstliebe die Grundlage aller Dinge und allen Wachstums in diesem Erdenzyklus ist, würden wir darum bitten, dass jede Person, die vergewaltigt worden ist, dies als Ausgangspunkt sieht, von dem aus sie sich auf eine Reise zur Ganzheit begeben kann. Dies ist sozusagen eine Autobahn auf dem Weg zu bedingungsloser Liebe und Ganzheit.«

»Rob, wir weisen dich darauf hin, dass es Menschen geben wird, die sich über die Vorstellung entrüsten werden, dass eine Vergewaltigung einem so noblen und wertvollen Zweck dienen kann. Ihnen sagen wir: Tretet einen Schritt zurück und schaut euch die Situation von einem höheren, umfassenderen Standpunkt aus an. Wenn ihr in der Wut gefangen seid, könnt ihr nicht wachsen. Betrachtet dieses Erlebnis als eine neue Möglichkeit, Vergebung zu praktizieren. Ziemlich häufig bedeutet das auch Vergebung gegenüber sich selbst. Wir würden solche Menschen bitten, es dem Lebensprozess zu gestatten, sich zu entwickeln, und sich mit einem Urteil so lange zurückzuhalten, bis sie zu größerer Bewusstheit und einem größeren Verständnis gelangt sind, und zwar von ALLEM, WAS IST und davon, wie uns allen alles dient.«

»Die Erfahrung, vergewaltigt worden zu sein, oder darüber zu lesen hat auch den Nebeneffekt, dass der individuierten Seele die Chance gegeben wird, für sich selbst zu definieren, was richtig, gerecht und fair ist – was tolerierbar ist und was nicht. Aufgrund dieser Erkenntnisse kann dann das Wachstum geschehen. So erhebt sich das Individuum und setzt seine Reise zur Erleuchtung fort.«

Eine Vergewaltigung ist eine einschneidende Verletzung des eigenen Wesens, die bis ins Mark geht. Unbändige Wut, Schuldgefühle, Selbstvorwürfe, Scham, Verzweiflung und Gefühle der Hilflosigkeit, weil sich jemand so sehr an einem vergangen hat, sind natürliche Reaktionen auf eine solche Tat. Sie dürfen nicht unterdrückt werden, wenn man seinen eigenen vorgeburtlichen Plan verstehen will. Wenn Sie vergewaltigt worden und von unbändigem Zorn erfüllt sind, fühlen Sie diese Rage mit allem, was Sie sind. Wenn Sie sich schuldig fühlen oder sich Vorwürfe machen, halten Sie Ihren Verstand davon ab, sich dieser Gefühle zu entledigen oder sie abzuwerten. Tauchen Sie stattdessen ganz in sie ein. Wenn Sie sich als hilfloses Opfer fühlen, werfen Sie alle Krücken der spirituellen Philosophien über Bord und erlauben Sie sich, ganz in den tiefen Abgrund des Schmerzes zu fallen. Ihre Gefühle, auf welche Weise sie sich auch immer ausdrücken mögen, sind weise, authentisch, nobel, rein und richtig. Daher sollten sie auch als solche geehrt werden. Sie sollten gefühlt werden und nochmals gefühlt werden und abermals gefühlt werden, denn sie läuten die Morgendämmerung der Heilung ein.

Sollten Sie niemals an einen Punkt kommen, an dem Sie in Betracht ziehen, dass eine Vergewaltigung Teil Ihres Lebensplans gewesen sein könnte, dann ist dieses Konzept nicht Teil Ihres höchsten und besten Weges. Lassen Sie den Gedanken der vorgeburtlichen Planung links liegen und gehen Sie Ihren Weg mutig weiter.

Aber wenn Sie sich selbst erlaubt haben, alles zu fühlen, was es zu fühlen gibt, wenn Sie sich auch weiterhin gestatten, alles zu fühlen, was an Gefühlen hochkommt, wenn sich das innere Chaos ein bisschen beruhigt hat und die schwarzen Wolken des Schmerzes etwas aufreißen, dann *fühlen* Sie sich in Beverlys Geschichte ein. Bedenken Sie bitte: Ihre Seele hat Sie zu diesem Buch geführt, und Ihre Seele kommuniziert durch Gefühle mit Ihnen. Der logische Verstand weiß nur, was ihm beigebracht wurde, und denkt nur auf die Art und Weise, auf die er konditioniert wurde. Fragen Sie sich selbst: Wie *fühlen* sich die Worte dieses Kapitels für mich an? *Fühle* ich, dass dort etwas sein könnte? Lautet die Antwort Nein, respektieren Sie sie. Lautet die Antwort Ja, auch wenn der Verstand protestierend aufschreit, respektieren Sie auch das.

Und wenn die Antwort Ja lautet und Sie das Gefühl haben, Ihr Lebensplan würde dem von Beverly ähneln, dann werden Sie vermutlich neben der Wut auf den Angreifer auch Wut auf Ihre Seele spüren, weil sie so etwas geplant hat. Wut auf sich selbst, weil Sie einem solchen Plan zugestimmt haben, und möglicherweise Wut auf Gott oder das Universum, weil diese zulassen, dass solche Pläne überhaupt gemacht werden. Urteilen Sie nicht über diese Wut. Unterdrücken Sie sie nicht, und versuchen Sie auch nicht, sie sich auszureden. Wie Jeschua zu Beverly sagte: Wut trägt eine große Heilkraft in sich, wenn sie angenommen und ihr erlaubt wird, frei zu fließen. Diese Akzeptanz ist die Heilung; diese Akzeptanz ist die Verwandlung.

Wut, Sorge, Trauer und allen anderen schmerzhaften Emotionen ihren rechtmäßigen Platz einzuräumen, stellt einen wunderschönen Akt des Mitgefühls gegenüber sich selbst dar. Aus diesem Grund rät Aaron dazu, nicht zu sagen: »Ich sollte vergeben!«, sondern einfach auf liebevolle, nicht urteilende Weise mit dem Schmerz zu sein. Dann entwickelt sich Mitgefühl, und Mitgefühl ist der fruchtbare Boden, in dem die Vergebung Wurzeln schlagen kann. Wie Pamela sagte, geschieht Vergebung ganz von selbst, wenn wir jeden Teil von uns annehmen, der verletzt wurde. Jahrelang ist Beverly vor diesen Teilen ihrer selbst davongelaufen, weil sie Angst hatte. Sie zuzulassen, dachte sie, würde bedeuten, dem Vergewaltiger Macht über sich zu geben. Erst als sie anfing, sich ihren Emotionen zu öffnen, begann ihr Weg der Heilung.

Was bedeutet es also, das Trauma der Vergewaltigung zu heilen? Wie uns Jeschua sagte, war Beverly durch die Vergewaltigung gezwungen, sich sehr starken Emotionen – wertlos zu sein, hilflos zu sein und nicht für sich selbst einstehen zu können – zu stellen. Diese Emotionen, die sie in früheren Leben entwickelt hatte, darunter auch in jenem, in dem sie glaubte, ihren Sohn verraten zu haben, hatten sich tief in Beverlys Bewusstsein eingenistet. Mutig entschloss sie sich dazu, sie zur Heilung mit in den neuen Körper zu bringen, was ein großer Dienst an ihrer Seele war.

An dieser Stelle kommen wir zu einer der grundlegendsten und machtvollsten Wahrheiten überhaupt: Es gibt kein unausgedrücktes Bewusstsein. Wenn wir das Gefühl haben, wertlos zu sein, werden wir Erfahrungen anziehen, die dieses Gefühl widerspiegeln, damit wir es heilen. Wenn wir glauben, machtlos zu sein, werden wir Umstände anziehen, die diesen Glauben widerspiegeln, damit wir ihn heilen. Der letzte Schritt auf dem Weg der Selbstverantwortung besteht in der Akzeptanz, dass wir die Schöpfer all unserer Erfahrungen sind. Die Erde ist eine Schule, in der das Äußere das Innere widerspiegelt. Und zwar nicht, damit wir leiden, sondern damit wir lernen, Verantwortung für all unsere Schöpfungen in diesem und anderen Leben zu übernehmen. Dadurch wird das Innere geheilt. Ein sehr machtvoller Weg der Heilung besteht darin, die Gefühle und Überzeugungen in uns ganz bewusst zu beleuchten.

In dieser Epoche der menschlichen Bewusstseinsentwicklung werden überall auf der Erde Lebenspläne verwirklicht, die Beverlys ähneln. Fast kollektiv haben wir Gefühle und Überzeugungen bezüglich unserer Wertlosigkeit und Machtlosigkeit mit verkörpert, damit wir uns ihrer bewusst werden und sie in vollem Ausmaß fühlen, um sie anzunehmen und mit Liebe umzuwandeln. Eine Vergewaltigung ist nur eine der extremeren Ausdrucksformen dieser Aspekte unseres Bewusstseins.

Die vorgeburtliche Planung unzähliger Herausforderungen, von denen die meisten weniger schwerwiegend als eine Vergewaltigung sind, beruht häufig auf dem Seelenbedürfnis, während einer Verkörperung derartige Gefühle und Überzeugungen zu erkennen und zu heilen. In diesem Leben – diesem einen gegenwärtigen Leben – steckt das Potenzial, alles zu heilen, was es in allen früheren und dem jetzigen Leben zu heilen gibt. Für alle, die danach streben, an dem planetarischen Bewusstseinswandel teilzunehmen, ist es schon lange keine Option mehr, sich nach außen zu orientieren und sich auf ein lineares Leben zu beschränken.

Jeschua sagte, dass uns das Annehmen der dunklen Emotionen ganz macht und leuchten lässt. In diesem Annehmen liegt die Erinnerung an unsere Heiligkeit verborgen. In Wahrheit ist nämlich jeder Mensch ein gewaltiges, unbegrenztes Wesen, das unendlich viel wert und unglaublich machtvoll ist. Ihre Seele bittet Sie, sich in diesem Leben daran zu erinnern – nicht nur in Form eines intellektuellen Verständnisses, sondern durch gefühltes Wissen um Ihre eigene Großartigkeit. Schwere Herausforderungen sind dazu gedacht, die Hülle aus falschen Überzeugungen aufzubrechen, in die wir unsere göttliche Essenz seit Jahrtausenden gezwängt haben.

Bedenken Sie bitte dies: Sie, die Sie diese Worte lesen, gehören zu den Pionieren, die das alte Paradigma beenden werden, demzufolge wir durch Leiden lernen. Obwohl wir uns durch Leiden sehr schnell entwickeln können, ist es für unser Wachstum nicht notwendig. Die Menschheit ist nun bereit, in eine Welt einzutreten, in der Lernen durch Liebe und Freude geschieht. Um etwas zu diesem Quantensprung beizutragen, müssen wir vollständig in die alte Schwingung eintauchen und sie von innen heraus umwandeln. Hoch entwickelte nicht physische Wesen können uns mit Liebe und Rat zur Seite stehen. Ob wir aber den Sprung von dem einem Paradigma in das andere schaffen, hängt ausschließlich von der Schwingungsfrequenz derjenigen ab, die sich in einem Körper befinden.

Wie Beverly haben auch Sie sich vor Ihrer Geburt entschieden, ein Reich tiefen Friedens, großer Freude und strahlenden Lichts zu verlassen, um unserer Welt zu helfen, diesen monumentalen Sprung zu machen. Zu diesem Bewusstseinswandel beizutragen, indem jemand plant, eine Vergewaltigung zu erleben und sich von ihr zu heilen, ist ein außergewöhnlicher Akt des Dienens und großer Liebe. Dies sind kühne Pläne, die nur wenige Seelen wagen würden. Nur die Mutigsten aus allen Ecken des Universums haben diese Herausforderung angenommen.

Und wenn die Heilung vollständig ist und die innere Finsternis zur Gänze angenommen wurde, entsteht ein Ausmaß an Selbstliebe, wie wir es noch nie gekannt haben. Indem Beverly sich selbst heilt, hilft sie allen, die je vergewaltigt wurden, zu heilen, weil sie ihr Bewusstsein mit ihrem inneren Licht berührt. Wenn Sie wachsen und lernen, sich selbst zu lieben, bereiten Sie einen energetischen Pfad, der es für alle anderen leichter macht, sich selbst zu lieben.

In Ihrer Erinnerung an Ihre eigene Großartigkeit wird die Menschheit wiedergeboren.

Ihr Leben ist wahrhaft heldenhaft.

Kapitel 3

Adoption

Jedes Jahr werden weltweit Hunderttausende Kinder adoptiert. Während ich die vorgeburtliche Planung erforschte, fand ich heraus, dass sich Kinder, die in ihren Ursprungsfamilien bleiben, ihre Eltern ausgesucht haben und von ihren Eltern ausgesucht wurden. Treffen adoptierte Kinder und Adoptiveltern ähnliche, auf Gegenseitigkeit beruhende Abmachungen? Falls ja, warum würde eine Seele vor der Geburt planen, adoptiert zu werden? Warum würden Eltern auf der Seelenebene planen, Kinder zu adoptieren?

Und was ist mit den emotionalen Begleiterscheinungen einer Adoption? Häufig stellen Kinder, die adoptiert wurden, ihren Selbstwert infrage, weil sie beispielsweise das Gefühl haben, für ihre leiblichen Eltern nicht gut genug gewesen zu sein. Und diese Selbstzweifel werden von Wut gegenüber den leiblichen Eltern begleitet. Wissen Seelen vor der Geburt, dass sich solche Gefühle möglicherweise einstellen werden? Möchten Seelen tatsächlich derartige Gefühle erfahren? Auf welche Weise könnten das Gefühl, nichts wert zu sein, oder auch Wut die Entwicklung einer Seele fördern?

Um Antworten auf diese Fragen zu finden, unterhielt ich mich mit Carole Billingham, die zum Zeitpunkt unseres Gesprächs dreiundvierzig war, in zweiter Ehe mit Barry verheiratet war und mit ihm eine Tochter, Ania, hatte.

Caroles Geschichte

Carole arbeitete als Coach für Persönlichkeitsentwicklung und hatte sich darauf spezialisiert, Frauen zu beraten und ihnen den Zugang zu ihrer eigenen Kraft zu zeigen. Ihre Eltern waren Pierre und Jan, die bei ihrer Geburt Mitte zwanzig waren. Jan studierte damals und wollte Lehrerin werden; Pierre war in seinem ersten Jahr an der medizinischen Fakultät. Die beiden waren verlobt und wollten heiraten. Als Jan Pierre sagte, dass sie schwanger sei, drehte dieser völlig durch und sagte ihr, dass er mit einer Familie nichts im Sinn hatte, erzählte mir Carole. »Meine Mutter ging in der letzten Phase der Schwangerschaft in ein Heim für unverheiratete Frauen, wo sie mich auch entband.«

Zwei Monate nach ihrer Geburt wurde Carole von Dorothy und Richard adoptiert, den liebevollen Eltern, die sie dann großzogen. Als Kind litt sie unter Bindungsunfähigkeit und hatte große Mühe, eine Beziehung zu ihren Adoptiveltern aufzubauen. Aber als junge Erwachsene »dachte ich, ich hätte mich damit ausgesöhnt, adoptiert worden zu sein«, erzählte mir Carole. »Ich glaubte an dieses Zeug, das dir alle erzählen, nämlich, dass du ein auserwähltes Kind bist.«

Caroles scheinbare Aussöhnung mit der Tatsache ihrer Adoption wurde schwer erschüttert, als sie mit fünfundzwanzig eine Scheidung durchmachte. »Es kommt häufig vor, dass eine Frau eine größere Herausforderung durchmachen muss, wenn sie im selben Alter ist, in dem ihre leibliche Mutter war, als diese sie zur Adoption freigegeben hat«, erklärte mir Carole. »Meine Scheidung riss Wunden auf, von denen ich nicht einmal wusste, dass es sie gab.«

»In mir spürte ich eine unbändige Wut. Ein Teil von mir war über alle Maßen empört, und ich wusste nicht, wie ich damit umgehen sollte. Schließlich war mir beigebracht worden, dass es sich für eine Frau nicht ziemt, wütend zu sein. Und ganz sicher war es nicht in Ordnung, dieser Wut auch noch Ausdruck zu verleihen. Also richtete ich die Wut nach innen und fing an, mich selbst zu bestrafen.«

Carole unterdrückte die Wut neun Jahre lang, bis sie im Alter von vierunddreißig Jahren durch einen schweren Autounfall dazu gebracht wurde, damit zu arbeiten.

»Als ich in den Rettungswagen geschoben wurde, betete ich«, erinnerte sich Carole. »Ich fragte: ›Worum geht es hier?‹ Das Erste, was ich [vom Geist] hörte, war: ›Mach langsamer.‹ Das Zweite war, dass ich lernen musste zu empfangen. Und das Dritte war, dass der Unfall mir die Möglichkeit gab, meine Wut zu heilen. Das war etwas, wofür ich gebetet hatte.« Der Unfall verursachte eine Hirnverletzung, die bis heute dafür verantwortlich ist, dass Carole ungewöhnlich stark auf Sinnesreize reagiert und Konzentrationsschwierigkeiten hat.

Während ich Carole zuhörte, dachte ich an andere Menschen, die mir ihre Geschichten von sogenannten Unfällen erzählt hatten. Ein immer wiederkehrendes Thema war, dass sie ein Leben auf der Überholspur gelebt hatten – meist ohne sich dessen überhaupt bewusst zu sein. Diese Menschen hatten die Unfälle herbeigeführt, um sich selbst zu zwingen, einen Gang runterzuschalten und mehr über ihr Leben nachzudenken. Viele Seelen waren bereits vor der Geburt davon ausgegangen, dass sie unbewusst leben würden, und bauten deshalb das Potenzial für einen Unfall in ihren vorgeburtlichen Lebensplan ein.

Ein anderes weitverbreitetes Thema ist, dass diese Menschen lernen sollten zu empfangen. Es kommt häufig vor, dass Menschen anderen ständig etwas geben, aber nicht zulassen, dass andere ihnen auch etwas geben. Der Fluss der Liebe in der Welt ist jedoch kreisförmig, und anderen Liebe zu schenken, macht demzufolge nur die Hälfte des Kreises aus. Die andere Hälfte besteht darin, Liebe zu empfangen. Weigern wir uns, Liebe von anderen anzunehmen, blockieren wir den Fluss der Liebe in der Welt genauso sehr, als wenn wir anderen nie Liebe schenken würden.

»Zur Zeit des Unfalls war mir nicht klar, dass ich eine Hirnverletzung hatte«, sagte Carole. »Eine Nebenwirkung besteht darin, dass ich in frühere Traumata zurückkatapultiert werde, die der Heilung bedürfen. So erinnerte ich mich plötzlich auch an meine Geburt. Ich erinnerte mich, dass mich mein leiblicher Vater abtreiben lassen wollte. Ich hatte Erinnerungen an Verwirrung, Scham, Schuldgefühle und einen hohen Adrenalinausstoß während der Schwangerschaft meiner leiblichen Mutter. Ich erinnerte mich, dass sie mich ausschloss und nicht mit mir redete. Später erzählte sie mir, dass ihr Schmerz im siebten Monat so groß wurde, dass sie nicht mehr mit mir reden konnte. Ich glaube, das wirkte sich enorm darauf aus, wie ich mich mein ganzes Leben lang fühlte – ausgeschlossen, und ich hatte das Gefühl, nirgendwo dazuzugehören.«

Die Hirnverletzung ermöglichte es Carole, sich sogar an Unterhaltungen zu erinnern, die während ihrer Geburt im Kreißsaal stattgefunden hatten. »Ich erinnerte mich, dass der Arzt sagte: ›Diese Frau darf keinen Körperkontakt mit dem Kind haben, da es sowieso weggegeben wird.‹ So hatte ich nie Kontakt zu meiner leiblichen Mutter. Ich erinnerte mich auch, dass ich in einer Art Kasten aufwachte und mir die Seele aus dem Hals schrie: ›Wo ist meine Mutter?‹ Ich erinnerte mich, dass Krankenschwestern mit Masken auf mich herabblickten und nicht auf meine Schreie reagierten.«

»Carole«, bat ich, »erzähl mir mehr darüber, warum deine Mutter glaubte, sie könne dich nicht behalten.«

»1963 war Abtreibung noch nicht legal. Mein leiblicher Vater stellte klar, dass er mit einem Baby nichts zu tun haben wollte.

Dann fand meine Mutter heraus, dass er sie betrog, sodass sie sich von ihm trennte. 1963 hatte eine unverheiratete Frau gar keine andere Möglichkeit, als ihr Baby zur Adoption freizugeben.«

»Meine leibliche Mutter verheimlichte meine Geburt vor allen«, fügte Carole hinzu. »Bis heute schämt sie sich dafür. Ich musste mich sehr stark bemühen, das nicht auf mich zu beziehen und zu erkennen, dass es nicht meine Schuld war.«

Dann bat ich Carole, etwas über die Bindungsunfähigkeit zu erzählen, unter der sie als Kind gelitten hatte.

»Als ich von meinen Eltern adoptiert wurde, die übrigens wunderbare Eltern sind, ging es mir so: ›Du bist meine dritte Mutter! Meine erste Mutter hat mich im Stich gelassen, meine zweite hatte mich nur acht Wochen lang. Vergiss es also. Ich will mit dir nichts zu tun haben!«

»War das auch in deinem Erwachsenenleben eine Herausforderung?«

»Ich glaube schon«, antwortete Carole. »Mein erster Mann sah von außen perfekt aus, aber er hat mich schrecklich behandelt. Wie er mich behandelte, spiegelte genau wider, was ich glaubte, verdient zu haben. Ich dachte, ich sei nicht liebenswert und auch sonst nichts wert, also heiratete ich einen Mann, der mir genau das sagte. Schließlich erkannte ich aber, dass ich etwas Besseres verdient hatte. Ich trennte mich von ihm, was für adoptierte Menschen außerordentlich schwierig ist. Wir haben einen so großen Verlust erlitten, und wenn wir dann eine enge Beziehung eingehen, werden wir wieder direkt auf den ursprünglichen Verlust zurückgeworfen, wenn wir uns von unserem Partner trennen oder er sich von uns. Es ist einfach schrecklich!«

»Carole, glaubst du, dass du vor deiner Geburt geplant hast, adoptiert zu werden?«

»Ja, das glaube ich.«

»Warum glaubst du das?«

»Weil ich denke, dass es völlig unmöglich ist, ein Opfer zu sein«, antwortete sie. »Aber es geht noch darüber hinaus. Ich *weiß* einfach, dass ich es geplant habe. Meinen Klientinnen sage ich: ›Wenn du dir die Eigenschaften anschaust, auf die du als Erwachsene am stolzesten bist, wirst du erkennen, dass die meisten auf deine frühkindlichen Erfahrungen zurückzuführen sind.‹ Außerdem erinnere ich mich ganz deutlich, dass ich in diesem Kasten im Krankenhaus sterben wollte. Ich erinnere mich, dass ich sagte: ›Ich will zurück‹ und eine Stimme antwortete: ›Nein, du hast wichtige Arbeit zu leisten.‹«

Damit bestätigte Carole etwas, das ich schon oft gehört hatte: Wenn wir vor unserer Geburt bestimmte Herausforderungen planen, planen wir auch, dass diese Erfahrungen uns jene Eigenschaften bescheren, die wir heilen wollen. Zusätzlich schenkt uns unsere Seele vor unserer Geburt gewisse Eigenschaften, die für unsere Heilung wichtig sind – allerdings auf eine Weise, die das menschliche Vorstellungsvermögen übersteigt. Es ist die Kombination aus diesen beiden Eigenschaftengruppen, die Heilung möglich macht.

»Carole«, fragte ich, »warum glaubst du, dass du vor deiner Geburt die Erfahrung machen wolltest, adoptiert zu werden?«

»Ich habe ein unbändiges Verlangen danach, anderen bei ihrer Heilung zu helfen. Dieses Verlangen ist größer als ich, größer als mein Menschsein.«

Aufgrund ihrer Arbeit als Beraterin für Persönlichkeitsentwicklung und ihrer hohen Schwingungsfrequenz ist Carole eine Lichtarbeiterin, also ein Mensch, der vor seiner Geburt plant, der Welt das Licht zu bringen, manchmal in der Form von Heilung. Caroles Worte hatten den Kern der vorgeburtlichen Vereinbarung einer Lichtarbeiterin wunderschön beschrieben. Teil einer derartigen Vereinbarung ist es, genau die Erfahrungen oder

Emotionen zu machen, bei deren Heilung sie anderen helfen möchte. Die Heilung jeder Art von Energie wird am effektivsten innerhalb ihrer Schwingungsfrequenz erreicht. Das ist das Wesen einer wahrhaften Transformation.

»Carole, welche Eigenschaften hat die Adoption in dir freigelegt, damit du deine Arbeit machen konntest?«

»Die Adoption schuf die Grundlage für das Trauma und die Gefühle der Isolierung und Verwirrung. Die Kopfverletzung führte mich zu meinen intuitiven Fähigkeiten, zur Erinnerung. Auch das Mutterwerden half mir. Diese drei Dinge haben sich für mich zu einem Ganzen zusammengefügt.«

»Ich würde gern die Geschichte über die Wiedervereinigung mit deiner leiblichen Mutter hören«, sagte ich. »Wie hast du sie gefunden? Was habt ihr zueinander gesagt?«

Als Carole achtundzwanzig war, heuerte sie mit dem Segen ihrer Adoptiveltern einen Privatdetektiv an, um ihre leibliche Mutter, Jan, zu finden. Eine Zeit lang schrieben sich die beiden Briefe. Schließlich kamen sie überein, sich in einem Restaurant zu treffen.

»Die große Frage, die in mir brannte, lautete: ›Warum? Was hatte ich getan, das so schlimm war, dass du mich weggegeben hast?‹ Da ist die Frau, die mir mehr als jeder andere Mensch auf diesem Planeten wehgetan hat, und ich rechne fest damit, auch dieses Mal zurückgewiesen zu werden.«

»Als ich aus dem Taxi stieg, sah ich Jan. Ich weiß noch, dass ich dachte: ›Du meine Güte, das ist sie.‹ Wir umarmten uns, aber keine von uns weinte. Ich bin mir sicher, sie war genauso traumatisiert wie ich.«

»Wir blieben stundenlang in diesem Restaurant. An einige Dinge erinnere ich mich noch ganz deutlich. Eines war, dass wir dieselben Bücher über Spiritualität gelesen hatten. Das andere war, dass Jan zögerte, irgendetwas über meinen leiblichen Vater zu sagen, als ich sie nach ihm fragte. Schließlich sagte sie: ›Ich versuche, dich zu beschützen.‹ In diesem Augenblick dachte ich: ›O mein Gott, hier ist eine Frau, die ich gar nicht kenne, in der ich aber neun Monate lang gelebt habe und die tatsächlich etwas für mich empfindet. Sie versucht, mich zu beschützen.‹ Das ist eine der stärksten Erinnerungen, die ich habe.«

»Carole, was würdest du anderen Adoptierten sagen, die sich bemühen, die spirituelle Bedeutung einer Adoption zu verstehen?«

»Du bist nicht allein. Das Gefühl, dass du nirgendwo hingehörst und nicht liebenswert bist, ist ein universelles Gefühl, das wir alle haben. Wir haben uns einfach eine andere Geschichte darum herum gebastelt. Eines der gesündesten Dinge, die du tun kannst, ist mit anderen Menschen zu sprechen, die dir diese Gefühle bestätigen können. Adoptierte müssen sich bestätigt fühlen. Es ist in Ordnung, wütend zu sein und diese Wut muss nicht einmal gegen irgendjemand im Besonderen, gegen die Gesellschaft oder die leibliche Mutter gerichtet sein. Es ist einfach Wut da. Liebe dich selbst genug, um zu erkennen, dass es normal ist, das zu fühlen, was du fühlst.«

»Es gibt heute viele Selbsthilfegruppen für Adoptierte. Sie bringen die Adoptierten mit ihren leiblichen und Adoptiveltern zusammen. Und, Junge, ist das heilsam! Für alle! Einfach in einem Raum zu sein, in dem dir bestätigt wird, dass es in Ordnung ist, verwirrt und wütend zu sein und sich verloren zu fühlen. Die Adoption war nicht deine Schuld. Die Gefühle, die du fühlst, sind nicht deine Schuld. Wenn du sie auf irgendeine Weise zum Ausdruck bringen kannst, ist das der erste Schritt zur Heilung.«

Caroles Sitzung mit Staci

Carole hatte auf prägnante Weise über die Herausforderungen gesprochen, mit denen sie als Adoptierte konfrontiert worden war. Um herauszufinden, ob und warum sie vor ihrer Geburt geplant hatte, diese Erfahrungen zu machen, arbeiteten wir mit Staci. Ich wusste, dass Staci und ihr Führer all jenen, die adoptiert worden waren, ein Kind adoptiert oder zur Adoption freigegeben hatten, und darüber hinaus all jenen, die sich die Frage stellen, warum sie sich gerade diese Eltern oder Kinder ausgesucht hatten, helfen konnten, neue Erkenntnisse zu gewinnen.

»Carole«, begann Staci, »ich sehe eines deiner Leben in der Frühzeit der Vereinigten Staaten. Du hast im Grenzgebiet gelebt, am östlichen Rand von Oklahoma. Du warst eine Präriefrau. In diesem Leben hattest du sechs Kinder, von denen fünf überlebten. Das sechste Kind lebte einige Wochen, bekam dann Fieber und starb. Du wusstest natürlich nicht, dass das Baby nur so lange bleiben wollte. Es war deine Mutter in einem früheren Leben und in diesem deine leibliche Mutter.«

»Ihr beide habt diesen Tanz schon in einigen eurer Leben getanzt, sodass ihr nur für kurze Zeit zusammen sein konntet. Ich höre und spüre, dass dies ein Geschenk ist, das ihr einander macht: den Fötus auszutragen und ihm das Geschenk des Lebens zu geben.«

»Ich nehme auch wahr, dass du es so geplant hast und es dir bei deinem Streben nach emotionaler Unabhängigkeit hilft, weil du dich immer irgendwie getrennt von deiner Adoptivfamilie gefühlt hast.«

»Ja«, bestätigte Carole.

»Es ist das Gefühl, Teil von ihnen zu sein, aber nicht von ihnen abzustammen«, fuhr Staci fort. »Es ist subtil, aber sehr grundlegend. Daher musstest du lernen, für dich selbst da zu sein, dir selbst eine Stütze zu sein. Deine Adoption hatte auch den Zweck, dich zu zwingen, nach innen zu gehen. Tatsächlich ist es in diesem Leben Teil deines spirituellen Wachstums und der Entwicklung deines Karmas, weil du die Beziehung zu dir selbst und deinem inneren Wesen auf diese Weise gestärkt hast.«

In vorangegangenen Sitzungen hatte Stacis Führer »inneres Wesen« als die intelligente Schnittstelle zwischen der Persönlichkeit und der Seele definiert.

»Die wichtigste karmische Lektion, an der du in diesem Leben arbeitest, besteht darin, Selbstwertgefühl und Selbstvertrauen aus dir selbst heraus zu entwickeln. Dafür hast du die optimalen Voraussetzungen geschaffen.«

»Deine leibliche Mutter musste zwei Dinge lernen, indem sie den Schmerz, den Kummer und das Bedauern, dich zur Adoption freigegeben zu haben, durchlebte. Das eine ist, nicht so impulsiv zu sein und sich von ihren sexuellen Bedürfnissen nicht in dem Maß beeinflussen zu lassen, wie sie es tat, als sie dich empfing. Das war auch für deinen leiblichen Vater eine Lektion. Das andere ist, dass sie lernen musste, in Sachen Familie größere Verantwortung zu übernehmen. Tatsächlich war es dieses Verantwortungsgefühl dir gegenüber, das sie dazu brachte, dich fortzugeben, aber sie hat es immer bedauert. Ich spüre, dass sie sich das niemals vergeben hat.«

Dann brachte der Geist Staci direkt zu Caroles vorgeburtlicher Planungssitzung.

»Ich sehe jetzt eine Unterhaltung auf der Seelenebene zwischen Barry und dir«, sagte Staci. »Ich sehe euch beide knapp über dem Boden vor einem großen Quadrat sitzen, auf dem das Diagramm deines Lebens zu sehen ist. Es sieht wie eine Ansammlung schwarzer und weißer Quadrate aus, wobei jedes

Quadrat etwas in deinem Leben repräsentiert. Ihr habt beide menschliche Körper, die aber durchsichtig sind. Sie haben nicht dieselbe Dichte, die sie während der Verkörperung auf Erden annehmen. Die Seele trägt aber bereits den Mantel der Persönlichkeit, die sie im kommenden Leben annehmen wird.«

Carole: Ich weiß nicht, wie ich überleben soll. Ich sehe nichts als Probleme und Verwirrung.

Barry: Ich werde warten, bis du so weit bist. Ich werde dir helfen.

»Er scheint sehr geduldig, gütig und sanftmütig zu sein. Er streckt die Arme aus und berührt mit den Händen deine Arme, damit du dich auf ihn konzentrierst, statt auf das, was in dir vorgeht. Ich höre, dass ihr in einem früheren Leben Brüder wart. Es hat auch andere gemeinsame Leben gegeben. Ihr beide seid euch sehr nahe.«

»Ich möchte einen Augenblick auf deine Tochter zu sprechen kommen. Die Vereinbarung mit deiner Tochter wurde auf der Seelenebene getroffen, während du geschlafen hast. Dies fand im Laufe mehrerer Nächte statt. ›Sie wird aus deinen tief empfundenen Erfahrungen lernen‹, sind die Worte, dich ich dir wiedergeben soll. Eine deiner Gaben ist es, ihr Selbstwertgefühl zu stärken. Du gibst ihr mehr Liebe, als deine leibliche Mutter dir geben konnte.«

Stacis Beschreibung der Unterhaltung zwischen Carole und Barry überraschte mich, da das vorherrschende Gefühl während einer vorgeburtlichen Planungssitzung im Allgemeinen Freude über die bevorstehende Zusammenarbeit ist, selbst wenn sich das Gespräch um große Herausforderungen dreht.

Daher fragte ich: »Staci, warum fragt sich Carole, wie sie überleben soll? Das hört sich an, als ob sie den Plan, den sie für ihr nächstes Leben selbst entworfen hat, nur sehr widerwillig ausführen will.«

»Sie spürte keinen Widerwillen, sie bemühte sich nur, sich in dem emotionalen Irrgarten ihres Lebens zurechtzufinden. Sie sah sich selbst in dem Alter, in dem sie Barry begegnen würde, und merkte, dass ihre Themen bis dahin noch nicht vollständig gelöst sein würden. Daher war sie vorübergehend in den Emotionen dieser Zeit gefangen.«

Dann fragte ich Staci, ob sie die vorgeburtliche Unterhaltung zwischen Carole und ihrer leiblichen Mutter, Jan, hören könnte. Augenblicklich führte sie ihre innere Schau zu diesem Teil der Planungssitzung.

»Als sich diese Seele nähert, die deine leibliche Mutter werden soll, sehe ich, dass du dich hinsetzt, Carole. Ich spüre eine emotionale Spannung zwischen euch beiden. Ich höre dich sagen: ›Da sind wir also wieder.‹ An diesem Punkt bist du sehr emotional, aber sie scheint sehr ruhig und gelassen zu sein. Ich sehe Bilder aus einigen ihrer früheren Leben, in denen sie Kinder geboren hat, die nicht lange gelebt haben. Ich sehe fünf verschiedene Babys, die in Gedankenblasen hinter ihr her schweben. Sie streckt die Arme aus und berührt dich mit einer Hand, damit sich deine Energie mit ihrer vermischen kann und du sie intuitiv hören kannst.

Jan: Du weißt, dass ich dich liebe und immer geliebt habe, aber was sein soll, soll sein. Ich möchte dir dienen und dir helfen, dich zu entwickeln, aber ich muss auch mir selbst dienen. Ich weiß, dass du bereit bist, zu mir zu kommen, aber du weißt, dass ich nicht in der Lage sein werde, dich zu behalten. Du weißt, dass ich frei bleiben will. Ist das also wirklich deine Wahl?

Carole: Ja.

»Du wusstest, dass dies eine emotionale Störung verursachen würde, aber du wusstest auch, dass du es tun musstest.«

Carole: Ich verstehe unsere besondere Beziehung, auch wenn ich dies während meiner Zeit in meinem irdischen Körper nicht immer tun werde. Aber jetzt verstehe ich sie, und ich danke dir für das Geschenk des Lebens, das du mir geben willst. Ich werde von dir alles nehmen, was ich brauche, um zu leben, und wir werden einander wieder begegnen, wenn die Zeit gekommen ist.

Ich weiß, dass ich deine Liebe niemals in der Art und Weise haben werde, wie die Liebe einer Mutter sein sollte. Ich verstehe, dass du deine eigenen Herausforderungen hast, die dich daran hindern, mich ganz zu lieben und mich in dein Leben miteinzubeziehen. Das ist Teil meines Bewusstseins, auch wenn ich mir dessen nicht bewusst sein werde, wenn die Zeit gekommen ist. Ich gebe dir das Geschenk meines Lebens, damit du mich haben kannst, auch wenn du mich nicht behalten kannst. Jetzt scheint mir das alles so klar zu sein, aber ich weiß, es wird Zeiten geben, in denen die Sehnsucht nach dir unerträglich werden wird. Ich weiß auch, dass dies nur ein Teil dessen ist, was ich brauche, um mich selbst reich zu machen.

Jan: Ich weiß, wie schwer es ist, ein Baby loszulassen. Ich habe gesehen, wie du zweimal um mich getrauert hast.

»Also hast du, Carole, diese Frau zweimal geboren und sie zweimal aufgrund einer Krankheit verloren.«

Jan: Das Ausmaß dieses Schmerzes ist grenzenlos. Er ist so tief wie die Seele, bodenlos. Ich weiß das. Das Ausmaß meines Schmerzes darüber, dass ich dich aufgegeben habe, wird für mich ein zweischneidiges Schwert sein. Er wird mein ganzes Leben lang bei mir sein. Aber so, wie ich es jetzt klar erkenne, so wird ein Teil von mir immer wissen, dass ich das richtige getan habe. Wirst du mir vergeben?

»Ich sehe, wie du die Arme nach ihr ausstreckst und ihr in die Augen schaust.«

Carole: Ja, jetzt kann ich dir vergeben, und ich werde dir wieder vergeben. Ich weiß, dass dies unser beider Leben ins Gleichgewicht bringen wird. Und dadurch wird auch eine seit Langem bestehende Energie ausgeglichen, die uns seit Jahrhunderten verbunden hat. Dies wird das letzte Mal sein, dass einer von uns den anderen aufgeben muss. In unserem nächsten Leben werden wir immer zusammen sein, jetzt aber nicht.

Jan: Es gibt gewisse Aspekte der Persönlichkeit, an denen ich in diesem Leben arbeiten will, die aber deinem Wachstum und deinem empfindsamen Wesen nicht förderlich sind. Dies ist einer der Gründe, warum ich beiseitetreten und dir gestatten muss, bei einer anderen Familie aufzuwachsen.

Es ist ein Geschenk der Liebe an dich, dass ich dich in die Welt bringe und dann aufgebe, damit dich jene, die dich nicht empfangen können, haben und lieben, dein Wachstum unterstützen und deine Unabhängigkeit fördern können. Dies ist mein Geschenk an dich. Ich liebe dich.

»Es fließen Tränen. Ich spüre große Liebe, aber auch Trauer, weil du weißt, was geschehen wird. Ihr umarmt euch lange. Dann sehe ich sie verschwinden. Das bedeutet wohl, dass dies alles geschah, während sie am Leben [verkörpert] war und schlief, weil sie sonst geblieben wäre und dem Rest der Planungssitzung beigewohnt hätte.«

»Ich möchte den Raum noch etwas näher beschreiben. Normalerweise sehe ich einen hell erleuchteten Raum, auch wenn ich nicht weiß, wo sich die Lichtquelle befindet. Und gewöhnlich befinden sich viele Seelen in diesem Raum. Aber in deinem Raum ist es ein bisschen dunkler, und es sind auch nicht viele Seelen da, vielleicht ein halbes Dutzend. Einige Seelen kommen und gehen zur rechten Zeit, wenn sie für die Planung gebraucht werden, aber meistens sind nur ein paar Geistführer und wenige, dir sehr nahestehende Seelen da. Der Fokus des Lichts ist kleiner. Es muss nicht der ganze Raum erhellt werden, nur der Bereich, in dem ihr euch befindet.«

»Staci«, bat ich, »bitte frag deinen Führer, ob er dich zu einer Unterhaltung bringen kann, in der Carole gegenüber ihrer leiblichen Mutter, einem Geistführer oder einer anderen Seele erklärt, warum sie adoptiert werden möchte.«

Staci hielt einen Augenblick lang inne, während sie darauf wartete, dass Eindrücke zu ihr kamen.

»Ich sehe dich mit einem Geistführer«, sagte sie dann zu Carole. »Dies ist ganz am Anfang der Planungssitzung, wo du über karmische Themen sprichst, auf die du dich in diesem Leben konzentrieren möchtest. Es geht gerade darum, Eltern auszusuchen, die dir bestimmte Lernerfahrungen ermöglichen können. Dein Geistführer schlägt dir leibliche Eltern vor, an die du bisher noch nicht gedacht hattest. Deine leibliche Mutter scheint selbst auf der Seelenebene für dich eine Quelle des Schmerzes zu sein, und deshalb hat der Führer sie dir natürlich vorgeschlagen. Ich sehe einen männlichen Geistführer, eine aktive, selbstbewusste Kraft.«

»Der Mann, der dein leiblicher Vater sein soll, ist jemand, mit dem du seit den Zeiten der Römer nicht mehr zusammen warst. Damals gehörte er der herrschenden Klasse an und war sehr von sich eingenommen. Er hatte Geld, fuhr in einem Streitwagen umher und trug eine Menge Gold auf sich.«

»So ist er heute noch«, witzelte Carole. Staci und ich lachten.

»Diese Großtuerei, diese Selbstverherrlichung spricht dich nicht an, aber dein Führer hat ihn vorgeschlagen«, fuhr Staci fort. »Es gibt bestimmte Eigenschaften – Selbstsicherheit, Fokussiertheit und Zielstrebigkeit –, die du von ihm erben möchtest. Den Rest brauchst du nicht, daher war eine Adoption eine Möglichkeit, ihn dir vom Leib zu halten. Das spricht dich sehr an.«

»Du sagst deinem Führer, dass du nicht mit den Egoproblemen behelligt werden möchtest, mit denen sich deine leiblichen Eltern in diesem Leben auseinandersetzen müssen. Daher war es eine weise Entscheidung, von ihnen gezeugt und geboren zu werden, aber nicht bei ihnen aufzuwachsen. Du sagst deinem Geistführer, dass du das Gefühl hast, du würdest von deiner Mutter ohnehin zugunsten eines anderen Kindes, das später geboren wird, beiseitegeschoben werden, solltest du bei ihr bleiben und nicht zur Adoption freigegeben werden. Diese Erfahrung willst du nicht machen. Daher schien dir die Adoption eine Möglichkeit zu sein, alle zufriedenzustellen und dennoch dein Ziel zu erreichen.«

»Staci«, fragte ich, »wie schaffen es die Seelen der Adoptiveltern, die Kinder zu finden, die sie adoptieren wollen?«

»Ich höre, dass dafür eine Vermittlungsinstanz geplant war, eine Person oder Organisation, die zwischen Caroles Ursprungsfamilie und der Adoptivfamilie vermittelt«, antwortete Staci. »Ich weiß nicht, wie die Umstände waren, nachdem du zur Adoption freigegeben worden warst.«

»Ich wurde acht Wochen in einer Pflegeeinrichtung untergebracht«, erläuterte Carole.

»Dann ist die Adoptionsagentur die Vermittlungsinstanz. Ich höre, dass die Entscheidung deiner Mutter durch den Namen der Agentur beeinflusst wurde. Als sie den Namen sah oder hörte, hatte sie Vertrauen zu ihr.«

Dann fragte Carole Staci, ob sie noch irgendetwas von ihrem Adoptivvater hören oder sehen konnte.

»Ich sehe, dass ihr beide auf der Seelenebene miteinander sprecht«, berichtete Staci. »Er war in einem früheren Leben dein Bruder und meldete sich freiwillig als dein Adoptivvater. Er kennt dich schon länger, nicht nur aus der Zeit zwischen den Leben, sondern auch aus einigen wenigen Leben. Er liebte dich bereits. Ich höre ihn sagen: ›Ich werde entzückt sein, dich in meinem Leben zu haben.‹«

»Ich möchte mich nun auf das konzentrieren, was in der vorgeburtlichen Planungssitzung mit deiner Adoptivmutter [Dorothy] besprochen wurde. Sie war etwa vierzehn Jahre alt, als ihr diese Unterhaltung auf der Seelenebene hattet. Das Gespräch findet statt, als sie in der Pubertät war und sich ihre Fortpflanzungsorgane entwickeln sollten. Sie spürt unbewusst, dass irgendetwas nicht in Ordnung ist. Sie spricht darüber, dass ihre Gebärmutter schief liegt und dass sich einer ihrer Eierstöcke nicht richtig ausbildet, sodass ein Ungleichgewicht herrscht, was Unfruchtbarkeit zur Folge hat. Aber sie spricht auch davon, dass sie unbedingt ein Kind braucht. Sie benutzt das Wort ›braucht‹.«

»Alles klar, das ist meine Mutter«, kommentierte Carole.

»Ich bitte darum, dass mir gezeigt wird, warum sie dich haben will. Zu diesem Zeitpunkt weiß sie bereits, dass deine Mutter dich zur Adoption freigeben wird. Ihr beide wart schon in einem früheren Leben zusammen. Sie hat das sehr genossen und möchte in diesem Leben wieder mit dir zusammen sein.«

Dorothy: Du würdest mir einen großen Gefallen tun und einen großen Dienst erweisen, wenn du zu mir kämst.

Carole: Manchmal habe ich mich [während der Planungsphase] sehr allein gefühlt. Nur schon das Wissen, dass ich während meiner Kindheit nicht bei meiner leiblichen Mutter sein werde, führt dazu, dass ich mich allein fühle.

Ja, ich würde das sehr gern. Ich möchte mit einer Freundin zusammen sein.

»Ihre Begeisterung gibt dir Energie, was ihr wiederum Energie gibt. Es ist ganz wunderbar, das zu sehen. Ich sehe, dass ihr beide euch umarmt. Du sprichst davon, dass du dich an diese Umarmung erinnern möchtest, damit du immer weißt, wie sie sich anfühlt, wenn sie dich später in die Arme nimmt. Da ist diese Erinnerung, die du körperlich spürst. Sie wird dich als Baby beruhigen, weil du als Baby das Gefühl hast, alles sei in Ordnung, wenn sie dich in den Armen hält.«

Dorothy: Dich schon als kleines Baby als Kind zu haben, wird mich auf eine Weise erfüllen, wie mich sonst nichts erfüllen kann.

»Carole, es begeistert dich, die Gelegenheit zu haben, das Leben eines Menschen auf so tiefe Weise positiv zu beeinflussen. Du bist überglücklich. Du stimmst aus ganzem Herzen zu.«

Dorothy: Ich möchte dir helfen, deine Stimme zu finden, damit du dich ausdrücken kannst. Ich möchte das fördern und unterstützen.

Ich fühle mich nicht immer gut mit mir selbst. Ich entschuldige mich schon jetzt für alles, was ich sagen oder tun könnte, das dich verletzt. Das ist nicht meine Absicht, aber ich weiß, dass ich diese Schwäche habe.

Du sollst aber wissen, dass ich dich auf vielerlei Weise stärken und unterstützen möchte, so gut ich kann. Ich werde dein ganzes Leben lang an deiner Seite stehen, dich lieben und halten, als wärst du mein eigenes Kind.

»Vor meinem geistigen Auge sehe ich, dass sie daran denkt, dir als erste Geste des Nährens die Flasche zu geben. Ich spüre, wie sehr es sie erfüllen wird, dich in ihrem Leben zu haben. Du bist in dieser Phase ganz still, weil du mit allem einverstanden bist. Du liebst, wie es sich anfühlt.«

Carole: Ich bin dankbar für deinen Wunsch, mich zu lieben und zu unterstützen, und für deine Großzügigkeit.

»Ihr umarmt euch und lächelt einander an. Dann geht sie wieder schlafen [kehrt in ihren schlafenden Körper auf Erden zurück].«

»Meine Adoptivmutter liebt mich sehr«, erzählte uns Carole. »Die Abmachung, dass ich sie erfüllen würde … genauso ist unsere Beziehung.«

»Staci, gibt es eine Phase in der Planungssitzung, in der Carole plant, Bindungsängste zu haben?«, fragte ich. »Sie hat das Gefühl, das sei etwas, das sie aufgrund ihrer frühkindlichen Erfahrungen hat.«

»Mir wird gesagt, sie spricht mit ihrem Geistführer darüber.«

Carole: Werde ich in diesem Leben jemals in der Lage sein, jemandem zu vertrauen?

Geistführer: Du wirst dazu neigen, sehr in deinem Kopf zu sein und nicht alles mitzubekommen, was von den Menschen in deiner Umgebung gesagt wird, besonders von deiner Mutter und deinem Vater. Das ist Teil deines Wachstumsprozesses. Man muss das Fehlen von etwas erleben, um es in sich selbst zu finden. Jetzt vertraust du auf dein Wesen [dein Selbst] und auf die Entscheidungen, die du für das kommende Leben triffst. Das ist dasselbe Vertrauen, das du lernen wirst, in jene Menschen zu haben, die dich trösten und für dich sorgen.

Carole: Ich weiß, dass es mir schwerfallen wird, darauf zu vertrauen, dass jene, in deren Obhut ich gegeben werde, mich lieben und unterstützen werden. Ich werde immer Angst vor zu viel oder zu wenig Liebe und Unterstützung haben.

Geistführer: Nein, du wirst nicht immer Angst davor haben. Es fühlt sich nur so an, als ob es so sein wird.

Selbst wenn du deine leibliche Mutter wiederfindest, wird die Frage des Vertrauens nicht beantwortet werden und das Vertrauen wird nicht wiederhergestellt sein. Beim Thema Vertrauen geht es eigentlich um Selbstvertrauen: dir selbst zu vertrauen, dass du zur rechten Zeit am rechten Ort und immer in der Lage sein wirst, in jeder Situation auf dich aufzupassen. Das wird dir langfristig große Kraft verleihen. Zwar wirst du zeitweilig das Gefühl haben, dieser Aufgabe nicht gewachsen zu sein, aber du wirst lernen, dich einfach hinzugeben. Das Thema Vertrauen wird dazu führen, dass du dich von anderen getrennt hältst. Obwohl es genau das ist, was du früh im Leben erfährst, so wirst du dieses Muster doch eines Tages über Bord werfen.

»Während dir dein Geistführer dies sagt, Carole, verstehst du es auf nonverbaler, emotionaler Ebene. Du siehst den Weg der Entwicklung, den eine Seele während dieses Prozesses geht, und akzeptierst ihn als eine deiner Herausforderungen.«

»Ich kann sagen, dass ich zu diesem Zeitpunkt meines Lebens dank einiger wunderbarer Chancen geheilt bin«, sagte Carole. »Die Geburt meiner Tochter bescherte mir ein völlig neues Verständnis von dem, was meine leibliche Mutter durchgemacht hat. Außerdem hatte ich vor neun Jahren eine Kopfverletzung.

Ich wusste, es ging darum, auf meine innere Führung zu vertrauen. Ich kann nun mit Bestimmtheit sagen, dass ich mir selbst vollkommen vertraue.«

Carole fuhr fort: »Staci, als du über meine Vereinbarung mit Jan gesprochen hast und darüber, dass sie mich wegen eines anderen Kindes beiseiteschieben würde, hat das wirklich gestimmt. Sie hatte direkt nach mir noch zwei Mädchen, von denen die Jüngere Drillinge bekam. Ich habe seit der Geburt der Enkelkinder eine deutliche Veränderung in unserer Beziehung wahrgenommen.«

»Wärst du in der Familie geblieben, hättest du das von frühester Kindheit an gespürt«, antwortete Staci.

»Ja«, stimmte ihr Carole zu. »Noch etwas. Als du über meine vorgeburtliche Unterhaltung mit Jan gesprochen hast, während der sie fragte, ob ich ihr vergeben würde, bin ich in Tränen ausgebrochen, weil das etwas ist, an dem ich immer noch arbeite. Ich kann ihr auf intellektueller Ebene vergeben, aber meine Seele möchte, dass ich ihr vollständig und wirklich vergebe.«

Caroles Sitzung mit Pamela und Jeschua

Caroles letzte Bemerkung in ihrer Sitzung mit Staci war eine freimütige Anerkennung dessen gewesen, dass sie in Bezug auf Vergebung noch weiterer Heilung bedurfte. Wie sie so weise anmerkte, kann Vergebung im Kopf beginnen und ein Teil der Vergebung muss auch dort stattfinden, aber wahre Vergebung muss im Herzen gefühlt werden, was für tief greifende Heilung im Allgemeinen gilt. Wir können einige Schuldgefühle heilen, indem wir verstehen, dass wir nicht für die Taten anderer Menschen verantwortlich sind; ein gewisses Maß an Scham, indem wir anerkennen, dass wir unser Bestes getan haben; gewisse

Gefühle der Wertlosigkeit, indem wir lernen, dass wir verkörperte Göttlichkeit sind. Aber noch tiefere Heilung geschieht nur dann, wenn wir unsere Unschuld, unsere Schönheit und unseren unendlichen Wert tatsächlich *fühlen*.

Um mehr darüber zu erfahren, wie wir uns auf so tief gehende Weise heilen können, baten Carole und ich Pamela und Jeschua, ihre Weisheit mit uns zu teilen. Obwohl Pamela normalerweise eine Sitzung beginnt, indem sie ihre Eindrücke schildert, begann diese Sitzung mit Jeschua, der uns seine Erkenntnisse in Bezug auf Adoption mitteilte.

»Liebe Freunde«, sagte er, »ich bin es, Jeschua, der sich mit euch in diesem Augenblick verbindet. Ich fühle eure Energien, und ich bitte euch, mich in euren Herzen zu fühlen, nicht als Lehrer von außen, sondern als Gegenwart tief in eurem Innern, als eine Gegenwart, mit der ihr eins seid. Ich bin der Lehrer aus dem Herzen. Ich spreche zu euch von eurer fühlenden Seite aus.«

»Ich hoffe, euch etwas über Adoption erzählen zu können und die Fragen zu beantworten, die euch in dieser Hinsicht beschäftigen. Ich schätze es, wenn ihr Fragen stellt, weil mir das hilft, die menschliche Realität auf Erden zu erhellen und zu erläutern, um auf diese Weise eine Öffnung hin zu größerer Liebe und größerem Verständnis zu schaffen. Ihr arbeitet an diesem Prozess, indem ihr mich um Rat fragt. Wisset, dass ihr zu dem Heilungsprozess beitragt, der in Gang gesetzt wurde. Ihr tut das nicht nur für euch, sondern für die ganze Menschheit, indem ihr einige der allgemein verbreiteten Ansichten über Adoption ändert und den Geist derjenigen befreit, die von Kummer, Schuldgefühlen und Angst niedergedrückt sind.«

»Zuerst möchte ich sagen, dass es in Bezug auf den Elternteil, der sich vom Kind getrennt hat oder gezwungen wurde, sich von seinem Kind zu trennen, keine Schuldzuweisung und keine

Schuldgefühle geben sollte. Es scheint in diesem Kräftespiel eine Beziehung zwischen Täter und Opfer zu geben. Die Eltern haben tiefe Schuldgefühle, wenn sie sich von ihrem Kind trennen – besonders die Mutter, die es körperlich beinahe zerreißt. Selbst wenn die Mutter das Kind bewusst ablehnt, leben doch tief in ihr große Trauer und Schuldgefühle. Die meisten Mütter spüren das, selbst wenn ihre Lebensumstände so sind, dass es besser für das Kind und sie selbst ist, das Kind zur Adoption freizugeben.«

»Lasst uns nun einen Schritt zurückgehen, bevor das Kind in die materielle Realität hineingeboren wird. Davor befindet sich das Kind im Schoß der Mutter. Auf dieser Stufe ist es eng mit der Mutter verbunden, so eng, dass es praktisch keine Grenzen spürt. Die mütterlichen Energien werden vom Kind aufgesogen, während es seine erste Bekanntschaft mit der irdischen Realität in diesem Leben macht. Die Energie der Mutter hat gewaltige Auswirkungen auf Geist und Gefühl des Kindes, solange es sich in der Gebärmutter befindet. Weil das Kind so eng mit der Mutter verschmolzen ist, hält es ihre Gefühle für seine eigenen. Es glaubt, es sei traurig oder deprimiert wie die Mutter, auch wenn es in Wirklichkeit glücklich und voller Freude ist. Es gibt noch keine Unterscheidung zwischen Kind und Mutter.«

»Wenn das Kind geboren wird, ist die Verbindung, die in vielerlei Hinsicht eine psychische Verbindung von Herz zu Herz ist, immer noch da. Auch wenn die Nabelschnur durchtrennt wird, ist auf der psychischen Ebene immer noch eine Form der Einheit vorhanden. Mutter und Kind sind immer noch praktisch ein Organismus. Wird ein Kind nach der Geburt dauerhaft von der Mutter getrennt, erlebt es Chaos und Verwirrung. Das hinterlässt im Geist des Kindes ein riesiges Trauma, aber was es fühlt und was es tatsächlich wahrnimmt, das sind zum größten Teil die Emotionen der Mutter, ihre unglaublichen Schuldgefühle, ihr

Schmerz, ihr starkes Gefühl, für das Baby verantwortlich zu sein und versagt zu haben.«

»Man könnte sagen, dass die Schuldgefühle die machtvollsten Emotionen einer Mutter sind, die ihr Baby aufgeben muss. Das Baby in seinem offenen und sehr verletzlichen Zustand nimmt diese Schuldgefühle auf und hält sie für seine eigenen. Es glaubt, Schuld zu sein. Es glaubt, alles sei seine Schuld. Es verspürt riesige Angst und fühlt sich alleingelassen, glaubt aber, dies seiner Mutter angetan zu haben. Die Last, die auf dem Kind ruht, ist gewaltig. Das Kind kann sich noch nicht als Opfer erleben, also erlebt es sich als verantwortlich.«

»Wenn ein Kind auf die Erde kommt, haben aufgrund seiner Offenheit die ersten Eindrücke im Leben großen Einfluss. Wenn es zu einer Trennung zwischen Mutter und Kind kommt, besonders in den ersten drei Monaten, hat dies gewaltige Auswirkungen auf die Entwicklung des Kindes. Selbst wenn es in glücklichen Umständen aufwächst und von liebevollen Eltern umsorgt wird, hat es dennoch das Gefühl, verlassen worden zu sein. Es spürt Verwirrung, hat Schuldgefühle und glaubt, viel erreichen zu müssen, um sich Liebe und Anerkennung zu verdienen. Das ist eine sehr schmerzhafte Energie, eine Wunde im Geist des Kindes.«

»Ein Kind kann auch später von den Eltern getrennt werden. In einem solchen Fall hat sich, auch wenn es in der Familie Probleme gab, im ersten Jahr eine Bindung zwischen Mutter und Kind entwickelt. Daher sind die Umstände etwas anders. Trotzdem verursacht die Trennung eine tiefe Verletzung im Bewusstsein des Kindes. Wird ein Kind später adoptiert, sind der Schmerz der Eltern und der des Kindes im Grunde gleich groß.«

»Ist das Kind schon älter, wenn es zur Trennung kommt, ist es sich des Schmerzes eher bewusst, was aus menschlicher Sicht schlimmer zu sein scheint. Es mag weniger grausam erscheinen, wenn das Kind direkt nach der Geburt von der Mutter getrennt wird, aber dem ist nicht so. Wenn das Kind nicht in der Lage ist, bewusst zu erfassen, was geschieht, wird das Gefühl im Unterbewusstsein gespeichert. Es wird sich später als Gefühl äußern, nicht gut genug zu sein und mehr erreichen zu müssen. Es wird zu einer tiefen Verunsicherung führen. Die Tatsache, dass das Kind noch sehr klein ist, wenn es von den Eltern getrennt wird, mildert nicht das Trauma, das es erlebt.«

»Die Adoptiveltern stimmen sich auf die Emotionen des Kindes ein und helfen ihm zu verstehen, dass es für das, was geschehen ist, keine Verantwortung trägt. Kinder sind besonders sensibel, wenn es darum geht, Schuldgefühle wahrzunehmen. Wenn sie fühlen, dass es den Eltern an Liebe mangelt, dass sie keine Freude empfinden oder unglücklich sind, halten sie sich selbst für die Ursache. Daher ist es sehr wichtig, dem Kind zu erklären – sobald es in der Lage ist, dies zu verstehen –, dass es keine Schuld an dem trägt, was den leiblichen Eltern widerfahren ist. Dem Kind die Schuldgefühle zu nehmen, ist wahrscheinlich das wichtigste Geschenk, das man ihm für den Rest seines Lebens machen kann.«

»Wenn sich das Kind in der Obhut von Adoptiveltern befindet, ist es wichtig, schon von klein auf offen über die Tatsache zu reden, dass es adoptiert wurde, und das Kind aufzufordern, offen zu sprechen, seine Gefühle zum Ausdruck zu bringen und Fragen bezüglich der Umstände zu stellen. Ganz gleich, ob ein Kind nun Fragen stellt und Gefühle ausdrückt oder nicht: Es ist auf keinen Fall richtig, die Tatsache zu ignorieren, dass das Kind adoptiert wurde. Denn die verborgenen Emotionen werden früher oder später als Charaktereigenschaften oder Verhaltensweisen des Kindes zum Vorschein kommen.«

»Jeschua«, fragte ich, »wie wirkt es sich auf die leiblichen Eltern aus, wenn sie ein Kind weggeben?«

»Es hinterlässt tiefe Spuren im Herzen und im Geist«, antwortete Jeschua. »Das eigene Kind wegzugeben, hinterlässt eine der schmerzhaftesten Wunden in der menschlichen Seele, weil dir die Seele des Kindes anvertraut wird, wenn du es gebärst. Die Seele ist zwar großartig, aber sie hat sich entschlossen, in einem kleinen verletzlichen Körper geboren zu werden. Daher braucht sie deine Fürsorge und deine bedingungslose Liebe als Elternteil, um in dieser Welt aufwachsen, sich dort sicher und willkommen fühlen zu können.«

»Alle Eltern wissen, dass ihnen eine heilige Aufgabe übertragen wurde, wenn ihnen der Himmel ein Kind schenkt – selbst wenn sie nicht religiös sind und nicht an Gott glauben. Auch wenn die Eltern selbst große Probleme haben, selbst wenn die Mutter gar nicht bereit ist, ein Kind zu empfangen und selbst wenn sie bewusst gar kein Kind haben will, ist doch im Geist der Eltern ein großes Verantwortungsgefühl vorhanden. Wird diese heilige Verantwortung verletzt, erzeugt das in den Seelen der leiblichen Eltern tiefes Leid.«

»Carole, bitte fühle einen Augenblick lang, wie es ist, ein Kind vom Himmel zu empfangen, fühle die reine Unschuld eines solchen Wesens und fühle dann, wie es ist, für dieses Kind keinen Platz in deinem Leben zu haben, Nein zu ihm sagen und sich von ihm trennen zu müssen. Die Seele erleidet dann eine tiefe Verletzung, und die Seelen deiner leiblichen Eltern haben dadurch tiefe Verletzungen erlitten. Ich bitte dich nicht, ihnen zu vergeben; ich bitte dich, mit etwas Distanz zu betrachten, wie es sich auf eine Seele auswirkt, wenn sie das Gefühl hat, gegenüber dem Kind auf so grundlegende Weise versagt zu haben. Ein

Kind zur Adoption freizugeben, ruft in den Eltern tiefe Schuldgefühle und das Gefühl hervor, versagt zu haben. Sie werden ihre ganze Kraft und ihre ganze innere Weisheit aufbringen müssen, um sich selbst zu vergeben.«

»Das ist eine sehr schwierige Aufgabe. Man könnte sogar sagen, dass es für die Eltern schwerer ist, sich zu vergeben, als für das Kind, weil sich die Eltern als Täter sehen. Die Eltern müssen lernen, sich selbst als unschuldige Kinder zu sehen und ihr inneres Kind anzunehmen. Dieses innere Kind ist häufig voller Angst und Unsicherheit und leidet unter seiner Selbstverurteilung. Die Eltern müssen sich mit ihrem inneren Kind aussöhnen, das ihre tiefsten Emotionen repräsentiert. Tun sie das, können ihre Herzen durch diesen Prozess Frieden finden, was nicht geschehen würde, wenn sie nicht den Prozess durchlaufen und die Last der Schuld auf sich genommen hätten.«

Mit diesen Worten lenkte Jeschua unsere Aufmerksamkeit auf einen der Hauptgründe, warum wir in unserem Leben große Herausforderungen einplanen: die Umwandlung von Finsternis, Schmerz und Negativität in Licht. Die Finsternis mag ihren Ursprung in einem früheren Leben haben, zum Beispiel in unbewältigten Schuldgefühlen aus früheren Leben, die energetisch mit in dieses Leben gebracht wurden, um jetzt geheilt zu werden; der Schmerz kann seinen Ursprung aber auch im gegenwärtigen Leben haben. Aber unabhängig vom Ursprung oder Wesen des Schmerzes bringt dessen Heilung Licht in die Seele und verstärkt so ihre Leuchtkraft. Wird die Negativität durch Selbstliebe transformiert, intensiviert sich die Leuchtkraft der Seele und sie schwingt sich zu neuen Höhen empor.

»Alles, was auf Erden geschieht, hat einen Sinn«, fuhr Jeschua fort. »So etwas wie einen Zufall gibt es nicht. Ein Kind kommt nicht zufällig in den Schoß der Mutter. Häufig nistet sich ein Kind dort ein, wenn eine Situation geklärt werden muss. So kann die Mutter zum Beispiel seit Langem bestimmte psychologische Probleme haben, oder beide Elternteile stecken fest, weil sie bestimmte Probleme haben und die Situation ausweglos erscheint.«

»Kommt dann das Kind, löst sich entweder das Problem oder die Ankunft des Kindes erzeugt eine Krise im Leben der Eltern. Dadurch werden ihre Emotionen intensiver, und indem sich die Dinge erst einmal verschlechtern, rückt die Lösung näher. Denn eine Krise erzeugt eine neue Dynamik. Die Seele des Kindes weiß – ich spreche hier von jenen Kindern, die zur Adoption freigegeben werden –, dass durch sie bestimmte Energien ihren Höhepunkt erreichen und diese es den Eltern ermöglichen werden, bewusstere Entscheidungen zu treffen.«

Während ich Jeschuas Worte in mich aufnahm, fiel mir ein, dass Eltern vor der Geburt manchmal planen, ein ungeborenes Kind durch eine Fehlgeburt zu verlieren, um sich so zu zwingen, sich mit den ungeheilten Teilen in sich selbst und ihrer Beziehung auseinanderzusetzen. Eltern und Kinder mögen sich vor ihrer Geburt auch darauf einigen, dass ein Kind schon früh in die geistige Welt zurückkehrt, damit der Schmerz über seinen Tod die Eltern in ein neues Bewusstsein und eine neue Lebensweise katapultieren kann. (In beiden Fällen sind die Seelen dieser Kinder hoch entwickelt und sie dienen ihren Eltern so auf liebevolle Weise.) Ein Kind zur Adoption freizugeben, bedeutet, ein Kind auf ähnlich schmerzvolle Weise zu verlieren, auch wenn die Entscheidung von der verkörperten Persönlichkeit bewusst getroffen wird. Der daraus resultierende Schmerz mag dann sehr wohl der Katalysator für tief greifende Heilung und Veränderung sein.

Jeschua sprach weiter: »Die Ankunft des Kindes wird die Eltern entweder liebevoller und warmherziger machen oder bestimmte Konflikte an die Oberfläche bringen, derer sich die

Eltern vorher nicht bewusst waren. Das Kind rückt bestimmte Probleme in den Fokus. Nach der Geburt eines Kindes wird die Wahrnehmung der Mutter, wer sie ist und was sie im Leben will, viel klarer. Es kann sein, dass sie sich von ihrem Partner trennt, weil sie entdeckt, dass die Beziehung ihre Bedürfnisse nicht wirklich erfüllt. Das war dann genau der Sinn und Zweck des Kindes: nicht die Eltern zu trennen, sondern die Frau zu ermächtigen.«

»Auch wenn es tragisch zu sein scheint, sich zu trennen, wenn das Kind noch klein ist, ist es auf der inneren Ebene doch für alle Beteiligten wichtig, weil es ihren spirituellen Fortschritt beschleunigt. Also sorgt ein Kind in all seiner Schönheit und Unschuld durch seine Gegenwart nicht unbedingt für Frieden und Glück. Es kann die Eltern mit tief verborgenen Themen in sich selbst konfrontieren, wodurch deren Leben häufig auf den Kopf gestellt wird. Das ist einer der Gründe, warum das Kind in das Leben seiner Eltern getreten ist.«

Vorgeburtliche Planung und Adoption

»Wir haben bisher über sehr kleine Kinder gesprochen und über Kinder, die sich noch im Schoß der Mutter befinden. Nun werde ich weiter zurückgehen und etwas über die vorgeburtliche Planung sagen und darüber, auf welche Weise sich Seelen ihren Lebensplan aussuchen, besonders in Bezug auf Adoption.«

»Ein Kind, das adoptiert wird, weiß das in praktisch allen Fällen bereits vorher. Das ist eine Erfahrung, die die Seele aus mehreren Gründen machen möchte. Ein Grund liegt darin, dass gewisse Seelen anderen Leid zugefügt haben und dieses ausgleichen möchten. Die Seele hat ein starkes Verlangen nach Gleichgewicht und möchte beide Seiten eines beliebigen Themas kennenlernen. Dies ist nicht als Strafe gedacht, und die Seele wird auch nicht gezwungen, es zu tun. Wenn eine Seele andere verletzt hat, trägt sie tiefe Schuldgefühle in sich. Deshalb will sie diese Erfahrung noch einmal machen und sich darüber erheben. Dadurch gleicht sie ihr Karma aus.«

»Es gibt andere Gründe, sich als Kind zu inkarnieren, das zur Adoption freigegeben wird. Manchmal ist die Seele, die sich im Kind inkarniert, sehr bewusst und hat große Sehnsucht mit den Adoptiveltern zusammen zu sein, aber diese können keine Kinder bekommen. Das kann aus einer Vielzahl von Gründen so sein. Vom Standpunkt des Kindes aus gesehen ist jedoch nur wichtig, dass es sich unbedingt mit den Adoptiveltern vereinigen will, weil es diese Seelen kennt. Daher muss es die leiblichen Eltern als Kanal benutzen, um sich zu verkörpern. Die bewussteren unter den Seelen sind bereit, dies auf sich zu nehmen, weil sie wissen, dass auch die leiblichen Eltern etwas durch diesen Prozess lernen. Je bewusster eine Seele ist, desto eher wird es in der Lage sein, die Schuldgefühle und den Schmerz der leiblichen Eltern nicht anzunehmen. Das Kind wird, wenn es eine bewusste Seele ist, das Gefühl haben, nicht in seine biologische Familie zu passen. Daher findet sich im Herzen des Kindes die Bereitschaft zur Adoption, sodass diese leichter vonstattengeht. Es fühlt sich bei den Adoptiveltern daheim. Das Kind wird zwar trotzdem leiden, aber die Heilung wird leichter sein, weil zwischen ihm und seinen Adoptiveltern eine offensichtlichere Verbindung besteht. Diese werden seine Bedürfnisse und Wünsche sehr genau spüren.«

»Ich habe jetzt zwei mögliche Gründe genannt, warum Seelen die Erfahrung einer Adoption machen wollen. In der ersten Gruppe trägt die Seele eine Last, die sie unbewusster macht und aufgrund derer sie sich ihrer eigenen Göttlichkeit nicht gewahr ist. Daher ist es sehr mutig von ihr, sich einen so schwierigen

Weg auszusuchen. Ist die Seele aber bewusster, wird der Weg leichter. In einem gewissen Sinn beschreibe ich jetzt die beiden Enden eines Spektrums. Dazwischen mögen sich zum Beispiel Seelen befinden, die insofern bewusst sind, als dass sie erkennen, dass sie große Probleme mit ihrem Selbstwertgefühl haben.«

»Wird ein Kind schon früh von seinen Eltern getrennt, entstehen daraus Probleme mit dem Selbstwertgefühl. Eine Seele in der Mitte des Spektrums möchte möglicherweise die Problematik des Selbstwertes lösen, die sie aus früheren Leben mitgebracht hat. Daher nimmt sie die Emotionen an, die durch die Adoption verursacht werden. Ein solches Kind mag sich unterbewusst darüber im Klaren sein, dass es hier ist, um sich von äußeren Urteilen zu befreien und unabhängiger zu werden. An diesem mittleren Punkt des Spektrums befinden sich die meisten adoptierten Kinder. Sie müssen schwere innere Kämpfe austragen, um ihren Selbstwert zu erkennen und unabhängig zu werden. Wenn ihnen das gelingt, erfahren sie auf der Seelenebene eine unglaubliche Heilung.«

Wieder einmal wurde ich darauf hingewiesen, welch entscheidende Rolle Gefühle oder Überzeugungen in Bezug auf die eigene Wertlosigkeit bei der vorgeburtlichen Planung spielen. Immer wieder planen Seelen, die bereits in früheren Leben ihren Selbstwert infrage gestellt haben, Erlebnisse, die dieses Thema in den Vordergrund rücken, sodass es nicht mehr ignoriert werden kann. Die spezifische Form, in der das Thema präsentiert wird, unterscheidet sich von Seele zu Seele erheblich. Aber hinter all diesen verschiedenen Herausforderungen verbirgt sich das Gefühl der Wertlosigkeit, das die Seele heilen will.

»Auch in den Adoptiveltern kann eine große Heilung stattfinden«, erzählte Jeschua weiter. »Viele Adoptiveltern haben als Lebensthema gewählt, ihre Erwartungen aufzugeben. Sie hatten den Wunsch, ein Kind zu haben, und mussten diesen Wunsch aufgeben. Eng verbunden damit ist das Thema, die Kontrolle aufzugeben und sich den Dingen zu öffnen, die das Leben ihnen auf andere Weise schenken möchte. Häufig bringt das Kind einige Überraschungen in ihr Leben. Adoptiveltern müssen bestimmte Vorstellungen aufgeben, die sie in Bezug auf ein glückliches Kind oder das Kind hatten, das sie immer haben wollten. Sie stehen vor der Herausforderung, sich der Seele des Kindes wirklich zu öffnen. Das ist das Geschenk, welches das Kind ihnen bringt. Selbst wenn das Kind psychische Probleme hat, sind diese Probleme in Wahrheit ein Geschenk, weil es den Adoptiveltern hilft, das Kind bedingungslos anzunehmen.«

Die Heilung des Adoptivkindes

»Ich wende mich nun der Frage zu, wie Adoptivkinder mit den Emotionen umgehen können, die durch eine Adoption ausgelöst werden«, fuhr Jeschua fort. »Fast alle Adoptivkinder werden unbändige Wut auf die leiblichen Eltern empfinden. Sie wollen wissen, warum sie zur Adoption freigegeben wurden und wie die Eltern diese Entscheidung rechtfertigen. Es ist wichtig, diese Wut zu akzeptieren. Wenn ihr solchen Kindern helfen wollt, akzeptiert sie vollkommen, damit sie die Wut wirklich in ihrer ganzen Intensität spüren können. Sie sollten ermutigt werden zu weinen, zu schreien oder den Eltern wütende Briefe zu schreiben, die sie nicht abschicken müssen, in denen sie sich aber alles von der Seele schreiben können. Bevor sie Frieden finden und Vergebung empfinden können, müssen sie zunächst der Wut ihren rechtmäßigen Platz einräumen. Sie muss im Körper gefühlt werden, um losgelassen werden zu können. Auf dieser Stufe geht es darum, dass sich das innere Kind, der Sitz der Emotionen, ausdrücken kann.«

»Körperarbeit kann nützlich sein. Um die Energie der Wut als inneren Fluss zu erleben, kann man mit den Füßen auf den Boden stampfen oder auf ein Kissen einschlagen. Es ist wichtig, keine Angst vor der Wut zu haben und der Weisheit des Körpers zu vertrauen. Emotionen drücken sich durch den Körper aus und zeigen sich als innere Anspannung, die freigesetzt werden möchte. Die Wut ist gerechtfertigt, und es hat keinen Sinn, sie zu ignorieren. Wird sie ignoriert, nimmt sie nur zu. Wird sie unterdrückt, sucht sie sich andere Möglichkeiten des Ausdrucks, die weitaus destruktiver sind, als wenn man einfach vor Wut schreit. Wenn ihr also in euch Wut über eure Vergangenheit empfindet, ist das gut so. Heißt sie willkommen. Es ist viel besser, sie zu fühlen, als sie durch destruktives Verhalten auszudrücken – wie zum Beispiel durch Süchte oder zwanghaftes Grübeln. Das sind pervertierte Formen des Ausdrucks. Der erste therapeutische Schritt zur Heilung besteht darin, sich der Wut in ihrer reinsten Form – als Energie in Bewegung – zuzuwenden. Habt keine Angst vor eurer Wut.«

»Wenn ihr die Wut durch euren Körper ausdrückt, wird sie ab einem gewissen Punkt freigesetzt sein. Ihr werdet dahinter tiefen Schmerz finden und das Gefühl, endlos darüber weinen zu müssen, dass ihr so früh im Leben verraten und verlassen wurdet. Wenn ihr an diesen Punkt kommt, weint, lasst die Tränen fließen und haltet nichts zurück.«

»Ihr werdet plötzlich entdecken, dass ihr auch um eure Eltern weint, dass ihr ihre Trauer, ihre schrecklichen Schuldgefühle und ihren tiefen Schmerz fühlt. Auf diese Weise vereinigt ihr euch mit euren leiblichen Eltern und tretet in die Einheit ein, die einmal da war und die dazu führte, dass ihr ihre Gefühle in euch aufgenommen habt. Zuerst werdet ihr um euch selbst und um das Kind weinen, das verlassen wurde. Dieses Kind liegt tief in euch verborgen und ist nur halb bewusst. Aber wenn ihr tief in diesen Schmerz eintaucht, werdet ihr entdecken, dass ihr um eure Eltern trauert und um das, was sie verloren haben.«

»Auf der bewussten Ebene habt ihr Wut auf eure Eltern gespürt. Wenn ihr aber durch diesen Prozess hindurchgeht, werdet ihr entdecken, dass ihr nicht mehr wütend auf sie seid. Ihr werdet merken, dass ihr mit ihnen fühlt. Dieses Mitgefühl kann so tief gehen, dass ihr euch sogar für ihren Schmerz verantwortlich und in gewisser Weise schuldig fühlt. Das ist es, was ihr als Kinder empfunden habt: ›Ich habe ihnen Probleme bereitet.‹ Das ist das Grundgefühl des Kindes. Der nächste Schritt besteht dann darin, diesen Bereich zu erforschen, in dem ihr um eure Eltern trauert, und an ihrer statt weint, weil ihr ihre Emotionen verinnerlicht habt.«

»Wenn ihr dies tut, beginnt ihr, euch den Schuldgefühlen zuzuwenden, die tief in euch verborgen sein können. ›Ich bin nicht gut genug. Sie mussten einen Grund haben, mich wegzugeben. Ich habe versagt.‹ All diese tief verborgenen Gedanken sind da, und ihr müsst euch mit ihnen befassen. Wenn ihr euch ihnen bewusst zuwendet, werden sie verschwinden, weil ihr sie losgelassen habt. Wenn ihr durch den Prozess gegangen seid, ihren Schmerz, euren Schmerz und die Schuldgefühle, die ihr von ihnen übernommen habt, zu spüren, werdet ihr in ein vollkommen neues Bewusstsein eintreten. Ihr werdet bereits weitgehend geheilt sein. Die größte Heilung geschieht nämlich dann, wenn ihr die Wut losgelassen und den Schmerz und die Selbstverurteilung im Licht des Mitgefühls und des Verständnisses erlebt habt.«

»Wenn ihr euch selbst als das kleine Kind seht, das zur Adoption freigegeben wurde, werdet ihr den Geist des Kindes sehen und hören, wie es sagt: ›Ich muss etwas getan haben, um dies verdient zu haben. Ich bin ihrer Liebe nicht wert.‹ Wenn ihr das in eurem Bewusstsein klar erkennt, könnt ihr auf das innere Kind zugehen und ihm sagen: ›Natürlich ist es nicht deine

Schuld. Du trägst überhaupt keine Schuld. Du hast dich für diese Erfahrung entschieden, um deine eigenen Gefühle der Wertlosigkeit aufzuarbeiten. Du hast diese Erfahrung als Seele gewählt, um deinen leiblichen Eltern bei ihren Problemen zu helfen. Du bist ein so wunderschönes Wesen, so ganz und aus dir selbst heraus liebenswert.‹«

»Und wenn du das sehen kannst, wenn du auf das Kind, das du einmal warst, zugehen kannst, streckst du die Hand durch die Zeit hindurch in deine Vergangenheit aus und heilst das Kind. Durch deine eigene Bewusstheit kannst du der Elternteil sein, nach dem du dich so sehr gesehnt hast. Du kannst dir vorstellen, das Kind, das du einmal warst, hochzuheben und all seine Schuldgefühle und Selbstverurteilung auszulöschen, indem du es mit mütterlicher Energie umarmst. Die mütterliche Energie ist eine universelle, kosmische Energie vollkommener Akzeptanz und Sicherheit. Wenn du zu dieser tiefsten Ebene der Selbstheilung gelangst, tust du das Werk, das du als Seele geplant hattest, bevor du in dieses Leben getreten bist. Du heilst den Teil von dir, der am tiefsten verletzt ist, und dadurch schenkst du der Welt Licht, sowohl dir selbst als auch anderen.«

»Wenn du ein Kind bist, das adoptiert wurde, wirst du entdecken, dass die Heilung immer noch sehr lange braucht, selbst wenn du diese Ebene erreichst, was viel innere Arbeit erfordert. Die Selbstverurteilung, die Vorstellung, nichts wert zu sein, reicht tief. Daher muss der Prozess wiederholt werden, um die Negativität in der Seele dauerhaft auszulöschen. Immer wieder musst du dich daran erinnern, dass dein Licht, dein göttlicher Kern, während der ganzen Erfahrung ganz und vollkommen unbeschädigt bleibt. Wenn du [in deiner eigenen Wahrnehmung] die Schönheit dieses inneren Kerns wiederherstellst, wirst du diese Göttlichkeit gegenüber anderen Menschen ausstrahlen. Du wirst eine Energie verbreiten, die so wunderschön und rein ist, dass du in der Welt etwas bewirken kannst. Etwas, was du nicht gekonnt hättest, wenn du diesen tiefen Prozess des Schmerzes und der Selbstheilung nicht durchlaufen hättest. Der Prozess, in dessen Verlauf du die Verletzung auf dich nimmst und dann loslässt, besitzt eine tiefe spirituelle Bedeutung«, sagte Jeschua.

Die Heilung der leiblichen Eltern

»Ich werde jetzt noch mehr darüber sagen, wie sich Eltern, die ihr Kind zur Adoption freigegeben haben, mit ihren Gefühlen aussöhnen können«, fuhr er fort. »In vielerlei Hinsicht verläuft der Prozess für sie gerade umgekehrt. Sie beginnen mit Schuldgefühlen, was für sie eine erdrückende Last bedeuten kann. Wenn du nicht über die Schuldgefühle hinausgehen kannst, kannst du dich nicht wirklich heilen. Häufig haben diese Eltern das Gefühl, sie müssten die Schuldgefühle aufrechterhalten, um sich für ihr Fehlverhalten zu bestrafen. Wahre Heilung entsteht aber, wenn sie über die Schuldgefühle hinausgehen und sich mit den Emotionen verbinden, die da waren, als sie die Entscheidung getroffen haben, das Kind wegzugeben. Sie müssen sich mit der Verzweiflung verbinden und auch mit der Wut, die sie vermutlich gegenüber den Menschen in ihrer Umgebung und ihren Lebensumständen gefühlt haben. Es ist ein menschlicher Instinkt, anderen etwas aufzubürden, wenn das Erlebte zu schwer wird. Sie sind wütend auf das Leben.«

»Diese Wut sollte nun vollständig ausgedrückt werden, ohne über sie zu urteilen. Wird die Wut vollständig auf die Weise gefühlt, die ich beschrieben habe, wird eine Schicht des Schmerzes offenbar: Gram über die Unfähigkeit, das Kind in den Armen zu halten, darüber, es nicht aufwachsen zu sehen. Dieser Schmerz und diese Trauer werden nun in den Vordergrund rücken. Wird der Schmerz vollständig gefühlt, wird Heilung stattfinden, und die Eltern können geistig ihr eigenes inneres Kind umarmen und sagen: ›Ich habe mein Bestes getan. Es ist in Ordnung, nicht immer alles perfekt zu machen.‹«

»Die Eltern spüren dann vielleicht, dass dieses Erlebnis eine spirituelle Bedeutung für sie hat. Nachdem sie diese Stufen durchlaufen haben, söhnen sie sich vielleicht mit ihrer eigenen Verletzlichkeit aus und vergeben sich, während sie die volle Verantwortung für ihre damaligen Entscheidungen übernehmen.«

Pamelas Reading für Carole

Jeschua hatte liebevoll und prägnant über die Herausforderungen gesprochen, mit denen sich Adoptivkinder, leibliche Eltern und Adoptiveltern konfrontiert sehen. Nun, mit seiner Weisheit und seinem Wissen als Grundlage, waren wir bereit, Caroles Thematik auf persönlichere Weise anzuschauen. Pamela begann, indem sie uns ihre Eindrücke schilderte.

»Carole, wenn ich mir dein aurisches Feld anschaue – die Energie, die deinen Körper umgibt –, spüre ich eine aufrichtige Güte in dir, eine Offenheit gegenüber anderen, die sehr schön ist. Du scheinst für das Gute dankbar zu sein, das andere Menschen dir geben. Zudem scheinst du in Bezug auf dich selbst sehr zurückhaltend zu sein. Deine eigenen Gaben und deine Macht würdigst du offenbar nicht voll. Ich sehe eine dunkle, violette Energie in deinem Kopf, die sich durch den Rest deines Körpers bewegt. Dieses dunkle Feld bringt dich dazu, dich selbst sehr kritisch zu betrachten, was im direkten Gegensatz zu der sanften Güte steht, die du gegenüber anderen zum Ausdruck bringst. In deinem Herz-Chakra – einem Energiezentrum in deiner Brust – sehe ich eine sanfte, warme rosafarbene Energie, die du im Lauf deines Lebens entwickelt hast.«

Dann beschrieb Pamela ein früheres Leben, in dem Carole mit ihren leiblichen Eltern, Pierre und Jan, zusammen war. In jenem Leben war Jan ihre Tochter und Pierre ihr Vater. Da er verwitwet war, lebte Pierre viele Jahre lang mit Carole, ihrem Ehemann und Jan zusammen. Aufgrund seiner Einsamkeit verlangte er von Carole große Aufmerksamkeit. Zudem war er ihr gegenüber sehr kritisch eingestellt. Schließlich forderten Carole und ihr Mann ihn auf, ihr Heim zu verlassen. Jahre später, als er auf dem Sterbebett lag, sagte er Carole, dass die Jahre, die er mit ihr zusammengelebt hatte, die schönsten seines Lebens waren. Er fügte noch hinzu: »Du hast eine Liebe und Reinheit, um die ich dich beneidet habe. Ich wollte auch so sein, daher war mein Verhalten dir gegenüber ungerecht.«

Pamela erklärte, dass Carole viel zu Pierres Seelenwachstum beigetragen hatte, indem sie sich ihm als verletzliches Baby in diesem Leben anvertraut hatte. Zu meiner Überraschung übermittelte Pamela eine Botschaft direkt von Pierres Seele an Carole: »Du hast mich mit meiner tiefsten Finsternis konfrontiert, und zwar auf eine so sanfte, liebevolle Weise, indem du als kleines verletzliches Kind in mein Leben gekommen bist. Du bist für mich ein kostbarer Engel gewesen.«

Im selben früheren Leben war Caroles Beziehung zu Jan (ihrer Tochter) oft sehr angespannt, weil Carole häufig Jans Verhalten missbilligte. Als Jan sich schließlich mit einem Mann einließ, den Carole ablehnte, weigerte sie sich, Jan finanziell zu unterstützen, was für diese große Not zur Folge hatte. Jan starb in jenem Leben vor Carole, und ihre Beziehung wurde nie geheilt.

»Indem du [im gegenwärtigen Leben] durch sie zur Welt gekommen bist«, erklärte Pamela Carole, »wolltest du ihr sagen:

›Ich schätze dich. Ich schaue nicht auf dich herab. Und ich liebe dich sehr.‹« Auf diese Weise brachte Carole Jans Seele Heilung, und sie heilte auch ihre Beziehung aus dem früheren Leben.

Nun trat Pamelas Bewusstsein beiseite, und Jeschua kehrte zurück, um zu uns zu sprechen.

»Carole«, sagte Jeschua, »bitte akzeptiere mich als deinen Bruder. Ich bin dir nahe, stehe niemals über dir, bin aber deinem Herzen ganz nahe. Du bist wunderschön, wie du bist, aber dein Herz hat sich deiner Schönheit, deiner Integrität und deiner Güte in gewissem Maß verschlossen. Du hast dir selbst deine eigene Wertschätzung vorenthalten.«

»Als du in dieses Leben geboren wurdest, hattest du einen bestimmten Plan und einige Ziele, die du erreichen wolltest: aufzuhören, dich selbst zu verurteilen, keine Autorität über dir selbst zu dulden, deinem Herzen vollständig zu vertrauen und Schönheit in jedem Ausdruck zu sehen, selbst wenn dieser äußerlichen Standards nicht gerecht wird – Standards, die nicht die deinen sind. Du wolltest fühlen, wie sich die Schönheit des Lebens durch dich selbst ausdrückt.«

»In einem früheren Leben, dem vor diesem, warst du eine Krankenschwester in einer kriegsähnlichen Situation. Du warst damals eine junge Frau mit starkem Pflichtgefühl und großem Verantwortungsbewusstsein gegenüber deinen Patienten. Du hast alles getan, um ihnen zu helfen, und dich dabei selbst vernachlässigt. Außerdem hast du dich höheren Autoritäten untergeordnet, weil du glaubtest, dass sie es besser wissen würden als du.«

»Da gab es einen bestimmten Arzt, der gewisse Ansichten vertrat, wie man mit Patienten umgehen sollte. Du hattest nicht sein medizinisches Wissen, aber durch den täglichen Kontakt mit deinen Patienten hattest du dir praktisches Wissen in Bezug auf ihre Krankheiten und den emotionalen Schmerz angeeignet, den sie durchmachen. An einem gewissen Punkt geschah es dann, dass du mit dem Arzt nicht einer Meinung warst, aber Angst hattest, aufzubegehren und dich gegen seine Autorität zu stellen. Das brachte dich in eine schwierige Lage. Einerseits hattest du die intuitiven Einsichten deines Herzens. Wenn du den Patienten in die Augen geschaut hast, wusstest du sehr gut, was du zu tun hattest. Aber da war die strenge Stimme des Arztes, der dir befahl, eine bestimmte Methode anzuwenden, die mit den Wünschen deines Herzens nicht übereinstimmte.«

»Der Arzt forderte dich auf, ›professioneller‹ zu sein, wie er es nannte, und mehr Distanz zu den Patienten zu wahren, aber du fühltest dich berufen, bei ihnen zu sitzen und bei ihnen zu sein, wenn sie starben. Du warst wie ein Engel, sehr mitfühlend und gütig. Diese Energie ist immer noch in dir, aber in jenem Leben wurde dir beigebracht, dass sie unangemessen war. Als der Arzt schließlich drohte, dich wegzuschicken oder dich zu feuern, hast du dich seinen Wünschen gefügt und deine weibliche, fühlende Seite unterdrückt. Das führte zu einem gewaltigen psychischen Konflikt. Nachdem du in jenem Leben gestorben warst, hast du erkannt, dass du als Krankenschwester vom Herzen aus gearbeitet hattest und dass das gut war. Es tat dir leid, dass du dem Arzt gehorcht hattest und nicht deinen eigenen Weg gegangen bist.«

»Ganz allgemein haftet dir eine männliche Energie an, die mit ehrfurchtgebietender Stimme zu dir spricht und zu deiner inneren Stimme geworden ist. Sie sagt dir, du müsstest etwas leisten, ehrgeizig sein und alles tun, was du tun kannst. Es ist nicht falsch, ehrgeizig zu sein, wenn der Ehrgeiz den wahren Wünschen deines Herzens entspricht und wenn du diesem Ehrgeiz freudig folgst. Aber in deiner Geschichte hast du oft genug Freude und Inspiration unterdrückt, weil dir die innere Stimme einredete, dass du niemals gut genug sein würdest und gehorchen und ein braves Mädchen sein müsstest.«

»Als du in dieses Leben kamst, wolltest du als Seele die Fähigkeit entwickeln, von Herzen zu geben und aus dem Herzen heraus zu leben. Aber es gab eine große Unsicherheit, ob du geschätzt werden würdest, wenn du das tätest. Du wolltest die Eigenschaften deiner Seele in der Welt leuchten lassen, aber du wusstest, du würdest zunächst mit deiner Unsicherheit zurechtkommen müssen. Die Kopfverletzung war tatsächlich Teil deines vorgeburtlichen Plans. Es war etwas, das sehr wahrscheinlich passieren würde, um dir zu helfen, dir deiner selbst mehr bewusst zu werden und dein Mitgefühl und deine Güte bedingungslos zu akzeptieren.«

»Wenn du dich über deine Einschränkungen [aufgrund der Hirnverletzung] ärgerst, erinnere dich bitte daran, dass du in deinem Kern ein Engel bist, der sein Licht auf die Erde bringt, wo es dringend gebraucht wird. Du verbreitest dein Licht durch deine Güte, dein Verständnis und dein Mitgefühl. Betrachte dich selbst als die Krankenschwester, die du einmal warst, die an der Seite der Menschen sitzt, damit sie sich in ihren letzten Augenblicken geschätzt und geliebt fühlen. In diesen Eigenschaften liegt deine wahre Macht. Wenn du wütend oder frustriert bist, weil dein Gehirn nicht so funktioniert, wie du möchtest, dann denke bitte daran, dass dahinter eine Absicht steckt. Deine Einschränkungen machen dir sozusagen den Weg frei, um dich auf andere Eigenschaften zu konzentrieren: jene des Herzens.«

»Wisse, dass dies alles eine tiefere Bedeutung hat. Du wirst es selbst erkennen. Du wirst die schönen Dinge sehen, die aufgrund der Verletzung und der von dir erlebten Einschränkungen geschehen sind. Du wirst sehen, dass dir dadurch eine andere Dimension eröffnet wurde. Wenn du aus diesem Leben scheidest, wirst du sehen, dass es ein Segen war. Das wirst du mit Gewissheit.«

»Ich werde nun über deine Adoption sprechen«, sagte Jeschua. »Du fragst dich, ob sie Teil deines Lebensplans war und welche Bedeutung darin liegt.«

»Der höhere Sinn deiner Adoption liegt in der Entwicklung eines Selbstwertgefühls, das von nichts Äußerem abhängig ist. Wenn ein Kind auf die Welt kommt, sind die Eltern die ersten Autoritäten, denen es begegnet – die ersten Personen, an die es sich bedingungslos klammert und von denen es vollkommen abhängig ist. Wenn du als Kind von deinen Eltern getrennt wirst, fühlst du dich abgelehnt, zugleich aber auch schuldig. Es ist für dich wichtig, den Ort in dir selbst zu finden, an dem sich das Gefühl verbirgt, etwas falsch gemacht und deine Eltern enttäuscht zu haben.«

»Das war genau die Erfahrung, die du dir als Seele gewünscht hattest. Du wolltest die Erfahrung machen, zurückgewiesen und beiseitegedrängt zu werden. Du wolltest dich in diesem Leben darüber erheben und für das geschätzt und gewürdigt werden, was du bist. Du wolltest diese Wertschätzung einzig durch dich selbst erreichen und nicht durch etwas, das außerhalb von dir ist. Zudem war es dein Wunsch, deine eigene Schönheit und Macht zu erkennen, selbst wenn deine Umgebung dir diese nicht widerspiegelt. Dies ist eine Wiederholung dessen, was sich zwischen der Krankenschwester und dem Arzt abgespielt hat, als du von ihm zurückgewiesen wurdest. Es wurde zu Beginn deines Lebens verstärkt, als deine Eltern dich zur Adoption freigaben.«

»Deine Eltern waren innerlich zerrissen. Es ist nicht so, dass sie dich bewusst abgelehnt haben, aber so erlebt es ein Kind, selbst wenn es sich dessen nicht bewusst ist. In dir verbirgt sich eine große Unsicherheit, weil du adoptiert wurdest, ein Gefühl, vollkommen im Stich gelassen worden und ganz allein zu sein. Du hast dich für diese Erfahrung entschieden, um daraus zu lernen, dass du niemals wirklich allein bist. Du bist immer von heilenden Kräften umgeben, die dich auffangen, wenn du fällst.«

»Du erholst dich immer noch von deinen frühen Kindheitserfahrungen. Bisher hast du das sehr gut gemacht. Du hast in diesem Leben sehr schöne Fortschritte auf deinem inneren Weg gemacht. Du hast anderen Liebe geschenkt und von ihnen Liebe empfangen. Welche bessere Möglichkeit gibt es, um zu zeigen, dass du dich von deinen inneren Verletzungen erholt hast. Darauf kannst du stolz sein. Dein Ziel in diesem Leben ist es, Selbstliebe und ein authentisches Selbstwertgefühl zu entwickeln, das nicht von äußeren Umständen abhängig ist. Das ist deine wahre Aufgabe.«

»Ich möchte dir noch etwas sagen. Bitte mach dir nicht die Einstellung ›Ich werde schon das Beste daraus machen‹ zu eigen. Auf diese Weise unterschätzt du deine wahre Macht. Rechne stattdessen damit, ein ganz neues Kapitel im Buch deines Lebens aufzuschlagen. Mit den Eigenschaften deines Herzens – nicht so sehr wegen der Qualitäten deines Geistes – wirst du auf andere Menschen auf eine Weise zugehen, die tatsächlich etwas bewirken wird.«

»Ich nehme dich nun mit in das letzte Leben, in dem du eine Krankenschwester warst, die sich um behinderte Menschen gekümmert hat. Es kam dir nie in den Sinn, sie nicht als ganz zu betrachten. Im Gegenteil: Wenn du in die Augen schwerverletzter Menschen gesehen hast, konntest du ihre Schönheit und Unschuld erkennen. Du konntest wahrnehmen, dass ihre Seelen trotz all der körperlichen Einschränkungen strahlten. Dass du dieses Strahlen der Seele spüren konntest, war deine Gabe, deine Macht. Jetzt kannst du diese Gabe auf dich selbst anwenden und deine eigene Göttlichkeit spüren.«

»Einer der Gründe, aus denen dein Mann Barry und deine Tochter Ania mit dir zusammen sind, liegt darin, dass ihr erfahren wolltet, was es bedeutet, eine liebevolle Familie zu haben. Barry und du, ihr habt ein tiefes Verlangen danach, die Sicherheit, Liebe und Vertrautheit in einer Familie gemeinsam zu erleben. Ihr habt beide Angst, nicht gut genug zu sein, zu versagen und nicht genug zu erreichen. Ania hilft euch beiden, diese Angst zu überwinden. Sie besitzt große Spontaneität und tut, was ihr Herz ihr aufträgt, was für euch beide sehr befreiend ist. Ihr könnt euch von ihrer Vitalität und Liebe zum Leben inspirieren lassen.«

»Barry und du, ihr wusstet, dass ihr euch in diesem Leben begegnen würdet. Tatsächlich kanntet ihr euch aus früheren Leben. In einem war Barry dein Sohn, und du warst seine Mutter. Angesichts deiner Lebensumstände, besonders in Bezug auf die Adoption, hat dies eine tiefere Bedeutung. Bevor ihr in dieses Leben getreten seid, habt ihr geplant, euch gegenseitig bei euren Unsicherheiten zu helfen und euch zu inspirieren. Bei euch beiden ist das Thema Selbstvertrauen sehr wichtig, und eure Beziehung wird aufblühen, wenn ihr euch wahrhaft selbst akzeptiert und euch an den Gaben erfreut, die ihr der Welt zu schenken habt. Es wird Barry helfen, wenn du dich selbst wertschätzen kannst, weil es ihn dazu inspirieren wird, dasselbe zu tun. Es wird euch beiden auch helfen, wenn du seine Liebe annimmst.«

»Ania ist in euer Leben gekommen, um euch dazu zu ermutigen, auf euch selbst zu vertrauen und spontaner zu sein. Denkt nicht zu viel über euch nach und denkt auch nicht zu oft an Dinge, die der Veränderung bedürfen oder schmerzhaft sind; freut euch einfach des Lebens und nehmt es an. Dies sind Eigenschaften, an die Ania euch erinnern möchte. Sie wollte wegen der Güte, die deiner Seele innewohnt, in diesem Leben deine Tochter sein.«

»In früheren Leben war sie ziemlich machtvoll, und nun versucht sie, mit ihrer eigenen Macht ins Gleichgewicht zu kommen. Sie braucht die emotionale Geborgenheit, die du ihr bieten kannst. Wenn sie diese Geborgenheit und Beständigkeit erfährt, wird es Ania möglich, ihre Kraft und Lebendigkeit auf harmonische Weise auszuleben. Im Gegensatz zu dir und Barry, die ihr manchmal Angst vor Autoritäten und den Urteilen der äußeren Welt habt, ist sie eine, die sich gegen Autoritäten auflehnt und ihren eigenen Weg geht. Dadurch entsteht zwischen euch und ihr ein Gleichgewicht. Ihr arbeitet nämlich in einem gewissen Sinn jeweils am anderen Ende des Spektrums.«

»Du kannst Ania helfen, ihre Lebensziele zu erreichen, indem du sie bedingungslos und beständig liebst, ihr aber gleichzeitig auch klarmachst, was dir gefällt und was nicht, was du brauchst und was nicht. Indem du deine Gefühle klar zum Ausdruck bringst, hilfst du ihr, eine Beziehung zu dir aufzubauen. Wenn du zu ihr vom Herzen aus sprichst, kann sie deine Gefühle verstehen. Wenn du nur vom Kopf her mit ihr redest, neigt sie dazu, dir nicht zuzuhören. Sie möchte deine tiefsten Gefühle kennenlernen.«

»Ihr möchtet hier sein, um einander in Frieden zu dienen.«

Jeschua beantwortet Fragen in Bezug auf Adoption

Nun war es an der Zeit, Fragen zu stellen. Ich machte den Anfang: »Jeschua, welche Rolle spielt Adoption für die Entwicklung des menschlichen Bewusstseins?«

»Wenn man adoptiert wird, stellt man sich Fragen hinsichtlich seiner eigenen Identität«, antwortete er. »Die Fragen, die man sich stellt, wenn man adoptiert wird, lauten: ›Wer bin ich? Wie wirkt sich meine genetische Abstammung auf meinen Charakter aus? Welcher Teil meiner Identität wird durch meine biologische Konstitution bestimmt? Wie viel wird durch andere

Faktoren bestimmt, durch mein soziales Umfeld, durch meine Adoptiveltern? Gibt es eine Schicht der Identität, die von all diesen Faktoren unabhängig ist?‹ Diese Schicht ist deine Seele, dein ewiges Ich.«

»Früher oder später bringt dich deine Situation dazu, über die menschlichen Aspekte hinauszuschauen, um deine Identität zu bestimmen und die dir innewohnende Göttlichkeit zu erkennen. Daher kann eine Trennung von den leiblichen Eltern zum Erwachen eines spirituellen Bewusstseins führen, zur Erkenntnis der Seele. Sie kann dazu beitragen, Verständnis unter den Menschen zu entwickeln, das in diesem Zeitalter dringend gebraucht wird. Besonders dann, wenn Kinder aus fremden Ländern adoptiert werden, die anders aussehen oder einer anderen Rasse oder Kultur angehören.«

»Eine Adoption verstärkt das spirituelle Wachstum, auch wenn sie häufig unter sehr schmerzhaften Bedingungen stattfindet. Es gibt andere Möglichkeiten, sich seiner wahren Identität bewusst zu werden, aber ihr habt euch auf Erden so sehr an das Leiden gewöhnt. Heute befindet ihr euch allerdings an der Schwelle zu einem kollektiven Wandel und bald wird es für die Menschheit andere Möglichkeiten des Lernens geben.«

»Jeschua, welcher Prozentsatz der Adoptionen wird vor der Geburt geplant? Wie viele Seelen planen zumindest ein Leben, in dem sie adoptiert werden?«

»Rund achtzig Prozent der Adoptionen werden vor der Inkarnation geplant, aber von Prozentsätzen und genauen Zahlen zu sprechen, ist schwierig, weil es keine klar definierte Anzahl Seelen oder Leben gibt. Es gibt unendlich viele Seelen, die unendlich viele Leben haben, nicht nur auf der Erde, sondern auch auf anderen Planeten und in anderen Sternensystemen.«

»Obwohl Seelen Lebenspläne haben, ist nichts von vornherein in Stein gemeißelt. Es geht immer um Wahrscheinlichkeiten und Potenziale. Manche Potenziale haben eine sehr große Wahrscheinlichkeit, sodass man sagen könnte, sie sind vorherbestimmt. Aber es gibt immer ein gewisses Maß an Freiheit, weil die Persönlichkeit einen freien Willen besitzt und sich immer für einen anderen Weg entscheiden kann. Geschieht das und wählt man einen weniger wahrscheinlichen Weg, tritt ein neuer Lebensplan in Kraft. Es sind also immer Alternativen verfügbar.«

»Verschiedene Seelen befinden sich auf unterschiedlichen Entwicklungsstufen. An einem gewissen Punkt entscheiden sich neunzig Prozent dafür, adoptiert zu werden, aber wie das in ihre Lebenspläne passt, hängt davon ab, wie entwickelt sie auf der Seelenebene sind und wie groß die Übereinstimmung zwischen der Seele und der irdischen Identität ist. Je größer die Übereinstimmung, je offener die Persönlichkeit gegenüber ihrer Seele ist, desto eher kann eine Adoption zu einem Erwachen ihrer Göttlichkeit führen. Wenn aber eine Seele nicht so hoch entwickelt ist, kann eine Adoption zu einem schwierigen karmischen Zyklus aus mehreren Leben führen, in denen die Thematik, im Stich gelassen zu werden und sich verloren zu fühlen, wiederholt wird.«

Dann fragte ich Jeschua, auf welche Weise sich Seelen entscheiden, ob sie bereits als Babys oder erst später adoptiert werden wollen.

»Wenn ihr euer Leben plant«, antwortete er, »helfen euch eure Geistführer dabei, indem sie euch die verschiedenen Szenarien zeigen, die sich in diesem Leben ereignen können. Du, als Seele, die bereit ist, sich zu inkarnieren, hast oft nicht denselben Überblick, wie ihn die Führer haben, die dich umgeben. Du weißt einfach, dass du bestimmte Dinge lernen möchtest. Du fühlst dich zu diesen Lektionen und den sie begleitenden Emotionen hingezogen. Deine Führer zeigen dir verschiedene Möglichkeiten auf und du spürst dann intuitiv, welches Szenario, welcher

Lebensplan, für dich am geeignetsten ist. Manchmal schreckst du vor einem Lebensplan zurück, weil dieser zu schwierig erscheint, aber deine Führer erläutern dir dann die Bedeutung dahinter. Du hast einen freien Willen, doch die meisten Seelen müssen ihren Führern vertrauen. Und manchmal müssen sie ein bisschen in die richtige Richtung geschubst werden, um die Herausforderungen anzunehmen, die sie brauchen, um ihre Aufgabe zu erfüllen.«

»Für eine Seele, deren Lebensplan vorsieht, adoptiert zu werden, spielt die Entscheidung, ob sie als Baby oder später adoptiert wird, keine große Rolle. Die Wahl eines bestimmten Alters ist ein Faktor, aber andere Faktoren sind die Familie, in der du sein wirst, und die früheren karmischen Beziehungen zu den Adoptiveltern. Es gibt viele Faktoren, aber das Alter ist nicht der entscheidende Faktor, wenn man sich für einen bestimmten Lebensplan entscheidet. Du triffst die Wahl eher intuitiv. Man könnte fast sagen, jede Möglichkeit hat eine bestimmte Ausstrahlung oder Farbe, und du entscheidest dich intuitiv für die, die dir am besten gefällt.«

»Du bist dann zum Beispiel in der Lage, einige der Emotionen zu fühlen, die du als Kind fühlen wirst, und wirst diese dann mit anderen Möglichkeiten abgleichen: mit dem, was du in anderen Familien fühlen wirst, solltest du unter anderen Umständen adoptiert werden. Aufgrund dieser unterschiedlichen Emotionen triffst du schließlich deine Wahl. Irgendwann hast du das überwältigende Gefühl, dass dies die richtige Entscheidung ist.«

»Dieses Szenario, das dir deine Geistführer zeigen und auf das schließlich deine Wahl fallen wird, strahlt eine Energie der Freude aus. Gleichzeitig hat es aber auch die Energie einer Herausforderung. Du bist an diesem Punkt also ein wenig ängstlich, aber auch voller Vorfreude. Ist es die richtige Mischung aus Freude, Aufregung und Spannung, dann macht genau diese Mischung der Seele bewusst, dass sie die richtige Wahl getroffen hat. Du hast dann ein starkes Gefühl, dass dieser Lebensplan für dich Sinn und Bedeutung hat. Seelen entscheiden sich aufgrund ihrer Intuition, ihrer Gefühle.«

»Jeschua, wie können Adoptivkinder und -eltern wissen, dass sie einander finden werden?«

»Das ist etwas, das der logische Verstand nicht verstehen kann. Wird ein Lebensplan in Bewegung gesetzt, finden bestimmte Ereignisse statt, die es sehr wahrscheinlich machen, dass du die Adoptiveltern findest, die für dich bestimmt sind. Ihr gebraucht für derartige Ereignisse das Wort *Synchronizität.* Häufig erkennt ihr, wenn ein solches Ereignis eintritt. Ihr erlebt dann eine Klarheit des Geistes, ein Gefühl von Bedeutung und die Ahnung, dass etwas einfach so sein soll. Das ist euer höheres Selbst, das bestimmte Möglichkeiten in eurem Leben beeinflusst.«

»Im Allgemeinen fühlen sich die Adoptiveltern zu einem bestimmten Kind hingezogen. Dieses Kind mag gewisse Charaktereigenschaften oder ein bestimmtes Aussehen haben, die den Wünschen der Adoptiveltern entsprechen. Es mag etwas ganz Spezielles sein, das sie berührt und dazu führt, dass sie ihr Herz öffnen. Es ist etwas Emotionales, das sie sich selbst nicht erklären können. Aber Tatsache ist, dass sie das Kind auf der Seelenebene ja bereits kennen und bereit sind, sich mit ihm zu vereinigen. Häufig haben Adoptiveltern schon bei der ersten Begegnung das Gefühl, das Kind gehöre zu ihnen. Das zeigt, dass dort ein Lebensplan wirkt und eine Entscheidung ins Spiel kommt, die vor der Inkarnation getroffen wurde.«

»Im Fall von Caroles Adoptiveltern war es so, dass sie Carole in diesem Leben wieder begegnen wollten, weil sie sie aus anderen Leben kannten. Sie hatten auf der Seelenebene nicht nur den Wunsch, irgendein Kind zu haben. Sie wollten speziell Carole. In der Vergangenheit hatten sie freundschaftliche Bande geknüpft, und besonders Caroles Adoptivmutter war in einem anderen Leben eine gute Freundin von ihr und etwa im selben Alter. Sie waren einander sehr treu. Auf der Seelenebene wollte Caroles Adoptivmutter ihr in diesem Leben Liebe und Geborgenheit schenken. Aber von einem höheren Standpunkt aus betrachtet ist die Beziehung auf Gegenseitigkeit aufgebaut. Caroles Adoptivmutter wollte von Carole lernen, von den Dingen, die sie emotional durchmachte, von ihrer Weisheit und Güte. Indem sie Carole als Kind großzogen und für sie sorgten, wurden die Adoptiveltern bereichert. Es war vor der Geburt vereinbart worden, dass sie sich auf diese Weise begegnen würden. Alle drei lieben einander auf der Seelenebene, und sie wollten sich gegenseitig in ihrem Wachstum unterstützen. Sie haben einander Liebe und Verständnis geschenkt.«

Wir, die wir eins sind, können nie voneinander getrennt sein. Aber wir können auf der physischen Ebene die Illusion der Getrenntheit erschaffen. In unserer nicht physischen Heimat, in der es solche Illusionen nicht gibt, wissen wir, dass wir Zellen im Herzen des einen göttlichen Wesens sind, die durch Liebe in einem kosmischen Herzschlag vereint sind. Auf der Erde nehmen wir uns als voneinander getrennt wahr, weil wir scheinbar durch die offensichtlichen Begrenzungen des menschlichen Körpers eingeschränkt werden. Nur die machtvollsten aller Wesen können eine solche Illusion erzeugen. Nur die Mutigsten nehmen die Herausforderung auf sich, in dieser Illusion zu leben.

Adoptiert zu werden, bedeutet, die ursprüngliche Entscheidung, sich von dem Einen zu trennen, zu wiederholen und zu intensivieren. Kind und Mutter sind natürlicherweise eins, und die Familie stellt, wenn auch nur vage, unser gefühltes Wissen um die Einheit wieder her, die unser natürlicher Bewusstseinszustand ist. Die Erfahrung der Trennung – sowohl von der Heimat als auch von der Mutter oder der Familie – kann der Seele großes Licht bringen, aber sie ist nichts für schwache Nerven. Caroles vorgeburtliche Entscheidung, beides zu erleben, ist der kühne Akt einer spirituellen Kriegerin.

Einer der höheren Zwecke von Caroles Adoption bestand darin, ein Selbstwertgefühl zu entwickeln, das von nichts Äußerem abhängig war. Caroles vorgeburtliche Absicht, ihr Selbstwertgefühl aus dem Gefühl für ihr Selbst zu entwickeln, aus dem Wissen heraus, dass sie eine majestätische, gewaltige, unbegrenzte Seele ist, ist nur ein Ausdruck eines weitverbreiteten und umfassenderen vorgeburtlichen Plans: dem Wunsch nach Selbstreferenzialität. Im Lauf der Jahrtausende und in Dutzenden, wenn nicht Hunderten von Inkarnationen streben wir als Seelen danach, ein Leben auf der Basis unserer inneren Weisheit, unserer Herzenswünsche, unserer eigenen Kraft, unseres eigenen Wissens, unserer eigenen Sehnsüchte und Leidenschaften zu erforschen und zu führen.

In der Einheit unserer Heimat behalten wir unsere Individualität. Wenn wir diese Individualität aber auf der physischen Ebene isolieren, werden ihre Konturen schärfer umrissen und ihre Facetten reicher und auffälliger. Ein Diamant, der in einer langen Halskette funkelt, mag brillant sein, aber sein Licht geht in dem der anderen Juwelen auf. Wird er aber von der Kette entfernt und für sich allein betrachtet, strahlt seine einzigartige Leuchtkraft noch heller.

Dies sind Wert und Macht der Gefühle der Trennung und des Verlassenwerdens, die durch eine Adoption hervorgerufen werden. Wie Jeschua es formulierte, strebte Carole danach, keine Autorität über sich selbst zu stellen, ihrem eigenen Herzen vollständig zu vertrauen und äußere Standards der Schönheit aufzugeben, um stattdessen die Schönheit in jeder Form des Ausdrucks zu sehen. Wenn Carole in ihre ewige Heimat zurückkehrt und der Schmerz der Verlassenheit nicht mehr als eine flüchtige Erinnerung ist, wird sie ihre eigene Strahlkraft durch ihre Erfahrungen selbst erkannt haben. Und mit diesem Wesen in ihrem Kern, wird sie in zukünftigen Leben nicht zögern, der Stimme ihres Herzens zu folgen.

Als Seelen ist es unser größter Wunsch, zu dienen und zu lieben. Wir dienen dann am weisesten und lieben dann am selbstlosesten, wenn wir uns unserer eigenen Kraft und Weisheit bewusst sind und aus diesem Wissen schöpfen.

Wenn wir vor unserer Geburt planen, große Herausforderungen, wie adoptiert zu werden oder ein Kind zur Adoption freizugeben, auf uns zu nehmen, planen wir auch die Mittel ein, durch die wir Heilung von diesen Erfahrungen finden. Es ist nicht Absicht der Seele, sich in einem Trauma zu verlieren, sondern sich darüber zu erheben. Dem Schmerz Ausdruck zu verleihen, ist meist die Grundlage von Heilung. Deshalb hatte Jeschua davon gesprochen, es dem inneren Kind zu erlauben, sich auszudrücken, indem man zum Beispiel auf ein Kissen einschlägt oder mit den Füßen auf den Boden stampft, um Wut abzulassen. Das innere Kind ist mehr als nur ein Sinnbild für verinnerlichten Schmerz; es ist ein reales Wesen, das aber in einer Dimension lebt, welche die fünf Sinne nicht wahrnehmen können.

Indem wir das innere Kind halten und lieben, schicken wir die Energie der Liebe in die Vergangenheit, wodurch wir nicht nur sie heilen, sondern auch Gegenwart und Zukunft. Was wir Fantasie nennen, ist real, und was wir uns vorstellen, geschieht tatsächlich, allerdings auf einer anderen Existenzebene. Indem wir das innere Kind lieben, greifen wir buchstäblich in die Vergangenheit ein und verändern sie.

Unsere Vorstellungskraft bezieht ihre heilende Kraft aus der Absicht, und diese Intention kann die Gegenwart genauso wirksam heilen wie die Vergangenheit. Die Emotionen, die Carole und ihre leiblichen Eltern fühlten – Wut, Schuldgefühle, Schmerz, Groll und Schuldzuweisung –, sind auf energetischer Ebene im physischen Körper und in der Aura präsent. Man könnte sie mit schwarzen Wolken an einem ansonsten wolkenlosen Himmel vergleichen. Die Absicht zu heilen gleicht einer sanften Brise, die beginnt, die Wolken fortzuwehen. (Gebete um Heilung, die immer beantwortet werden, verstärken die Brise.) Wenn sich diese schweren Emotionen auflösen, kann buchstäblich mehr Licht in die menschliche Aura strömen.

Als Carole Jan während der vorgeburtlichen Planungssitzung sagte: »Ich werde dir vergeben«, erzeugte diese Formulierung einer Intention eine heilende Energie, die sie mit in den Körper übernahm, um ihr später Ausdruck zu verleihen. Wenn Sie auch adoptiert wurden und das Gefühl haben, über keine inneren Ressourcen zu verfügen, um diese Erfahrung zu heilen, können Sie versichert sein, dass auch Sie eine ähnliche Intention während ihrer vorgeburtlichen Planungsphase formuliert und so eine ähnliche heilende Energie in Ihrem Körper gespeichert haben. Diese Energie wird jetzt aktiviert, indem Sie sie bewusst wahrnehmen. Ihre Absicht, heil zu werden, die Sie zuerst vor Ihrer Geburt fassten und an die Sie sich nun, da Sie diese Worte lesen, erinnern, setzt die Heilung in Gang, nach der Sie sich sehnen.

Letztlich veranschaulicht Caroles Geschichte, dass auf der materiellen Ebene nichts so ist, wie es scheint. Ein Kind, das zur Adoption freigegeben wird, scheint das Opfer einer harten, abweisenden Welt zu sein. Aber tatsächlich ist es eine machtvolle Seele, die sich mutig für diese Erfahrung entschieden hat. Die leiblichen Eltern mögen egoistisch oder verantwortungslos erscheinen, aber in Wahrheit vollbringen sie einen Akt selbstlosen Dienens, indem sie einer Seele physisches Leben schenken, die sich danach sehnt, mit ihren zukünftigen Adoptiveltern vereint zu sein und auf keine andere Weise zu ihnen kommen kann. Dieser Dienst erfordert große Kraft und Selbstlosigkeit, wie Jan bewies, als sie von den Schuldgefühlen sprach, die sie ihr ganzes Leben lang haben würde. Auch die Adoptiveltern mögen als Opfer eines gleichgültigen Universums erscheinen, eines Universums, das ihre Sehnsucht, ein eigenes Kind zu bekommen, so kaltherzig ignoriert hat. Aber auch sie haben ihr Leben geplant, und das scheinbar gefühllose Universum hat ihnen ihren Wunsch voller Liebe und auf die einzig mögliche Weise erfüllt.

Jede Seele spielt ihre Rolle in diesem auf komplexe Weise choreografierten Tanz, einem Tanz, der sich in einem Leben voller Schönheit und Anmut ausdrückt.

Kapitel 4

Suizid

Der Verlust eines geliebten Menschen ist immer schmerzhaft, aber wenn sich der Verlust aufgrund eines Suizids ereignet, dringt der Schmerz auf besonders unerträgliche Weise bis ins Innerste unseres Wesens. Danach ist nichts mehr, wie es einmal war. Häufig werden die Hinterbliebenen von Schuldgefühlen und Selbstvorwürfen geplagt, oder sie sind wütend auf jene, die ihr Leben auf diese Weise beendet haben. (Ich werde hier nicht den Begriff »Selbstmord begehen« verwenden, weil man daraus schließen könnte, dass damit ein Fehlverhalten gemeint ist. Weder ich noch die geistige Welt erlauben sich aber ein solches Urteil.) Gram und Trauer sind tief, alles verschlingend und scheinbar endlos. Das Herz wird von unzähligen unbeantworteten Fragen geplagt.

Wie Sie aus der folgenden Geschichte entnehmen können, planen wir als Seelen einen Suizid nicht als unausweichliches Ereignis ein. Wir planen vielmehr verschiedene Herausforderungen, wobei wir die Möglichkeit – und in einigen Fällen, die Wahrscheinlichkeit – einplanen, dass wir auf diese Herausforderungen reagieren, indem wir unser Leben beenden. Die Seelen, die mit uns das Leben planen, wissen, dass der Freitod eine Möglichkeit der vorgeburtlichen Planung ist, und gehen dieses Risiko bereitwillig ein, weil sie während unserer Inkarnation mit uns zusammen sein möchten.

Jedes Jahr sterben weltweit mehr als eine Million Menschen durch ihre eigene Hand und geschätzte zehn bis zwanzig Millionen machen einen Versuch, sich das Leben zu nehmen. Um den vielen Menschen, deren Leben durch einen tatsächlichen oder versuchten Suizid beeinflusst wurde, Verständnis zu ermöglichen und Heilung zu bringen, sprach ich mit Carolyn Zahnow. Carolyn, die zum Zeitpunkt unseres Gesprächs zweiundfünfzig Jahre alt war, hatte ihr einziges Kind Cameron durch Suizid verloren, als er achtzehn war. Seither hat sie eine Selbsthilfegruppe für Angehörige gegründet und ein Buch mit dem Titel *Save the Teens: Preventing Suicide, Depression, and Addiction*[5] geschrieben.

Ich fragte mich, was wohl mit Cameron geschehen war, nachdem er sein physisches Leben beendet hatte. Was geschieht mit anderen, die denselben Weg gehen? Wie betrachtet die geistige Welt einen Suizid? Was können wir als Gesellschaft tun, um jenen, die suizidgefährdet sind, mehr Liebe entgegenzubringen, damit sie heilen können? Und wie können Menschen, die einen lieben Angehörigen auf diese Weise verloren haben, ihre eigenen tiefen Verletzungen heilen?

Die Geschichte von Carolyn und Cameron

»Auf jedem dieser Fotos ist er glücklich.«

Und glücklich sah Cameron auf den vielen Fotos, die Carolyn während seiner Kindheit von ihm machte, wirklich aus. Seit seinem Tod vor vier Jahren hat sie ein bestimmtes Foto von ihm im Wohnzimmer aufgestellt. Es wurde an einem Strand in North Carolina aufgenommen, jenem Bundesstaat, in dem

5 Carolyn Zahnow: *Save the Teens: Preventing Suicide, Depression, and Addiction.* Brand New Day Publishing, 2010

Cameron geboren wurde und den Großteil seiner Kindheit verbracht hatte. Es zeigt einen Zweijährigen, der »ein buntes Hawaiihemd und Shorts trägt und sein strahlendes Lächeln zeigt. Es erinnert mich an die glücklichen Tage«, sagte Carolyn traurig.

Drei Monate nach Camerons Geburt trennten sich Carolyn und ihr Mann Jim. Carolyn, die damals dreißig war, zog Cameron allein auf, bis er sechs war und in die Schule kam. Danach zog er zu seinem Vater.

»Ich ging wieder auf die Universität, damit ich genug Geld verdienen würde, um ihn ohne Unterstützung von anderen großziehen zu können«, erklärte sie. »Wie konnte ich meinen Sohn so viele Jahre lang hergeben?«

Carolyn erinnerte sich, dass Cameron als Kind große Liebe zu Tieren empfunden hatte und Schildkröten und Hühner aufzog. Im Rahmen eines Projekts päppelte er ein Lamm auf, das er liebevoll Lambie taufte. Als Lambie groß war und auf einer Auktion verkauft werden sollte, fragte Cameron den Käufer: »Du wirst es doch nicht töten, oder?«

»Nein, wir werden es nicht töten«, versprach der Mann.

»In Ordnung«, sagte Cameron, weil er glaubte, dass man sich angemessen um Lambie kümmern würde.

Mit vierzig heiratete Carolyn ihren jetzigen Mann Dan. Sie zogen von North Carolina nach Flower Mound in Texas und Cameron kam zu ihnen, als er elf war.

»Cameron wehrte sich etwa ein Jahr lang dagegen, in Texas zu leben«, erzählte mir Carolyn. »Aber nachdem er Freunde gefunden hatte, ging es ihm gut. Er war von Natur aus eher extrovertiert, und es fiel anderen Menschen leicht, ihn zu mögen.«

Carolyn hatte schöne Erinnerungen daran, wie sie Cameron jeden Tag zur Schule gefahren hatte, als er in der siebten und achten Klasse war. Sie mussten dabei häufig an einer Ampel neben einer Wiese halten, auf der langhornige Kühe grasten. »Wenn die Kühe nah genug waren, haben wir ihnen etwas vorgesungen«, erzählte Carolyn. »Irgendein albernes Lied wie ›Muh, muh, muh‹ zur Melodie von *Jingle Bells.* Wenn ich Cameron dann an der Schule absetzte, hatte er immer ein Lächeln auf den Lippen.«

Auch als Teenager hegte Cameron noch große Liebe zu Tieren und engagierte sich in einer Tierschutzorganisation. Er interessierte sich fürs Zeichnen und Fotografieren und zeigte auf beiden Gebieten Talent. Und die Mädchen mochten ihn. »Sie hielten ihn alle für einen Adonis. Er war sehr lieb, sehr hilfsbereit.« Als er fünfzehn war, wünschte er sich von seiner ersten Freundin zwei Kaninchen zu Weihnachten.

Cameron war für seine Klugheit bekannt und beliebt. »Er lernte zwei Jahre lang Latein«, sagte Carolyn. »Du musst klug sein, um Latein zu lernen. Er stand seiner Lateinlehrerin sehr nah. Kennst du den alten Spruch: ›Dem Lehrer einen Apfel schenken‹? Nun, da Cameron etwas anders war, brachte er ihr eine frische Ananas.« Jetzt lachte Carolyn. »Sie erzählte mir, sie hätte sie gegessen. Nach seinem Tod sagte sie: ›Wissen Sie, ich erinnere mich immer an diesen Moment, als Cameron mit der Ananas kam.‹«

Camerons Leben änderte sich während seines ersten Jahrs auf der Highschool, als sein Vater an Krebs starb. Cameron war bei ihm, als er starb. »Als er nach der Beerdigung nach Hause kam, zeigte sich die Depression zum ersten Mal. Er traf sich zwar mit seinen Freunden, aber er sprach mit niemandem darüber. Er verschloss sich einfach.«

»In diesem Jahr belegte er einen Kursus in Fotografie. Eine der Aufgaben bestand darin, Fotos von Eiern in verschiedenen Umgebungen zu machen. Als er fertig war, fragte er mich: ›Mama, darf ich die Eier zerbrechen?‹ Ich erlaubte ihm, die Eier gegen eine Gebäudewand zu werfen. Er trug so großen Schmerz in sich, dass er einfach etwas kaputtmachen musste.«

Um ihn zu ermutigen, sich zu öffnen und über seinen Schmerz zu reden, erzählte ihm Carolyn viele Geschichten über seinen Vater. »O Gott, ich hab's ja versucht. Aber er sagte einfach nichts. Ihm fehlte sein Vater so sehr, und er verschloss sich völlig.«

In den Monaten nach dem Tod seines Vaters wurden Camerons Noten schlechter. Er fing an zu rauchen, Alkohol zu trinken und andere Drogen zu nehmen. Carolyn brachte ihn in ein ambulantes Entzugsprogramm, in dem die Teilnehmer ermutigt wurden, ihre Gefühle auszudrücken. »Sie sagten uns, wir sollten uns die Zeichnungen unserer Kinder genau anschauen. Sind sie schwarzweiß, ist das ein Zeichen für Depression, weil ihre Welt dann keine Farbe hat. Nun, Camerons Zeichnungen waren schwarzweiß.«

»Was hat er denn gezeichnet, Carolyn?«, fragte ich.

»Kranke Cartoons, zum Beispiel ein Kaninchen mit einer Zigarette. Ich erfuhr durch das Programm, dass seine Lieblingsdroge Methamphetamin war. In seinem letzten Jahr, als er sehr viel Crystal Meth konsumierte, zeichnete er das furchterregende Maul eines Monstrums. Es hatte nicht einmal Augen, sondern nur dieses fürchterliche Maul, aus dem der Speichel von den Fangzähnen tropfte. Er zeichnete es immer wieder. Ich glaube, damit wollte er ausdrücken, dass die Droge ihn auffraß.«

Camerons schulische und Drogenprobleme gingen während seiner Highschool-Zeit weiter, aber eine Mischung aus Drogenberatung, Antidepressiva und psychiatrischer Behandlung ermöglichte es ihm, seinen Abschluss zu machen. »Er schaffte den Abschluss«, sagte Carolyn stolz. »Das war ein Höhepunkt in meinem Leben. Er schaffte den Abschluss sogar mit Auszeichnung, wegen seiner Kunst. Er war sehr talentiert.«

»Am 28. Mai machte er sein Examen. Am nächsten Tag wurde er achtzehn. An seinem Geburtstag gingen wir zum Essen in eines unserer Lieblingsrestaurants. Er war sehr bedrückt und aß nichts. Es gibt Fotos von uns allen, und alle sehen glücklich aus – alle, außer Cameron. Das war sein achtzehnter Geburtstag, und er hatte gerade sein Examen gemacht. Warum war er nicht glücklich?«

Ein paar Tage später sollte Cameron beginnen, während des Sommers in einem Fotogeschäft zu arbeiten. In der Hoffnung, dass der Job seine Stimmung heben würde, kaufte Carolyn ihm neue Kleider. »Er sagte: ›Danke, Mama‹ und umarmte mich so halb von der Seite. Das war unsere letzte Umarmung.«

Cameron arbeitete einen Tag lang im Fotogeschäft. Früh am folgenden Morgen, als Cameron eigentlich zu Hause in seinem Bett sein sollte, frühstückte Carolyn in der Küche. »Plötzlich erschien Cameron an der Hintertür. Da sie aus Glas war, konnte ich hinaussehen. Er trug sein schwarzes T-Shirt. Draußen war es noch dunkel. Als ich ihn sah, erschrak ich. Er sah wie ein Geist aus. Es war, als würde ich etwas sehen, noch bevor es tatsächlich geschah.«

»Du musst doch zur Arbeit, oder?«, fragte Carolyn ihn besorgt.

»Ja, aber ich hab noch Zeit«, antwortete er. »Ich leg mich noch mal ins Bett.«

»Er schien völlig in Ordnung zu sein. Er war etwas nass, weil es geregnet hatte. Das war am 11. August. Es war sehr heiß, schließlich leben wir in Texas. Ich dachte: ›Ich lege mich auch noch ein paar Stunden hin.‹ Es war noch sehr früh und mit dem Deckenventilator ließ sich die Hitze ertragen.«

»Um sieben Uhr fing Camerons Telefon an zu klingeln. Es klingelte und klingelte, und ich ignorierte es zunächst. Beim zweiten Mal stand ich auf und ging nach oben. Dort sah ich, dass die Leiter zum Dachboden heruntergezogen war. Ich dachte noch: ›Warum ist die Leiter unten? Das ist ja seltsam.‹ Als ich dann näher kam, sah ich Camerons Füße hängen. ›O, nein‹, dachte ich. Ich sah nach und entdeckte, dass Cameron sich aufgehängt hatte. Ich kletterte die Leiter hinauf und hielt ihn hoch, weil ich dachte, er hätte es vielleicht gerade erst getan und ich könnte ihn noch retten. Dabei schrie ich: ›O, bitte, Cameron, nein! Ich tu alles, was du willst! Bitte verlass mich nicht.‹«

»Da es sinnlos schien, ihn weiter festzuhalten, holte ich eine Schere und schnitt das Seil durch. Es war aus Sisal und ich konnte solche Seile noch Jahre später nicht anschauen. Ich schnitt es durch und Cameron fiel auf den Flur. Dann rief ich den Rettungsdienst an und machte Mund-zu-Mund-Beatmung, wie es mir der Mann am Telefon geraten hatte. Noch sehr lange Zeit konnte ich Cameron schmecken. Ich konnte ihn auch riechen, weil er in die Hosen gepinkelt hatte.«

»Dann kam der Rettungsdienst. Sie injizierten etwas in sein Herz, um es wieder zum Schlagen zu bringen. Noch während sie sich abmühten, sagte ich: ›Leute, er ist schon weg.‹«

Später im Krankenhaus wurde Carolyn gefragt, ob sie Cameron noch einmal sehen wollte.

»Ich ging zu ihm und griff in sein Haar. Dann sagte ich: › Du warst nicht nur mein Sohn, du warst auch mein Freund. Ich liebe dich.‹«

An dieser Stelle fing Carolyn an zu weinen. Eine Weile saßen wir da, ohne etwas zu sagen.

Dann fuhr sie fort: »Ich erinnere mich noch an etwas anderes. Camerons Augen waren nicht ganz geschlossen. Sie waren gerade so weit geöffnet, dass ich seine braunen Augen sehen konnte. Ich schaute die längste Zeit in diese Augen. Mein Gott, ich werde diese Augen nie vergessen.«

Ich fragte Carolyn, wie es ihr in den darauffolgenden Tagen und Wochen ergangen war.

»In den ersten Tagen umarmte ich mich selbst so stark, dass ich blaue Flecken an den Armen hatte«, antwortete sie. »Und wenn ich mir die Haare wusch, schrubbte ich so hart, dass es weh tat. Ich wollte einfach etwas fühlen, weil ich vollkommen in eine Schockstarre verfallen war.«

»Ich konnte nicht einschlafen, ohne das Ganze immer und immer wieder zu erleben. All die vielen Gedanken, die mir durch den Kopf gingen! Was, wenn ich mit Cameron im Jahr, bevor er Crystal-Meth-süchtig wurde, weggegangen wäre? Was, wenn ich zurück nach North Carolina an den Strand gezogen wäre? Was, wenn ich Cameron nicht zu seinem Vater geschickt hätte? Was, wenn ich das getan hätte? Was, wenn ich jenes getan hätte?«

Im Lauf des Jahres nahm Carolyn zwei Jobangebote an, um so beschäftigt wie möglich zu sein. Gleichzeitig plante sie Dans und ihre Rückkehr nach North Carolina. Schließlich kam der Tag, an dem es an der Zeit war, Camerons Zimmer auszuräumen, um das Haus zum Verkauf anbieten zu können.

»Ich tat, was getan werden musste«, erinnerte sie sich. »Ich blieb nicht lange im Zimmer. Camerons Schuhe standen noch dort, wo er sie gelassen hatte. Sein Bett sah wie immer aus. Alles sah aus wie immer. Dann sah ich zusammengefaltete Papiere, die neben dem Computer lagen. Darauf stand so etwas wie ein Suizidgedicht.«

»Was genau stand darauf?«

»Dass er erst seit Kurzem als letzten Ausweg daran gedacht hatte, sich das Leben zu nehmen, dass er eine Schlinge im Kofferraum seines Autos hatte, dass er nach Hause wollte.«

»Carolyn«, sagte ich, »lass uns bitte über deinen Heilungsprozess sprechen. Wie sah der aus?«

»Im ersten Jahr stand ich völlig unter Schock. Ich weinte viel, aber das ließ im Lauf der Zeit nach. Zuerst weinte ich jede Stunde. Im zweiten Jahr kam ich langsam etwas aus dem Nebel heraus. Ich lernte, mit den Feiertagen wie beispielsweise Muttertag umzugehen. Sie waren nun völlig anders.«

»Ich spreche als Mutter eines einzigen Kindes. Menschen, die viele Kinder haben und eines verlieren, sagen immer, das Leben müsse weitergehen, weil sie sich um die anderen kümmern müssen. Aber ich hatte kein anderes. Ich hatte einen Mann, mich selbst und den Hund. Es war schon schwer, mich um mich selbst zu kümmern. Ich musste mich dagegen wehren, dass mir der Arzt Antidepressiva verschrieb. Ich dachte: ›Ich trauere, und wenn ich das nicht jetzt fühle, werde ich es später fühlen müssen.‹«

»Hinterbliebene denken häufig daran, sich selbst ebenfalls das Leben zu nehmen – was ich auch tat«, fuhr sie fort. »Ich erinnere mich ganz genau an jenen Tag, ein paar Monate nach Camerons Tod, an dem ich zur Arbeit fuhr. Ich dachte: ›Manche Menschen fahren einfach von der Straße runter und gegen einen Baum.‹ Ich musste mich gegen diese Versuchung wehren. Der Schmerz war so schlimm. Sehr schlimm. Ich hielt an und dachte: ›Wofür soll ich denn jetzt noch leben?‹ Für einfache Dinge wie die Osterglocken im März oder um anderen zu helfen. Heute leite ich eine Selbsthilfegruppe für Angehörige. Als Cameron sein Leben beendete, starb auch die Carolyn, die einmal in mir gelebt hatte. Ich bin jetzt eine neue Carolyn, eine, die fest entschlossen ist, Jugendliche und andere vor der Depression zu bewahren.«

»Carolyn, wie sieht dein Alltag jetzt aus?«

»Viel besser, aber ja, ich denke noch immer jeden Tag an meinen Sohn. Ich denke daran, was er wohl tun würde, wenn er noch am Leben wäre. Ich komme mir nicht mehr wie eine gute Mutter vor. Ich habe meinen Sohn verloren. Ich konnte ihn nicht am Leben halten. Aber es wird langsam besser. Es wird besser.«

»Ich vergesse nie seinen Geburtstag. Er aß sehr gern Erdbeeren, also habe ich jedes Jahr einen Erdbeerkuchen gebacken oder sonst etwas aus Erdbeeren gemacht. In diesem Jahr war mir nicht nach Backen, und so trank ich ihm zum Gedenken einen Erdbeer-Daiquiri. Wäre er noch am Leben, hätte er einen mit mir getrunken, weil er alt genug gewesen wäre.«

»Man kann nie wieder so sein wie vorher«, fügte sie hinzu. »Alles ist anders, vollkommen anders.«

»Carolyn, gibt es noch etwas, das du sagen möchtest?«

»Cameron führte in der letzten Woche Tagebuch. Ich weiß nicht, warum. Vielleicht dachte er, dass dies seine letzte Woche sein würde. Auf den Umschlag schrieb er: ›Wunderschöne Katastrophen‹. Diese beiden Worte sagen sehr viel aus. Er war wunderschön, und was geschah, war eine Katastrophe. Kurz und knapp, das war sein Leben.«

»Wir alle vermissen sein liebes Lächeln, seine Witze, die Art, wie er zuhörte … Aber am meisten vermisse ich seine Freundschaft ... seine Freundschaft. Gott sei mit dir, Cameron. Gott sei mit dir.«

Carolyns Sitzung mit Pamela und Jeschua

Während meines Gesprächs mit Carolyn spürte ich sowohl ihre große Liebe zu Cameron als auch den gewaltigen Schmerz, den sie in sich trug. Pamela hatte mir bereits vor der Sitzung gesagt, sie wüsste, wie sie Cameron würde erreichen können. Dies würde seit seinem Tod das erste Mal sein, dass Carolyn bewusst mit ihm sprechen konnte. Mir war klar, dass sie sich danach sehnte, mit ihm zu sprechen, um herauszufinden, ob es ihm gut ging, und um ihm endlich die vielen Fragen zu stellen, die ihr nicht aus dem Kopf gingen. Ich hoffte, die Gespräche mit Cameron und Jeschua würden Carolyn und allen, die einen geliebten Menschen durch Suizid verloren haben, Heilung auf einer tieferen Ebene bescheren.

»Warum hast du dir das Leben genommen?«, fragte Carolyn Cameron als Erstes. Vier Jahre lang hatte sie sich selbst diese Frage gestellt. Im Stillen und ganz allein hatte sie sich dies jeden Tag unzählige Male gefragt. Sie fragte jetzt nicht, um ihm Vorwürfe zu machen, sondern weil sie seine Gründe wirklich verstehen wollte.

»Zunächst einmal tut es mir aufrichtig leid, dass ich dir und allen anderen solchen Schmerz und Gram verursacht habe«, begann er. »Es war nie meine Absicht, dir wehzutun. Ich konnte zum Zeitpunkt meines Suizids einfach keinen anderen Ausweg sehen. Ich war verzweifelt. Ich wollte eine schnelle Lösung. Ich wollte ein für alle Mal mit der Depression fertig sein. Ich hatte zwar schon früher mal daran gedacht, mir das Leben zu nehmen, aber jetzt war es ein Akt schierer Verzweiflung. Ich möchte mich bei dir und meinen anderen Angehörigen aufrichtig für den Schmerz entschuldigen, den ich euch zugefügt habe.«

Einen Moment lang überraschte mich Camerons Wortwahl und Reife, denn er hörte sich mehr wie ein Erwachsener als wie ein Jugendlicher an. Dann fiel mir aber ein, dass er sich ja nicht länger hinter dem Schleier des Vergessens befand, durch den wir gehen, wenn wir uns inkarnieren. Wir sprachen nun mit dem wahren Cameron, der vollkommen bewusst und von jeglicher Depression unbelastet war.

»Ich liebe dich aus tiefstem Herzen«, sagte Cameron zu Carolyn. »Meine Tat war einzig meine Entscheidung, und du trägst in keiner Weise Schuld daran. Weißt du, es gibt immer Hoffnung. Das habe ich auf der anderen Seite des Schleiers gelernt. Es gibt Hoffnung für jeden. Du kannst auch aus der tiefsten Dunkelheit herausfinden, wenn du Hilfe annimmst und bereit bist, auf andere zuzugehen. Ich weiß dies, weil sie mir hier sehr geholfen haben.«

»Als ich hierherkam, war ich verwirrt und verunsichert. Ich hatte in dem Augenblick, in dem ich mir das Leben nahm, nicht mit einem Leben nach dem Tod gerechnet. Aber es waren Führer dort, die mich zu sich riefen. Ich hatte das große Glück, sie sehen zu können. Ich ging zu ihnen, und sie sagten mir, was geschehen war. ›Du bist jetzt auf der anderen Seite‹, sagten sie zu mir. Ich war von Gram überwältigt. Sie mussten mir meinen toten Körper zeigen, um mich davon zu überzeugen, dass ich tatsächlich tot war. Ich war mir dessen ja nicht bewusst, da ich völlig panisch gewesen war, als ich mich umbrachte.«

»Nachdem ich hinübergegangen war, brachten sie mich zu einem Ort des Lernens und der Erholung. Die erste Zeit dort war sehr schwer. Ich wollte zur Erde zurück, zu dir, meiner Familie und meinen Freunden. Ich konnte nicht akzeptieren, dass es so endgültig sein sollte. Ich war voller Bedauern und Verzweiflung, und es war schwer, inneren Frieden zu finden. Ich reiste häufig zu dir und meinen Freunden zurück, weil ich unbedingt mit euch reden und euch wissen lassen wollte, dass ich noch da war. Manche haben zugehört, zu anderen konnte ich nicht durchdringen. Manche erreichte ich, während sie träumten.«

»Ich hatte ganz sicher Kontakt mit dir. Wir hatten im Traum einige tiefschürfende Gespräche. Du warst voller Trauer und hattest unzählige Fragen. Meine Führer mussten während dieser Gespräche bei mir sein, weil ich selbst voller Trauer und Gram war. Ich wollte nur zu dir zurück und es noch einmal versuchen. Es dauerte lange, bis ich akzeptieren konnte, was ich getan hatte, dass ich mein Leben wirklich hinter mir gelassen hatte und nun von vorne anfangen musste. In meinen Gesprächen mit dir versuchte ich dir zu erklären, dass ich dich als meine Mutter schätze und dass du nicht versagt hast. Niemand hat mich im Stich gelassen. Ich möchte, dass diese Botschaft anderen Menschen hilft, die sich mit Suizidgedanken quälen, und ich danke euch, Rob und dem Medium, aufrichtig dafür, dass ihr mir diese Gelegenheit gegeben habt.«

Camerons Worte bewegten mich. Ich war traurig, dass er nicht nur in seinem Körper gelitten hatte, sondern auch während seines Übergangs zurück in die geistige Welt. Aber ich fand es auch ermutigend, dass seine Führer da gewesen waren, um ihn zu begrüßen, und dass er sie trotz seiner anfänglichen überwältigenden Verwirrung hatte sehen können.

»Wirst du während meines Lebens als anderer Mensch zurückkommen?«, erkundigte sich Carolyn. »Werde ich dich erkennen?« Ich spürte ihre überwältigende Sehnsucht.

»Es ist noch nicht an der Zeit, ein neues Leben zu planen«, antwortete Cameron. »Ich bin immer noch in der Genesungsphase, aber wie ich mit Stolz vermelden kann, habe ich seit meinem Übergang große Fortschritte gemacht. Ich helfe sogar anderen, Mama! Das befriedigt mich sehr. Ich helfe anderen Jugendlichen, die sich das Leben genommen haben. Ich helfe ihnen, ihre Situation zu verstehen, und unterstütze sie in ihrer Trauerarbeit. Selbst, wenn du dir dein eigenes Leben nimmst, machst du auf dieser Seite einen Trauerprozess für dich und für die durch, die du auf der anderen Seite zurückgelassen hast. Du musst deine Lieben loslassen und mit den Schuldgefühlen ins Reine kommen, die auftauchen, wenn du die Trauer deiner Hinterbliebenen siehst. Das ist sehr schwer. Ich bin froh, dass ich so weit gekommen bin und anderen auf dieser Seite helfen kann.«

»Aber ich bin nicht in der Verfassung, mein nächstes Leben zu planen. Ich spüre noch kein Verlangen danach. Das Leben hier ist für mich jetzt von großer Bedeutung. Solange es sinnvoll ist, weiß ich, dass ich hierher gehöre. Sie werden es mich schon wissen lassen, wenn ich auf die Erde zurückkehren soll.«

Jeschua, der die ganze Zeit über anwesend war, sagte nun etwas in Bezug auf Carolyns Frage.

»Es gibt noch keinen Plan, dass Cameron sich wieder inkarnieren soll. Vieles hängt von seiner Entwicklung ab. Verschiedene Stränge aus Möglichkeiten und Wahrscheinlichkeiten werden an einem gewissen Punkt zusammentreffen und eine Öffnung für ein neues Leben erschaffen. Am besten ist es, jetzt nicht darüber zu spekulieren. Du kannst dir aber sicher sein, dass ihr sehr eng miteinander verbunden seid. Ihr werdet euch wieder begegnen, entweder auf Erden oder während des Lebens zwischen den Inkarnationen. Ihr seid auch jetzt miteinander verbunden, obwohl es für dich als Mensch schwer ist, dies zu glauben, weil du deinen Sohn nicht fühlen, sehen oder berühren kannst. Aber er ist da. Er war schon nach seinem Tod häufig bei dir, aber die Verbindung ist jetzt aufgrund seiner größeren Bewusstheit viel stärker. Er hat sich entwickelt. Du kannst stolz auf ihn sein. Er hat sich mit dem, was er getan hat, ausgesöhnt. Er hat die Verantwortung dafür übernommen.«

»Tut es dir leid, dass du dir das Leben genommen hast?«, fragte Carolyn Cameron.

»Ja, sehr«, gab dieser zur Antwort. »Nachdem ich hierherkam, konnte ich die Möglichkeiten des Lebens sehen, das ich hinter mir gelassen hatte, und die Szenarien, die möglich gewesen wären, wenn ich mich entschieden hätte zu leben. Aber die Führer, die mich hier begleiten, sind sehr geschickt darin, mir aufzuzeigen, dass es in Ordnung ist, Fehler zu machen, dass es keinen Sinn ergibt, sich endlos schuldig zu fühlen, und dass es selbst dann neue Möglichkeiten gibt, wenn du dir das Leben genommen hast. Gott ist immer gnädig. Ich bin für ihre Hilfe sehr dankbar. Langsam komme ich über Bedauern und Schuldgefühle hinweg.«

»Ich habe versucht, zu dir durchzudringen, um dir zu sagen, dass ich dich liebe, dass es mir leidtut, dass es ein Fehler war und ich zu dir zurückkehren wollte. Ich war sehr frustriert, dass ich nicht auf normale Weise mit dir reden konnte. Damals war ich sehr verwirrt, aber ich wollte dich wissen lassen, dass ich noch lebe.«

»Wirst du mich auch weiterhin besuchen, zumindest in meinen Träumen?«

»Ja, das werde ich«, bestätigte Cameron. »Ich mache das jetzt mithilfe meiner Führer viel bewusster. Ich weiß jetzt auch viel besser, wann die geeignete Zeit ist, um dich zu erreichen. Ich bin jetzt wesentlich ruhiger. Du hast meinen Tod noch nicht vollständig akzeptiert. Daran arbeiten wir in unseren Traumbegegnungen. Mehr als alles andere möchte ich, dass du dieses Trauma heilst. Wir machen Fortschritte. Auch du hast Geistführer, die dir während unserer Treffen zur Seite stehen. Sie sind sehr sanft und fürsorglich.«

»Du musst meinen Tod vollständig akzeptieren, Mama. Ich weiß, das ist sehr schwer, aber es ist die einzige Möglichkeit, weiter zu leben und das Beste aus deinem Leben zu machen. Ich möchte nichts sehnlicher, als dass du Frieden mit meinem Tod schließt. Ich wünschte, du könntest erkennen, dass ich diese Entscheidung ganz allein getroffen habe, auch wenn ich damals verzweifelt und einsam war. Ich bin vollumfänglich für meine Tat verantwortlich und möchte es auch nicht anders haben. Ich möchte nicht als Opfer gesehen werden. Es ist in Ordnung, dass du mich vermisst, aber es ist auch an der Zeit, damit aufzuhören, dir Fragen wie ›Was wäre, wenn …?‹ oder ›Was hätte ich anders machen können?‹ zu stellen. Hör auf damit. Wir sind jetzt über diesen Punkt hinaus. Ich bin jetzt über diesen Punkt hinaus. Ich möchte mit dir auf einer neuen Ebene zusammenarbeiten. Wir können etwas in der Welt bewirken, indem wir anderen Jugendlichen helfen, und so vielleicht verhindern, dass sie sich das Leben nehmen.«

»Ist es für dich in Ordnung, wenn ich anderen deine Geschichte erzähle und ihnen deine Gedichte und Zeichnungen zeige, um das Ausmaß deiner Depression zu veranschaulichen?«, fragte Carolyn. Sie wollte unbedingt, dass Camerons Tod nicht umsonst gewesen war.

»Ja, das darfst du«, erklärte er. »Ich möchte alles mit der Welt teilen, damit sie versteht, was mit mir geschehen ist. Ich kann ein Beispiel für andere sein. Manchmal ist es für Erwachsene sehr schwierig zu verstehen, was in den Köpfen junger Menschen vor sich geht. Junge Leute sind aufgrund der Veränderungen, die sie während der Pubertät durchmachen, viel sensibler gegenüber Stimmungsschwankungen, Ängsten und Unsicherheiten. Sie werden zu einem Mann oder einer Frau und der Übergang vom Kind zum Erwachsenen mit einer sexuellen Identität kann sehr schwierig sein. Während dieser Übergangsphase tauchen viele Zweifel auf.«

»Es ist für Jugendliche wichtig, über ihre Unsicherheit und Ängste zu sprechen«, fuhr er fort. »Sie tun das fast nie, weil sie so sehr damit beschäftigt sind, sich eine Identität in der Außenwelt aufzubauen. Sie beschäftigen sich viel mehr damit, welchen Eindruck sie auf andere machen, als mit dem, was in ihnen vorgeht. Sie versuchen ihre Ängste und Verunsicherung zu lindern, indem sie eine Persönlichkeit erschaffen, die für andere attraktiv ist. Sie schauen sich die Bilder an, die zeigen, was die Gesellschaft für eine gute, attraktive Frau oder einen guten, attraktiven Mann hält. Diese Bilder stimmen aber häufig nicht mit den Wünschen der Seele überein, sodass sich zwischen dem, was der Betreffende im Innern fühlt, und dem, was er nach außen zeigt, eine tiefe Kluft auftut. Diese Kluft kann für Jugendliche, die sehr sensibel sind, zu einem Problem werden. Es ist schwer, lange gegen seine eigene Natur zu handeln. Dann entstehen psychische Probleme wie Angst oder Depression.«

»Cameron«, fragte Carolyn, »was kann ich Jugendlichen sagen, um ihnen aus der Depression herauszuhelfen?«

»Zunächst einmal ist es wichtig, die Anzeichen einer Depression zu erkennen. Wenn sich Jugendliche stark zurückziehen und sich vor dir verschließen, solltest du hellhörig werden. Es ist normal für Jugendliche, sich gegen ihre Eltern zu wehren, anderer Meinung als sie zu sein und mit ihnen zu streiten. Wenn aber gar keine Kommunikation mehr stattfindet, ist es wichtig herauszufinden, was mit ihnen los ist. Man kann zum Beispiel behutsam mit ihren Freunden oder Lehrern sprechen. Sie ›kümmern sich nicht nur um ihren eigenen Kram‹, wenn sie überhaupt nicht mehr kommunizieren. Wenn sie mit anderen Menschen nicht mehr auf emotionaler Basis kommunizieren, liegt etwas im Argen. Vielleicht bist nicht du es, dem sie sich anvertrauen, aber irgendjemandem müssen sie sich anvertrauen können. Das ist sehr wichtig.«

»Dann ist es entscheidend, die Jugendlichen wissen zu lassen, dass sie über ihre Gefühle, Ängste und Unsicherheiten reden können. Es ist wichtig, dass ihnen vermittelt wird, dass *sie* wichtig sind und nicht das, was sie leisten. Sie müssen sich ihren tiefsten Emotionen öffnen. Das wird sie befreien. Die Menschen, die ihnen helfen, sollten auf das Ausmaß und die Intensität ihrer Emotionen gut vorbereitet sein, nicht über sie urteilen und die Jugendlichen ermutigen, auch ihre finstersten Gedanken auszudrücken. Nichts macht mehr Angst als Gedanken oder Emotionen, die lange Zeit unterdrückt werden. Werden sie ausgedrückt, findet sich auch eine Lösung.«

Cameron schloss mit diesen Worten: »Es ist gut, die Jugendlichen zu ermutigen, unter Anleitung eines erfahrenen und mitfühlenden Therapeuten miteinander zu reden. Man könnte Kreise offener und authentischer Kommunikation schaffen, in denen Jugendliche ihre Gedanken und Gefühle gegenüber bestimmten Themen ausdrücken, die sie beschäftigen. Es ist wichtig, dass sie miteinander Kontakt aufnehmen.«

Jeschua spricht

»Suizid ist nicht falsch oder unrecht«, stellte Jeschua fest. »Aus spiritueller Sicht ist es einfach eine Möglichkeit, eine Wahl, die man neben anderen treffen kann. Es ist nicht unbedingt die schlimmste Entscheidung, die man fällen kann. Ich möchte das näher erläutern.«

»Manchmal kann ein Mensch in einer bestimmten Stimmung, einem gewissen Geisteszustand stecken bleiben, aus dem er nur sehr schwer herauskommen kann, ohne drastische Maßnahmen zu ergreifen. Im Leben dreht sich alles um Veränderung. Wenn du über lange Zeit in einem bestimmten Geisteszustand feststeckst, wird er unerträglich und das Leben wird dich zwingen, etwas zu unternehmen, selbst wenn das bedeutet, dir das Leben zu nehmen.«

»Cameron verfiel zum Beispiel in eine tiefe Depression und versuchte auf verschiedene Weise herauszukommen. Er tat sein Bestes, um zu lernen, mit diesen schwierigen Emotionen umzugehen. Er hat ein aufbrausendes Temperament, aber auch eine sehr empfindsame und großherzige Seite. Es war sehr schwer, die beiden Seiten ins Gleichgewicht zu bekommen. In ihm befanden sich zornige Anteile, denen er nicht ins Angesicht zu schauen wagte. Dort blieb die Energie stecken, und schließlich war es ihm nicht mehr möglich, in Kontakt mit dem natürlichen Fluss seiner Gefühle zu bleiben. Er verschloss sich vor sich selbst. Er fühlte sich, als ob er bereits tot wäre, obwohl er noch am Leben war. Das ist ein sehr schmerzhafter Zustand. In einem Akt der Verzweiflung nahm er sich das Leben, aber letztlich war es auch ein Akt der Hoffnung – der Hoffnung auf Veränderung, auf irgendeine Veränderung.«

Jeschua fuhr fort: »Hätte er heilen können, wenn er sich nicht umgebracht hätte? Das ist nicht sicher. Wir wissen, dass er gleich, nachdem er sich aufgehängt hatte, seine Gefühle wieder spürte. Er erwachte in einem Schockzustand und realisierte, dass er sich von den Menschen, die ihn liebten, abgeschnitten hatte. Als er noch physisch am Leben war, konnte er die Liebe zu ihnen nicht mehr spüren. Als er tot war, erkannte er das wahre Ausmaß seiner Liebe. Vom Standpunkt der Seele aus gesehen war dies ein großer Durchbruch. Der Suizid zwang Cameron eine Veränderung auf, was in seinem Fall sehr gut war. Für seine Seele war dies ein Wendepunkt.«

»Es funktioniert aber nicht für alle Menschen. Alle reagieren nach einem Suizid unterschiedlich. Es ist nicht so, dass ich es auf irgendeine Weise befürworte, wenn man sich das Leben nimmt. Natürlich nicht. Ich möchte nur feststellen, dass es aus spiritueller Sicht keine Handlungen gibt, die vollkommen falsch oder sündhaft sind. Der größte Akt des Verrats an sich selbst kann einen zu einem Zustand innerer Klarheit führen, der für alle Zeiten anhält. Die tiefste Finsternis kann zum Ausgangspunkt für eine Bewegung hin zum Licht werden. Die geistige Entwicklung vollzieht sich nicht auf lineare Weise, sondern benutzt die Polaritäten von Licht und Dunkelheit, um Veränderungen und Dynamiken zu erschaffen.«

»Ich sage dies, um die traditionelle Auffassung zu widerlegen, dass ein Suizid die größtmögliche Sünde sei. Gott – oder der Geist – sieht das nicht so. Gott hat tiefes Mitgefühl für Menschen, die sich aus Verzweiflung das Leben nehmen. Auf der anderen Seite bekommen sie immer Hilfe. Sie werden niemals im Stich gelassen.«

»In Bezug auf deine Frage über Jugendliche und Depression, Carolyn, möchte ich Camerons Worten noch etwas hinzufügen: Es sollte nicht dein primärer Fokus sein, Jugendliche daran zu hindern, sich das Leben zu nehmen. Das primäre Ziel deiner Arbeit sollte darin bestehen, Jugendliche zu ermutigen, ihre Last mit anderen zu teilen, ihre Herzen zu öffnen und von ihren größten Ängsten zu erzählen. Selbst wenn sich ein Jugendlicher später dennoch umbringt, wird er es auf ewig in sich tragen, wenn du sein Herz berührt hast. Deine Hilfe reicht über den Tod hinaus. Wenn du für alle Möglichkeiten offen bist, wirst du wirklich fähig sein, die Jugendlichen zu verstehen und voller Mitgefühl auf sie zuzugehen. Das wird natürlich das Risiko eines Suizids vermindern. Miss deinen Erfolg aber nicht einzig an diesem Kriterium.«

Während ich Jeschuas Worten lauschte, veränderten sich meine Gefühle in Bezug auf das Thema. Ich hatte Suizid nie als Sünde betrachtet, aber es war doch hilfreich, von Jeschua zu hören, dass es durchaus der Beginn einer Bewegung hin zu Wachstum und zum Licht sein kann, wenn man sich das Leben nimmt. Jeder Mensch ist ein heiliges Wesen, das ewig lebt, und jeder Augenblick – selbst jener, den wir als unseren finstersten betrachten – kann als Katalysator dienen, um die Seele auf der Spirale der Evolution in neue Höhen zu katapultieren.

»Cameron«, fragte Carolyn nun, »gibt es etwas, das du Dan sagen möchtest? Oder deinen Freunden in Texas?«

»Ich liebe sie alle«, antwortete Cameron. »Was ich getan habe, tut mir leid. Es tut mir leid, dass ich damals keinen anderen Ausweg gesehen habe. Ich danke ihnen für ihre Kameradschaft und besuche sie noch ab und zu. Du hast ja keine Vorstellung, wie stark die Bande zwischen Seelen sind, wenn sie sich einmal von Herz zu Herz verbunden haben.«

Dann fragte Carolyn, ob er seinen Vater oft besuchen würde und wie es ihm ginge.

»Ich besuche meinen Vater nicht oft, nur ab und zu. Er ist damit beschäftigt, sich auf eine weitere Inkarnation auf Erden vorzubereiten. Mithilfe seiner Geistführer ist er gerade dabei, einen Lebensplan zu entwerfen. Er möchte, dass ich dir sage, dass er bei uns ist und bei uns bleiben wird, selbst wenn er in das neue Leben eingetreten ist. Ein Teil von ihm bleibt hier und ist immer für uns da.«

»Wenn ich ihm begegne, sieht er so aus, wie ich mich an ihn erinnere. Er hat hier viel gelernt. Er hat mit seinem frühen Abschied vom letzten Leben Frieden geschlossen. Er besucht dich noch immer häufig. Mein Kontakt mit ihm nach meinen Tod ist nicht sehr eng gewesen. Ich war vor allem in Kontakt mit Führern, die auf Suizid spezialisiert sind. Ich möchte nur, dass du weißt, dass es ihm gut geht und dass er hier sein wird, wenn du hinüberkommst. Er liebt dich, bewundert dich für die Arbeit an dir selbst und möchte, dass du gut auf dich aufpasst.«

Da sie Cameron nun ihre drängendsten Fragen gestellt hatte, wandte sich Carolyn jetzt Jeschua zu.

»Jeschua, wie kann ich depressiven Menschen am besten helfen?«, fragte sie.

»Hilf ihnen, sich selbst besser zu verstehen«, riet ihr Jeschua. »Sie müssen wissen, was mit ihnen los ist. Du kannst es ihnen nicht sagen, indem du ihnen ein Buch oder eine Liste mit Charakteristiken oder Werkzeugen in die Hand drückst. Sie müssen es selbst herausfinden, indem du ihnen die Möglichkeit gibst, jemandem ihre Geschichte zu erzählen, der ihnen urteilsfrei und mitfühlend zuhört. Wenn sie sich öffnen und ihre Geschichte erzählen können, kannst du ihnen helfen, den Sinn darin zu erkennen, und ihnen zeigen, dass sie nicht verrückt sind, sondern meist sehr sensible, gutherzige Menschen. Du kannst sie unterstützen, indem du für sie ein Leuchtturm der Gesundheit in ihrer verwirrten Welt bist. Mit Gesundheit meine ich die Energie des Vertrauens und Mitgefühls, der Ermutigung und Inspiration. Hilf ihnen, sich ihrer Stärken, ihrer positiven Charaktereigenschaften und ihrer Erfolge bewusst zu werden. Häufig haben solche Menschen ein schwaches Selbstwertgefühl und müssen auf ihre Schönheit und unglaubliche Stärke hingewiesen werden.«

»Die Art, wie du depressiven Jugendlichen helfen kannst, wird sich im Lauf der Zeit herauskristallisieren«, fügte er hinzu. »Wenn du dich fragst: ›Muss ich das tun?‹, frag dich stattdessen lieber: ›Möchte ich das tun? Macht es mir Freude? Inspiriert es mich?‹ Der Geist kommuniziert durch Gefühle der Freude mit dir.«

Carolyns Fragen hatten vieles von dem angesprochen, was ich selbst verstehen wollte, besonders in Bezug auf Cameron, aber ich hatte noch Fragen über Suizid im Allgemeinen.

»Jeschua, plant eine Seele jemals vor der Geburt, sich das Leben nehmen zu wollen? Und, falls ja, warum würde sich jemand bereiterklären, einer Seele nahe zu sein, die so etwas plant?«

»Es wird nie vor der Geburt geplant«, stellte Jeschua klar, »obwohl es die Möglichkeit gibt, dass ein Suizid aufgrund der Schwierigkeiten, denen die verkörperte Seele auf ihrem Weg begegnet, passieren kann. Der Lebensplan einer Seele hat einige fixe Eckpunkte, aber auch eine ganze Reihe von Möglichkeiten, die von den Entscheidungen abhängen, welche die Seele trifft [wenn sie im Körper ist]. Suizid ist nie ein solcher fixer Eckpunkt, aber er kann eine Wahrscheinlichkeit sein, in einigen Fällen sogar eine große Wahrscheinlichkeit.«

»Manche Seelen entscheiden sich dafür, einer Seele nahe zu sein, die das Potenzial für schweres psychisches Ungleichgewicht hat. Sie tun dies vielleicht, um die menschliche Psyche besser zu verstehen, um mehr Empathie zu entwickeln oder um zu lernen, wenn nötig Distanz zu wahren, um Grenzen zu ziehen und sich nicht vom Schmerz eines anderen mitreißen zu lassen.«

»Jeschua, was geschieht mit den Menschen, nachdem sie sich das Leben genommen haben? Cameron hat uns seine Geschichte erzählt, aber welche anderen Erfahrungen sind möglich?«

»Das kommt auf den Geisteszustand an, in dem sie hier ankommen. Ihnen steht immer Hilfe zur Verfügung. Hier sind Führer anwesend, die den Verstorbenen die Situation erklären und ihnen helfen, sich an einen Ort der Genesung zu begeben. Manche Seelen hören oder sehen die Geistführer allerdings nicht, weil sie zu sehr mit sich selbst und ihren quälenden Gedanken beschäftigt sind. Sie ziehen eine Zeit lang umher, bis sie den Weg ins Licht finden. Die Orte der Genesung und Erholung helfen den Seelen zu akzeptieren, was sie getan haben, sich die Gründe für den Suizid anzuschauen und Möglichkeiten zu finden, den Schmerz und die zugrunde liegenden Emotionen anzusprechen.«

»Wie schnell inkarnieren sie sich wieder?«

»Das hängt vollkommen vom Individuum ab. Manche reinkarnieren sich schnell, andere lassen sich Zeit, um über alles in Ruhe nachzudenken.«

»Müssen sie mit denselben Lernaufgaben weitermachen?«

»Ja, sie werden auf dieselben Lektionen in anderen Umständen stoßen.«

»Was hat Cameron nach seinem Suizid sonst noch erlebt?«

»Kurz nachdem er hier angekommen war, bat er um Hilfe. Er sah das freundliche Gesicht eines Geistführers und fragte ihn: ›Was ist mit mir geschehen?‹ Er befand sich in einem Schockzustand und war sehr überrascht. Weil er so offen war, konnte der Führer zu ihm durchdringen und ihm versichern, dass alles in Ordnung war und dass er sich nun auf der anderen Seite befand. Der Führer bot ihm seine Hilfe an, und Cameron sagte ›Ja‹. Er folgte dem Führer und wurde an einen Ort gebracht, wo er sich ausruhen und nach und nach verstehen konnte, was geschehen war.«

»Jeschua, sag uns bitte, wo Cameron jetzt ist und was er macht«, bat ich.

»Cameron lebt in einem Haus auf der Astralebene«, informierte uns Jeschua. »Es ist ein weißes Haus und an den Wänden hängen von ihm selbst gemalte Bilder. Die Bilder leben, sie sehen aus wie Leinwände sich bewegender Energien. Sie sind sehr bunt und irgendwie abstrakt. Er bemüht sich immer, die Themen zu verstehen, die ihn während seines Lebens so depressiv gemacht haben. Er arbeitet an sich selbst, indem er malt und mit seinen Führern spricht. Außerdem hilft er anderen, die aufgrund eines Suizids gerade angekommen sind. Cameron entwickelt sich. Nach einiger Zeit wird er diese Ebene verlassen und an einen lichteren Ort gehen. Von dort wird er zu anderen Orten in der Astralwelt reisen, um mehr über das menschliche Leben zu erfahren und es besser zu verstehen.«

»Jeschua, welche Anpassungen nahm Carolyns Seele an ihrem Lebensplan vor, nachdem sich Cameron das Leben genommen hatte? Da Cameron nun nicht mehr da war, um die Rolle in ihrem Leben zu spielen, der er zugestimmt hatte, traf ihre Seele Vorkehrungen, um andere Menschen in ihr Leben zu bringen oder andere Lernerfahrungen zu erschaffen, die ihr dieselben Lektionen bieten können, die Cameron ihr sonst beschert hätte? Falls ja, welcher Art sind diese Anpassungen?«

»Ja, Carolyns Seele nahm nach Camerons Tod in der Tat einige Anpassungen vor. Sie durchlief einen sehr intensiven psychischen Wachstumsprozess. Die starken Emotionen aktivierten verschiedene mögliche Lebenslinien [Zeitlinien] und zogen diese an. Ein Lebensplan ist wie schon erwähnt ein Netz aus Möglichkeiten. Man könnte sagen, dass aufgrund von Camerons Suizid bestimmte Stränge in diesem Netz plötzlich zu leuchten begannen und aktiviert wurden. Waren sie zuerst nur vage Möglichkeiten, wurden sie nun viel realer.«

»Es ist nicht so, dass Cameron durch eine andere Person ersetzt werden wird, die sie dieselben Lektionen lehrt, obwohl sie Menschen begegnen wird, die ähnliche Probleme wie Cameron haben. Es ist eher so, dass ihre Lektionen an Intensität gewonnen haben. Einerseits sind ihre Hausaufgaben schwieriger geworden, andererseits beinhalten diese größere Möglichkeiten des inneren Wachstums. Carolyn wollte in diesem Leben lernen, sich selbst treu zu bleiben, nicht zu viel von sich zu geben, wenn sie sich um andere kümmert, und nicht zu handlungsorientiert zu sein, sondern loszulassen und es dem Leben zu gestatten, eine Lösung zu finden. Sie hätte diese Lektionen auch gelernt, wenn Cameron geblieben wäre, aber sie lernt sie jetzt schneller und gründlicher. Aufgrund ihres inneren Wachstums und ihres Muts wird sie nun Situationen und Gelegenheiten anziehen, die sie ganz tief befriedigen werden. Der Weg mag nun steiler geworden sein, aber er wird sie zu wunderschönen Aussichtspunkten führen, die sie sonst nicht besucht hätte. Das Leben hat einen wohlwollenden Fluss, der einem die Umstände beschert, die einem helfen zu wachsen.«

»Lebenspläne können während eines Lebens mehrere Male überprüft werden«, fügte Jeschua noch hinzu. »Neue Pläne werden gemacht, die aber bereits als mögliche alternative Realitäten existiert haben. Ich weiß, dass dies aus menschlicher Sicht verwirrend sein muss, aber der Geist Gottes ist unbegrenzt und daher sind selbst die Möglichkeiten eines Lebens unbegrenzt.«

»Zudem existieren die Menschen in alternativen Realitäten [parallelen Dimensionen]. In diesen alternativen Realitäten spielen verschiedene »Dus« unterschiedliche Aspekte des Lebens durch. Das sprengt die Grenzen der menschlichen Vorstellungskraft, aber ihr müsst es auch nicht wirklich verstehen. Wichtig ist nur, sich daran zu erinnern, dass ihr immer die Wahl habt, denn keine Lebenslinie ist ein für alle Mal festgeschrieben. Ihr könnt euch unter allen Umständen stets für eine positive Richtung entscheiden. Wenn ihr jemanden aufgrund eines Suizids verliert, wird euer Lebensplan geändert, um die Entscheidungen miteinzubeziehen, die ihr anschließend trefft. Das Leben wird euch immer Möglichkeiten der Heilung bescheren, und ihr werdet die alternative Realität in euer Leben ziehen, die euch die besten Möglichkeiten dafür bietet.«

Dann fragte ich Jeschua, wie Menschen, die einen lieben Angehörigen durch Suizid verloren haben, die Schuldgefühle und die Selbstvorwürfe heilen können, die sie sich normalerweise machen.

»Schuldgefühle und Selbstvorwürfe sind menschliche Reaktionen auf einen Suizid«, antwortete er. »Anfänglich können sie vollkommen von einem Besitz ergreifen. Ihr denkt darüber nach, was ihr anders hättet machen können, oder werdet wütend auf die Leute, die sich eurer Meinung nach anders hätten verhalten sollen. Das ist schon in Ordnung. So reagiert der menschliche Verstand eben in einer solchen Situation. Kämpft nicht gegen solche Gedanken an. Wehrt euch nicht dagegen. Sie werden nachlassen, wenn ihr euch für die Sichtweise anderer Menschen öffnet. Häufig werden sie euch Dinge über eure Lieben erzählen, die ihr nicht wusstet. Langsam beginnt ihr dann zu begreifen, dass sie ein eigenes Leben hatten, dass sie Seelen auf einem eigenen Weg sind und den Kurs ihres Lebens selbst bestimmen, auch wenn ihr euer Möglichstes versucht habt, ihnen zu helfen, sich zu ändern oder zu heilen.«

»Nach und nach werdet ihr verstehen, dass ihr euer Bestes gegeben habt und dass ihr den Suizid nicht verhindern konntet. Es kommt ein Punkt im Entscheidungsprozess eines Menschen, der über Suizid nachdenkt, wo er es nur mit sich allein ausmachen muss. Es ist seine Entscheidung. Respektiert das. Schuldgefühle und Selbstvorwürfe sind letztlich nur Ausdruck eurer Selbstüberschätzung. Es stand nicht in eurer Macht, den Suizid zu verhindern. Niemand besitzt eine solche Macht. Die eigene Menschlichkeit zu akzeptieren und zu respektieren kann dabei helfen, Schuldgefühle loszulassen und aufzuhören, sich Vorwürfe zu machen.«

Was Jeschua über die Unmöglichkeit sagte, einen Suizid zu verhindern, erinnerte mich an eine eindrückliche Geschichte in Irene Kendigs Buch *Conversations with Jerry and Other People I Thought Were Dead*.[6] Irene gibt darin eine Unterhaltung wieder, die sie mithilfe eines Mediums mit ihrem Freund Bill führte, der sich das Leben genommen hatte. Sie erzählt Bill von ihren beiden Freunden Dan und Denise, zwei Geschwistern. Dan nahm sich an einem Abend das Leben, an dem er mit Denise zum Essen verabredet war. Aber Denise sagte ab. Nach Dans Tod fühlte sich Denise schuldig, weil sie abgesagt hatte. Sie glaubte, sie hätte sonst das Leben ihres Bruders retten können. Bill antwortet, indem er sagt:

»Selbst wenn sie mit ihm essen gegangen wäre, hätte Dan immer noch bereit sein müssen, sich ihr gegenüber zu öffnen, sodass sie etwas hätte bewirken können. Wäre er dazu bereit gewesen, hätte jemand aufgrund dieser Öffnung zu ihm durchdringen können – in diesem Fall, Denise. Und wenn sie es nicht getan hätte, hätte es jemand anders getan. Etwas so Einfaches wie ein Lächeln oder ein freundliches Wort von irgendjemandem hätte schon einen Unterschied gemacht. Alles ist ganz fein aufeinander abgestimmt. Hätte Dan Hilfe gebraucht, um eine neue Richtung einzuschlagen, wäre jemand da gewesen. Unsere Bedürfnisse werden immer beantwortet. Wäre er einer solchen

6 Irene Kendig: *Conversations with Jerry and Other People I Thought Were Dead: Seven Compelling Dialogues That Will Transform the Way You Think about Dying*. Grateful Press, Reston 2010

Veränderung gegenüber offen gewesen … hätte das Universum auf eine solche Öffnung reagiert.«

Ich erzählte Jeschua diese Geschichte und fügte hinzu: »Die Geschichte scheint sagen zu wollen, dass jeder Suizid, der verhindert werden kann, auch verhindert wird. Stimmt das? Falls es stimmt, könnte diese Erkenntnis wahre Wunder bewirken und den Menschen die Schuldgefühle nehmen, die sie haben, weil sie einen Suizid nicht verhindert haben.«

»Wenn es eine Öffnung gibt«, antwortete Jeschua, »wird das Universum diese positive Einstellung widerspiegeln und reagieren, zum Beispiel durch gütige, hilfreiche Handlungen anderer Menschen. Wenn er sich öffnet, verbindet sich der suizidgefährdete Mensch mit seiner Seele und wählt Licht und Positivität. Dies ist ein Akt des freien Willens, und derartige Akte sind nicht vorherbestimmt. Während des ganzen Lebens steht ihr häufig vor der Entscheidung, euch zu öffnen oder zu verschließen. Es ist weder geplant noch vorherbestimmt, dass ihr euch in bestimmten Umständen öffnen oder verschließen werdet. Obwohl gewisse Situationen feststehen und eingeplant sind, ist es die Art eurer Reaktion darauf nicht. Wäre es anders, würde die Inkarnation ihren Sinn als Lernprozess verlieren.«

»Sagst du also wirklich, dass jeder Suizid, der verhindert werden kann, auch verhindert wird?«

»Alle Suizide, die durch äußere Kräfte verhindert werden können, werden in der Tat verhindert«, stellte Jeschua klar.

Diese Aussage ließ mich innehalten. Dies war eine der wichtigsten und eindrücklichsten Informationen, die ich in all den Jahren erhalten hatte, in denen ich die vorgeburtliche Planung erforscht hatte. Wenn dies doch nur allgemein bekannt wäre! Millionen Menschen bliebe die herzzerreißende Agonie erspart, sich mit der Frage zu quälen, ob sie durch rechtzeitiges Eingreifen einen Freitod hätten verhindern können.

»Es führt zu einer gewissen Demut, wenn man die Tatsache anerkennt, dass man einem anderen manchmal nicht helfen kann, selbst wenn er ein enger Angehöriger ist«, fuhr Jeschua fort. »Diese Erkenntnis kann zu einer Demut führen, die sehr befreiend ist. Sie kann euch von der Vorstellung befreien, dass ihr dieses Ereignis hättet verhindern können. Sie kann euch auch helfen, dem Menschen zu vergeben, der nicht in der Lage war, sich zu öffnen. Indem ihr vergebt, erkennt ihr die Verantwortung des anderen an und seid gleichzeitig mitfühlend und verständnisvoll. Diese Erkenntnis befreit euch von Schuldgefühlen, weil ihr durch die Vergebung erkennt, dass ihr nicht verantwortlich wart.«

»Jeschua«, fragte ich dann, »wie können wir den Zorn heilen, den wir häufig auf den Verstorbenen empfinden? Und wie sollen wir mit den überwältigenden Gefühlen umgehen, die sich einstellen, weil wir ihn so sehr vermissen?«

»Was bedeutet Heilung eigentlich?«, fragte Jeschua zurück. »Heilung bedeutet nicht, dass man wieder so wird, wie man vor dem Vorfall war. Heilung hat immer mit Veränderung zu tun. Wahrhaft zu heilen bedeutet zu akzeptieren, was geschehen ist, selbst wenn es immer noch schmerzt. Mit der Akzeptanz wird sich auch Frieden einstellen, weil du Emotionen wie Gram und Zorn sowie Schuldgefühle und Selbstvorwürfe einfach sein lassen kannst, ohne dich mit ihnen zu identifizieren.«

»Es ist möglich zu heilen, wenn man einen geliebten Menschen durch Suizid verliert. Aber noch einmal: Das Leben wird hinterher nicht mehr wie früher sein. Wenn du erst einmal durch den Trauerprozess gegangen bist und dich nicht mehr im Würgegriff von Schuldgefühlen und Selbstvorwürfen befindest, wirst du bedächtiger, ruhiger und nachdenklicher geworden und eher in der Lage sein, Augenblicke der Freude und des Lachens mehr zu genießen. Du wirst sogar wieder lächeln können, wenn du an deinen lieben Angehörigen denkst. Möglicherweise wird das Lächeln zunächst einmal von Tränen begleitet sein, aber es wird ein Punkt in der Zukunft kommen, an dem du dankbar bist, dass du ihn überhaupt in deinem Leben hattest. Es wird der Moment kommen, in dem du ihm gegenüber von ganzem Herzen Wohlwollen empfindest, dich wieder auf dein eigenes Leben konzentrierst und Dinge tust, die dir Freude bereiten und dich erfüllen. Dann wird sich die wahre Heilung eingestellt haben.«

»Zorn ist eine der Emotionen, mit denen man neben Gram und dem Gefühl des Verlustes während des Trauerprozesses konfrontiert wird. Es ist wichtig, dir selbst zu erlauben, deinen Zorn auf sichere Weise zu fühlen und auszudrücken. Du kannst zum Beispiel auf ein Kissen einschlagen. Wenn du das tust, wirst du entdecken, dass unter dem Zorn ein tiefer, tiefer Schmerz steckt. Wenn du mit diesem Schmerz in Berührung kommst, wirst du anfangen zu weinen. Das ist ein gutes Zeichen. Weinen bedeutet etwas loszulassen und ist sehr heilsam.«

»Dass du den geliebten Menschen vermisst, ist eine authentische Emotion, die gefühlt werden muss. Wehre dich nicht dagegen. Wein dir die Augen aus. Das wird dich reinigen. Das Gefühl des Verlustes wird bleiben, aber seine Qualität wird sich im Lauf der Zeit verändern. Es wird seine Schärfe verloren haben.«

»Jeschua, bitte sag etwas zu den Menschen, die überlegen, sich das Leben zu nehmen.«

»Das ist eine Entscheidung, die ihr treffen könnt. In einer aufgeklärten Gesellschaft würden Menschen mit Suizidabsichten mit einem Berater sprechen dürfen, der diese Option mit ihnen durchspricht. Indem der Therapeut ermöglicht, die Idee offen anzusprechen, ohne sie von vornherein zu verurteilen, könnte er in den Kandidaten ein Gefühl der Befreiung auslösen, das ihnen paradoxerweise helfen könnte, diese Gedanken aufzugeben und andere Möglichkeiten in Betracht zu ziehen.«

»Ist etwas verboten, besitzt es eine besondere Anziehungskraft. Wenn Suizid völlig tabu ist, werden Menschen, die unter einer Depression leiden, sich davon angezogen fühlen und aufgrund dieser Anziehung noch depressiver werden. Werden aber jene, die sich zum Suizid hingezogen fühlen, offen gefragt, wie und warum sie ihr Leben beenden möchten, nimmt der Druck ab.«

»Allen, die daran denken, sich das Leben zu nehmen, sage ich, dass ihr euch für diesen Gedanken nicht zu schämen braucht. Ihr sucht einfach nach einem Ausweg aus eurer Verzweiflung. Ich sage euch, dass nichts euch jemals der Liebe Gottes berauben kann. Euch steht immer Hilfe zur Verfügung, sei es auf dieser Seite oder der anderen. Gott – oder der Geist – verurteilt Suizid nicht, sondern bevorzugt einen humanen, mitfühlenden Ansatz gegenüber allen, die sich diese Option überlegen. Wenn ihr einräumt, dass Suizid einer der möglichen Wege ist, die man einschlagen kann, werdet ihr sehen, dass die Zahl der Suizide paradoxerweise abnimmt.«

Carolyns Sitzung mit Barbara und Aaron

Als ich nach der Sitzung mit Carolyn sprach, spürte ich, dass es für sie sehr heilsam gewesen war, endlich mit Cameron sprechen zu können, zu wissen, dass es ihm gut ging, und ihn sagen zu hören, dass er sie liebte. Ich spürte auch, dass ihr seine Übernahme der Verantwortung für den Suizid im Laufe der Zeit weitere Heilung bringen würde, wenn sie aufhören würde, sich selbst Vorwürfe zu machen. Jeschua hatte viel von seiner heilsamen

Weisheit mit uns geteilt, darunter auch seine urteilsfreie Ansicht, dass sich das Leben zu nehmen keine Sünde, sondern eine Wahlmöglichkeit ist.

Nun waren Carolyn und ich bereit, mit Aaron zu sprechen, der, wie ich wusste, eine andere, aber nicht minder erleuchtete Sichtweise hatte.

»Carolyn«, begann Aaron, »sei dir meiner tiefen Anteilnahme gewiss. Ich verstehe, wie schmerzhaft diese Erfahrung ist.« In seiner Stimme lagen große Wärme, eine gewisse Zärtlichkeit und viel Mitgefühl. »Die größte Lehre, die hier enthalten ist, Carolyn, ist die, dass niemand jemals wirklich weggeht und nichts je verloren ist. Auch wenn du deinen lieben Sohn nun nicht mehr in seiner physischen Form umarmen und mit ihm sprechen kannst, kannst du doch lernen, die Illusion der physischen Form zu überwinden, und erkennen, dass er nie weit von dir entfernt ist. Wie solltest du auch jemanden verlieren? Das ist die grundlegende Lektion. Sie trägt dazu bei, die Hinterbliebenen ein wenig mehr aus der Illusion eines getrennten Selbst herauszuziehen. Sie lädt dich ein, die Trennung zu transzendieren und die Einheit von ALLEM, WAS IST zu erkennen.«

»Es kommt gelegentlich vor, dass derjenige, der zurückgeblieben ist, in einem früheren Leben den, der sich das Leben genommen hat, auf abrupte Weise verlassen hat. Also hat der Hinterbliebene demjenigen, der geht, gewaltigen Schmerz verursacht. Es geht nie um Bestrafung, sondern um die Erkenntnis [auf der Seelenebene], dass es dies ist, was mein Liebster durchmachen musste, als ich gegangen bin‹. Das kann Menschen helfen, mehr für andere da zu sein. Es geht nicht nur um Suizid, es geht um plötzliches Verlassen, darum, jemanden im Stich zu lassen. All diese Lektionen werden nun gelernt.«

»Aaron«, hakte ich nach, »warum interessiert es Seelen, die Illusion der physischen Form zu überwinden, wenn sie sich verkörpert haben?«

»Ihr seid verloren hinter dem Schleier«, gab er zur Antwort. Er sprach nun nicht einfach nur zu Carolyn und mir, sondern zu allen, die diese Worte lesen würden. »Aber auf einer bestimmten Ebene erinnert ihr euch immer, dass ihr eine Seele und aus einem bestimmten Grund hier seid. Diese Erinnerung mag euch nicht bewusst sein, aber sie ist da. Das gilt besonders für ältere Seelen, die sich einerseits des Schmerzes und Verlustes bewusst sind, andererseits aber wissen, dass es im Leben um spirituelles Wachstum und Lernen geht und dass alles, was ihnen begegnet, dazu dient, Verständnis, Güte und Liebe zu entwickeln – wenn man es nur zulässt. Also kann man sich in der Wut verlieren und in dem Gefühl, im Stich gelassen und betrogen worden zu sein, oder man kann Mitgefühl für den Menschen entwickeln, der von einem gegangen ist – gleich, ob durch einen Suizid, eine unheilbare Krankheit oder aus anderen Gründen. Wenn sich dein Herz voller Mitgefühl öffnet, und du dem Liebsten keine Schuld mehr zuweist und seinen Abschied nicht mehr als persönlichen Affront betrachtest, dann lernst du etwas. Du lernst loszulassen und Mitgefühl zu haben.«

»Aaron, was geschieht mit ihnen, nachdem sie sich das Leben genommen haben?«, fragte ich. »Wie schnell inkarnieren sie sich wieder?«

»Was geschieht, hängt ganz vom spirituellen Niveau des betreffenden Individuums ab, von seiner Bewusstheit und davon, wie offen er für den Rat der geistigen Führer ist. Im schlimmsten Fall gleiten diese Individuen in den Übergang hinein, ohne sich dessen überhaupt bewusst zu sein, weil sie voll des Schmerzes und der Wut sind, die sie zu diesem Übergang bewogen haben. Dann werden sie sich sehr schnell wieder inkarnieren.

Das ist genauso wie bei einem Menschen, der beispielsweise durch einen Unfall, ein plötzliches Trauma oder während des Krieges bei einem Gefecht umkommt. Es kann für die Seele sehr schwierig sein zu merken, dass sie sich nicht mehr in einem Körper befindet, sodass sie sich schnell den ersten, einigermaßen passenden Körper schnappt.«

»Am anderen Ende des Spektrums befinden sich Seelen, die gründlich über ihre Gründe, den Körper zu verlassen, nachgedacht haben. Gleich, ob nun durch Suizid oder im Krieg, haben sie die sehr reale Möglichkeit in Betracht gezogen, dass sie sterben könnten. Solche Seelen sind willens, offen für den Rat ihrer Führer zu bleiben und eine Weile zu warten, bevor sie sich sehr bewusst und voller Liebe in eine neue Inkarnation begeben.«

»Carolyn, du möchtest wissen, ob dies auch bei deinem Sohn so war. ›Was hat er nach seinem Freitod erlebt?‹, fragst du. Mehr als alles andere, eine kurze Phase der Traurigkeit. Angst, Trauma, Unglauben. Aber weil er spirituell gut entwickelt ist, war er auch in der Lage, seine Führer zu hören und mit ihnen Kontakt aufzunehmen, um sich von ihnen trösten zu lassen.«

»Aaron«, sagte ich, »manche Menschen glauben, dass Suizid Sünde ist und dass diejenigen, die sich das Leben nehmen, bestraft werden.«

»Es ist lediglich *eine* Form des Übergangs«, antwortete Aaron. »Die häufigste Reaktion während des Übergangs ist Trauer darüber, dass man die hartverdiente Möglichkeit verloren hat, in einem Körper zu sein und zu lernen. Das gilt auch, wenn die physische Inkarnation unmöglich und unerträglich schien. Vom Standpunkt der anderen Seite aus sieht man Möglichkeiten, die man nicht sehen konnte, als man sich so gefangen fühlte.«

»Aber Suizid ist keine Sünde, einfach nur ein Verlust. Cameron erlebte ihn als Verlust. Er begann sich seine Situation anzuschauen und überlegte, warum er sich so entschieden hatte. Gegenwärtig befindet er sich in einem Raum, in dem er andere berät, die einen geplanten oder ungeplanten Übergang aufgrund eines Unfalls, durch ihre eigene Hand oder aufgrund von Gewalt gemacht haben. Er ist in einer Gruppe von Führern, befindet sich immer noch in der dritten Dichte [dreidimensional] und weiß, dass er sich letztlich wieder inkarnieren muss, aber er kann seine Erfahrung nutzen, um anderen durch das anfängliche Trauma hindurch zu helfen, das sich einstellt, wenn sie sich plötzlich außerhalb ihres Körpers wiederfinden. Er kann sie trösten und ihnen helfen, nachsichtig mit sich selbst zu sein. Das alles ist Teil seines Lernprozesses.«

»Ich möchte nun aber auf die Frage zurückkommen, was mit den Menschen geschieht, nachdem sie sich das Leben genommen haben«, fuhr Aaron fort. »Dasselbe passiert im Grunde allen Menschen, die diesen Übergang bewältigen, der Tod genannt wird. Sie erleben sich plötzlich als von der physischen Ebene und dem physischen Körper getrennt. Zuerst mögen sie dies nicht akzeptieren und werden dann, was wir einen ›erdgebundenen Körper‹ nennen, aber normalerweise wird ihnen über diese Phase hinweggeholfen.«

»Die Wut und Angst, der Schmerz und die Verwirrung, die sie in ihrem Leben angetrieben haben, werden immer noch da sein. Aber sie sind nun in der Lage, ihr ganzes Leben von einer höheren Warte aus zu betrachten. Sie bekommen immer liebevolle Unterstützung. Wenn sie sehr in der Wut und Negativität gefangen sind, werden sie zunächst einen finsteren Ort wahrnehmen. Sie werden aber nicht bestraft und an einem solchen Ort festgehalten, sie halten sich dort selbst fest, und die Finsternis ist aus ihrer eigenen Angst, ihrer Wut und Verwirrung aufgebaut, also aus ihrer eigenen Negativität. Aber immer sind liebevolle Führer zur Stelle, die sie jedoch möglicherweise nicht wahrnehmen können. Carolyn, dein Sohn war gesegnet, dass er diese Führer wahrnehmen konnte.«

»Letztendlich werden sich alle Wesen ungeachtet der Umstände ihres Todes ihrer Führung öffnen. Wir haben hier Wesen, die sehr negativ waren und anderen großes Leid zugefügt haben, wie etwa eine Person, die erst eine ganze Schulklasse umgebracht und dann sich selbst das Leben genommen hat. Ein solcher Mensch ist von großer Negativität erfüllt und findet sich an einem Ort tiefer Verzweiflung und Finsternis wieder. Aber er wird immer noch geliebt und unterstützt. Ein solcher Mensch mag so viel Negativität in sich tragen, dass er das Licht sehr lange nicht ertragen kann, aber letzten Endes wird er sich dem Licht doch öffnen.«

»Ein Mensch, der ein mitfühlendes Herz hat, mag andererseits das Gefühl haben, des Lichtes nicht würdig zu sein, aber langsam wird auch er sich dem Licht öffnen. Dann wird diesem Reisenden Gelegenheit gegeben, sich sein vergangenes Leben anzuschauen, um zu sehen, wo er ungesunde Entscheidungen getroffen hat und warum, was er lernen wollte und was er gelernt hat und was nicht. Er wird Gelegenheit bekommen, einen Teil seines Karmas auszugleichen, wie es dein Sohn jetzt tut, indem er anderen als Führer dient, Carolyn.«

Dann fragte ich Aaron, ob er sich in einer früheren Inkarnation jemals das Leben genommen hatte.

Gründe für Suizid

»Natürlich habe ich das in den vielen Tausenden früheren Leben gelegentlich getan«, antwortete er. »Einmal hatte ich sowohl meine körperlichen Funktionen als auch meine Gehirnfunktion verloren. Der Körper litt große Schmerzen und das Hirn konnte nicht mehr klar denken. Ich wollte aber bewusst sterben. Als das Gehirn also einmal etwas klarer war und mir ausreichend Schmerzmittel zur Verfügung standen, entschied ich mich bewusst, diese Inkarnation hinter mir zu lassen, und nahm eine Überdosis. Bitte denkt dabei nicht an euer heutiges Morphium, das war vor Tausenden von Jahren, als noch Kräuter benutzt wurden, um Schmerzen zu lindern.«

»Sofort, nachdem ich auf der anderen Seite aufwachte, war ich mir der von mir getroffenen Entscheidung bewusst und dankbar, dass ich sie hatte treffen können, weil meine furchtbaren Schmerzen und die häufige Verwirrtheit meinen Lieben großen Kummer bereitet hatten. Es war besser für alle Beteiligten, dass ich an diesem Punkt ging. Der [nicht physische] Körper, in dem ich erwachte, war ganz, und der Geist war klar.«

»Was aber nach einem Suizid Einschränkungen mit sich bringt, ist das Festhalten an der Negativität, was während des gesamten Übergangs geschehen kann. Solche Seelen sind immer von liebevoller Energie umgeben, bis sie endlich in der Lage sind, das Licht zu sehen und sich selbst zu erlauben, ins Licht zu gehen – wie lange das auch immer dauern mag. Dann werden sie auch auf ihrer weiteren Reise unterstützt.«

Aarons Entscheidung in einem früheren Leben war ein konkretes Beispiel für das, was Jeschua uns erzählt hatte: Das Beenden des eigenen Lebens auf bewusste Weise kann unter gewissen Umständen eine vernünftige Entscheidung sein. Aaron hatte sowohl sich als auch seinen Lieben weiteres Leiden erspart. Nachdem er in die nicht physische Welt zurückgekehrt war, war er weder von sich noch von anderen verurteilt oder bestraft worden. Im Gegenteil: Er war dankbar dafür, dass er lang genug bei klarem Verstand gewesen war, um diese Entscheidung fällen zu können.

»Aaron«, fragte ich weiter, »müssen Menschen, die ihr Leben beenden, in einem anderen Leben mit denselben Lektionen weitermachen?«

»Ja, aber wahrscheinlich nicht gerade im nächsten Leben. War die Lektion zu schwer, können sie eine Zeit lang erst einmal eine andere Richtung einschlagen, bevor sie sich wieder der betreffenden Lektion zuwenden. Aber irgendwann werden sie sich erneut damit befassen müssen.«

»Carolyn, dein Sohn hat beschlossen, sich anzuschauen, was er lernen wollte und nicht gelernt hat. Ich kann dir nicht sagen, ob er sich wieder für eine Inkarnation entscheiden wird, in der er sich erneut mit diesen Lektionen konfrontiert, oder ob er eine Pause einlegen möchte. Aber im Augenblick arbeitet er auf der Astralebene daran.«

Um Hinterbliebenen so viel Heilung wie möglich zu ermöglichen, stellte ich Aaron dann eine Frage, die ich auch schon Jeschua gestellt hatte: »Wie können Menschen die Schuldgefühle heilen und die Selbstvorwürfe aufgeben, die sie sich machen, wenn sich ein lieber Angehöriger das Leben genommen hat?«

»Denkt immer daran, es geht um ihn, nicht um euch. Natürlich hatten die Hinterbliebenen manchmal Anteil an dem, was geschehen ist – zum Beispiel, wenn sich ein Kind das Leben nimmt, das missbraucht wurde. In einem solchen Fall muss man [die Eltern] sich seinen Teil daran ganz genau anschauen, seine Verantwortung übernehmen, um Vergebung dafür bitten und auf irgendeine Weise seine Verantwortlichkeit ausgleichen.«

»Da alle Wesen interagieren, ist jeder immer auf irgendeine Weise beteiligt. Aber diejenigen, die sich das Leben nehmen, sind Seelen auf ihrem eigenen Weg, die ihre eigenen Lektionen lernen. Es gibt nur wenig, was Hinterbliebene hätten tun können – gleich, ob es sich nun um die Eltern eines Kindes oder die

Partner des Betreffenden handelt. Hinterbliebene müssen dies wissen: ›Der andere hat eine Entscheidung getroffen, nicht ich.‹«

»In den meisten Fällen«, fügte Aaron hinzu, »geht es darum, Mitgefühl zu entwickeln. Man muss erkennen, wie sehr der andere gelitten hat und dass er die Lektion nicht lernen konnte, die er in dieser Inkarnation lernen wollte – ungeachtet dessen, wie sehr er sich auch bemüht haben mochte.«

»Schauen wir uns nun das Thema Sterbehilfe an, das wahrlich herzzerreißend ist. Als Beispiel möchte ich einen Menschen mit Krebs nennen, der Operationen, Chemotherapie und Bestrahlungen hinter sich hat. Trotzdem hat sich der Krebs im ganzen Körper ausgebreitet. Der Betreffende leidet unter furchtbaren Schmerzen und bittet darum, gehen zu dürfen. Du liebst diesen Menschen. Vielleicht drückst du nicht gerade eine Pistole ab, legst aber bestimmte Pillen in Reichweite des Kranken. Das ist ein Akt tiefen Mitgefühls, weil du nicht möchtest, dass dein Liebster weiter leidet, und weil du erkannt hast, dass er alles versucht und nun keine anderen Möglichkeiten mehr hat.«

»Es ist ein bisschen anders, wenn es um emotionale Probleme geht. Aber auch dann ist der Schmerz manchmal so stark, dass der Betreffende einfach gehen und von Neuem anfangen muss.«

»Ich denke da noch an eine andere Situation«, fuhr Aaron fort. »Barbara hat eine Freundin, deren scheinbar kerngesunder neunzehnjähriger Sohn sich völlig unvermittelt das Leben nahm. Vorher waren keine Anzeichen erkennbar, dass er suizidgefährdet sein könnte. Er nahm keine Drogen. Er schien weder glücklich noch unglücklich zu sein, sondern ging das Leben einfach an und machte etwas daraus.«

»Auf einer gewissen Ebene wusste dieser junge Mann, dass sein Körper bösartige Zellen entwickelte, die jetzt noch nicht sichtbar waren, und dass er wahrscheinlich einen völlig unheilbaren Gehirntumor bekommen würde. Er wusste dies natürlich nicht bewusst, aber nachdem ich den jungen Mann nach seinem Tod getroffen hatte, konnte ich erkennen, dass er auf einer bestimmten Ebene verstanden hatte, dass sich sein Körper in diese Richtung entwickelte und dass er gehen musste.«

»Ich möchte euch noch ein anderes Beispiel geben. Barbara und ich kannten einen sechzigjährigen Mann, der völlig gesund schien, eine liebevolle Frau, Kinder und Enkelkinder und einen erfüllenden Beruf hatte. Dieser Mann bekam plötzlich einen Schlaganfall und war innerhalb weniger Minuten tot. Es hatte vorher keine Anzeichen für eine Krankheit gegeben. Im Gegenteil: Medizinische Untersuchungen hatten gezeigt, dass er vollkommen gesund war. Aber die Autopsie zeigte Krebs im Anfangsstadium und Tumore, von denen vorher nichts bekannt war. Auf einer gewissen Ebene wusste er davon und hatte sich entschlossen zu gehen, statt sich mit einer langen Krankheit auseinanderzusetzen. Er sprang zwar nicht von einem Gebäude, er hat sich auch nicht erschossen, er hatte einfach einen Schlaganfall. Aber natürlich war er aktiv daran beteiligt.«

Aarons Antwort verdeutlichte mir, dass Tod und Freitod komplexe Themen sind, über die wir nicht viel wissen. Ich dachte an den Neunzehnjährigen, der sich das Leben genommen hatte. Er hatte unbewusst geahnt, dass sich bei ihm ein Hirntumor entwickeln würde, und beschlossen, diese Erfahrung nicht zu machen. Aber nach seinem Suizid hatten sich seine Eltern zweifellos Vorwürfe gemacht. Was wäre wohl, wenn sie damals genau gewusst hätten, warum er sich das Leben genommen hatte – oder es später erfahren hätten? Wie sehr hätte ihnen dieses Wissen Heilung bescheren und helfen können, sich selbst zu vergeben? Ich hoffte, Aarons Worte würde jenen Menschen, die Angehörige durch Suizid verloren hatten, helfen zu erkennen, dass nur wenig in unserer Welt so ist, wie es zu sein scheint, und dass sich vieles im Verborgenen unter der Oberfläche abspielt. Schon allein diese Erkenntnis könnte tiefe Heilung bewirken.

Neugierig geworden fragte ich Aaron: »Wie kann ein Mensch den Zorn heilen, den er manchmal gegenüber demjenigen verspürt, der sich das Leben genommen hat?«

»Schau dir das Leid desjenigen genau an. Schau dir dein eigenes Leid an und schenke dann dir selbst und demjenigen, der von dir gegangen ist, dein Wohlwollen. Wir möchten weder unsere Angehörigen noch uns selbst leiden sehen. Wenn man den Zorn anerkennt, ohne sich deswegen schuldig zu fühlen, dann kann man sehen, dass der Zorn auf dem Gefühl beruht, verlassen worden zu sein. Es ist sehr wichtig, nicht zu sagen: ›Ich sollte nicht zornig sein‹, sondern stattdessen: ›Der Zorn ist da‹. Oder: ›Trauer, Schmerz, Angst und Verwirrung sind da.‹ Oder: ›Gefühle, verlassen worden zu sein, betrogen worden zu sein, einen Verlust erlitten zu haben, sind da.‹«

»Dann arbeitet mit Herzensgüte und wünscht euch selbst nur Gutes. ›Möge ich glücklich sein. Möge ich in Frieden sein.‹ Und wünscht auch dem Angehörigen nur Gutes. ›Mögest du glücklich sein. Mögest du in Frieden sein.‹ Ganz allmählich wird dann der Zorn einem echten Mitgefühl weichen, und die tiefe Liebe wird zum Vorschein kommen, die ihr füreinander empfunden habt.«

»Das, was sich des Zorns bewusst ist, ist nicht zornig. Es ist jener tiefe, zentrierte Aspekt des Selbst, der in der Lage ist, mit offenem Herzen zu sehen. Also: Zorn steigt auf. Statt ihn persönlich zu nehmen, sich deswegen schuldig zu fühlen oder ihn auszuagieren, halte einfach inne. ›Atme ich ein, bin ich mir des Zorns bewusst. Atme ich aus, lächle ich den Zorn an.‹ Lächelt euer Selbst an, haltet das Selbst voller Mitgefühl und lenkt eure Aufmerksamkeit dann auf den, der von euch gegangen ist. Dies ist ein gradueller Prozess.«

Aaron sprach damit meditative Atemtechniken an, die es uns ermöglichen, uns von der Identifizierung mit der Wut oder anderen negativen Emotionen zu lösen. Wir erkennen nach und nach, dass wir nicht die Wut sind, sondern dass Wut etwas ist, das durch uns hindurchströmt. Eine solche geistige Weite und Nichtidentifizierung mit der Emotion bringt uns Frieden.

Dann sprach Aaron mit uns über zwei weitere Leben, in denen er sich das Leben genommen hatte.

»Ich habe euch ja bereits von dem Leben erzählt, in dem ich krank war«, sagte er. »Es gibt ein weiteres Leben, in dem ich in einer Schlacht kämpfte. Unser Land war überfallen worden, und wir waren in der Minderzahl. Ich kannte die Grausamkeit der einfallenden Barbaren, die ihre Feinde folterten. Als klar war, dass ich nicht mehr weiterkämpfen konnte, nahm ich mir das Leben. In jenem Leben starb ich mit Hass auf den Feind im Herzen.«

Ich begriff, dass Aaron den Begriff *Feind* aufgrund seiner Sicht während jener Inkarnation benutzte, nicht aufgrund seiner jetzigen Sichtweise. Als erleuchtetes Wesen betrachtet Aaron niemanden als Feind. Er weiß nun aus Erfahrung, dass alle seine Brüder und Schwestern sind.

»Dieser Hass hielt mich über längere Zeit an einem dunklen Ort gefangen. Wenn ich von Zeit spreche, seid euch bitte darüber im Klaren, dass es im Grunde keine Zeit gibt, wenn ihr das Reich der Menschen verlasst. Ich spreche natürlich nur in euren Begriffen. Es gab also eine Phase der Finsternis. Innerhalb dieser Finsternis wurde ich mir des Lichts bewusst. Da ich das Gefühl hatte, das Licht nicht zu wollen oder es nicht verdient zu haben, blieb ich in der Finsternis. Aber irgendwie tröstete mich das Licht, obwohl ich es zurückwies, bis ich irgendwann in der Lage war, es in mich einzulassen.«

»Dieser Soldat, der ich war, hatte mitangesehen, wie seine Frau, seine Kinder und Angehörigen brutal niedergemetzelt wurden. Deshalb hatte er diesen großen Hass auf seinen Feind. Schließlich erkannte ich, dass ich die Gelegenheit erhielt, altes Karma auszugleichen und zu vergeben. Indem ich meinem Feind vergab, vergab ich auch früheren Aspekten [Inkarnationen] meiner Seele, die brutal gewesen und anderen Leid zugefügt hatten.«

»Zu vergeben heißt nicht, etwas gutzuheißen. Ich hieß das Verhalten meines Feindes sicher nicht gut, sah aber, dass sein Verhalten die Konsequenz seiner Prägung und der Umstände war, in denen er sich befand. Wäre ich in seiner Lage gewesen, hätte ich in früheren Leben dasselbe wie er getan. Da es nicht so leicht ist, sich selbst völlig zu verdammen, öffnete sich allmählich mein Herz. Es war ein Erwachen, weil ich endlich sah, dass Hass nur mehr Hass erzeugt und nur die Liebe heilen kann.«

»Etwas später in dieser Phase des Übergangs, als ich mich dem Licht geöffnet hatte, brachten mich meine Führer an einen sehr finsteren Ort, an dem diejenigen versammelt waren, die mein Volk getötet hatten«, erinnerte sich Aaron. »Sie litten furchtbar und hielten sich selbst in der Finsternis gefangen. Sie hatten Angst vor allem und waren von Hass und Angst verzehrt. Ich bekam die Gelegenheit, für sie das zu sein, was andere für mich gewesen waren – Lichtenergie, die sie einhüllte –, und das Licht so lange aufrechtzuerhalten, bis einige von ihnen fähig waren, das Licht zu tolerieren, und sich schließlich nach ihm sehnten. So lernt man.«

»Es gab auch ein Leben vor sehr, sehr langer Zeit, in dem das Wesen, das ich war, von der Finsternis der Gier, der Lust und des Verlangens verzehrt wurde. Was es am meisten wollte, wurde ihm genommen. Dieses Wesen war ein sehr wohlhabender Landbesitzer, ein Mann mit einer gewissen Macht, der mehrere Frauen und Familien hatte. Dann kam ein Feind und tötete seine Söhne, nahm seine Frauen und Töchter als Geiseln und ihn als Sklaven. In seiner Verzweiflung und Wut brachte er sich selbst um. Ich würde das als emotionalen Suizid bezeichnen. Dieses Wesen lebte ebenfalls lange Zeit in der Finsternis, bis es schließlich folgendes Prinzip verstand: Ich habe die Wahl, ob ich im Licht oder in der Finsternis, voller Mitgefühl oder Hass leben will. Und so wuchs es und heilte.«

Aaron hatte nun drei Existenzen beschrieben, in denen er sich das Leben genommen hatte. Er hatte auch erzählt, wie er auf der anderen Seite begonnen hatte zu heilen. Ich fragte ihn, ob es auch frühere Inkarnationen gegeben hatte, in denen er selbst Angehörige durch Suizid verloren hatte und auf welche Weise er sich emotional heilen konnte, noch während er im Körper war.

»Ich hatte einen Sohn, den ich über alles liebte«, erzählte Aaron. In seiner Stimme klang nun so etwas wie Rührung mit. »Aufgrund der globalen Umstände während seiner Kindheit konnte er nicht die gründliche Ausbildung bekommen, die ich hatte und die ich mir für ihn wünschte. Er wusste nicht, wie er seine Emotionen ins Gleichgewicht bringen konnte, und es fiel ihm schwer, sie nicht so persönlich zu nehmen.«

»Dann musste er mit ansehen, wie seine Angehörigen verfolgt und aus religiösen Gründen umgebracht wurden. Er verzweifelte, weil er einerseits spürte, dass sich einige von ihnen hätten selbst retten können, und weil es andererseits nicht in seiner Macht stand, sie zu retten. Er ging schlicht an der Grausamkeit der Welt zugrunde.«

»Er brachte sich nicht mit eigener Hand um, aber er verhielt sich so, dass sein Verhalten zu seiner Verhaftung und Ermordung führte, obwohl er sich leicht im Hintergrund hätte halten oder weggehen können. Wir würden das ganz gewiss als eine Form des Suizids bezeichnen.«

»Ich trauerte, weil mir mit einem Mal bewusst wurde, dass ich mich so sehr mit dem Zustand der Welt beschäftigt hatte, dass ich meinen Sohn und seine Erziehung vernachlässigt und ihn nicht genügend unterstützt hatte. Ich glaubte damals, dass ich seinen Tod hätte verhindern können. Außerdem war ich wütend auf ihn, auf mich und auf andere, die vor ihm umgebracht worden waren, obwohl es in ihrer Macht gestanden hätte, sich zu retten.«

»Zwei Dinge halfen mir schließlich am meisten. Zum einen war da ein sehr weiser, lieber Freund, der mir zu erkennen half … Ich möchte es einmal so formulieren: Wäre mein Sohn mehrmals auf einem Hügel in einen Wagen gestiegen und ich hätte ihn jedes Mal gestoppt, aus dem Wagen genommen und gesagt: ›Nein, du wirst einen Unfall haben. Du wirst über die Klippe stürzen‹, aber er hätte jedes Mal darauf bestanden, wieder in den Wagen zu steigen, dann hätte ich schließlich anerkennen müssen, dass dies sein Weg ist. Ich hätte nichts tun können, als ihn einzusperren und ihn festzubinden. Er war entschlossen, das zu tun, was er getan hat. So war er.«

»Mein weiser Freund half mir zu verstehen, dass dies sein Karma war. ›Das Beste, was du für ihn tun kannst, ist, ihn einfach zu lieben und ihn loszulassen. Du hast ihn in der Hoffnung in diese Inkarnation gebracht, dass er Lektionen lernen würde, für die er aber noch nicht bereit war. Er hatte selbst gehofft, diese Lektionen zu lernen. Vielleicht lernt er sie nach seiner Inkarnation auf der Astralebene. Lass ihn in Liebe los.‹ Das half.«

»Außerdem half mir, mich an ihn als Jungen zu erinnern, mich an all das zu erinnern, was an ihm so liebenswert war, und das in mir am Leben zu erhalten. Nicht um mich zu quälen, sondern um zu erkennen: ›Er ist weg. Dieser Mensch ist weg, aber die Liebe, die er mir und anderen geschenkt hat, ist nicht weg. Ich kann diese Liebe in Ehren halten, ich kann den Menschen ehren, der er war, und all die guten Dinge an ihm.‹ Das war mir eine große Hilfe.«

Aarons Worte berührten mich sehr. Obwohl er seinen geliebten Sohn in einem früheren Leben auf diese Weise verloren hatte, konnte er diese Liebe in seinem Herzen am Leben halten. Auf der Astralebene musste sein Sohn diese unsterbliche Liebe gefühlt haben, so wie auch Cameron immer noch Carolyns unermessliche Liebe spürte.

Anpassungen

»Aaron, welche Art von Anpassungen nahm Carolyn auf der Seelenebene an ihrem Lebensplan vor, nachdem sich Cameron das Leben genommen hatte?«

»Sie ist immer noch dabei«, informierte uns Aaron. »Auf einer Ebene gibt es keine Dualität. Carolyn und Cameron sind Teil derselben göttlichen Überseele, Teil der Einheit und Liebe des Göttlichen. Aber in einem anderen Sinn gehörte Cameron niemals zu Carolyn. Er kam einfach durch seine Mutter auf die Erde. Er wurde von ihr genährt, gehört ihr aber nicht. Ein wichtiger Teil von Carolyns Lektion besteht darin, dass sie lernt zu lieben, ohne zu klammern. Sie soll erkennen, dass man tatsächlich gar nichts festhalten kann und dass dies kein Grund ist, weniger zu lieben, sondern die Liebe umso mehr zu schätzen. Das ist eine sehr schmerzhafte Lektion: Nichts kann festgehalten werden. Alles verändert sich.«

»Liebst du die Schönheit einer Rose weniger, nur weil du weißt, dass sie schon morgen verwelken wird? Hältst du dich deshalb von ihr fern? Lass es mich noch einmal auf den Punkt bringen: Cameron hat sich nicht das Leben genommen, um Carolyn eine Lektion zu erteilen. Viele Dinge in ihrem Leben hätten sie diese Lektion lehren können. Aber da ihr Sohn sich nun einmal das Leben genommen hat, bekam Carolyn die Gelegenheit, tief in diese Lektion einzutauchen.«

»Aaron, da Cameron vor seiner Geburt geplant hatte, viel länger mit Carolyn zusammen zu sein, bringt ihre Seele nun neue Menschen in ihr Leben, die sie lehren, was er sie lehren wollte?«

»Rob, es gibt in jedem Augenblick immer neue Lehrer. Alles hängt davon ab, ob die Lektion verstanden und verinnerlicht wurde. Carolyn geht nicht plötzlich los und lädt neue Lehrer ein, weil sie ihren Sohn nicht mehr hat. Ihr Leben ist voller Lehrer, die kommen, wenn die Zeit reif dafür ist. Es ist für Carolyn sehr wichtig, neuen Lehrern gegenüber offen zu sein. Eine der Herausforderungen, die Wut und Verzweiflung mit sich bringen, besteht ja darin, dass sich das Energiefeld verschließt und man sich zusammenzieht. Man panzert das Herz und ist nicht bereit, das Herz gegenüber neuen Lehrern und neuen Lehren zu öffnen. Es ist sehr wichtig, dass Carolyn auf diese Möglichkeit achtet, mit sich selbst sehr behutsam und liebevoll umgeht und daran arbeitet, so offen wie möglich zu bleiben. Genau das tut sie.«

Bis jetzt hatte Carolyn der Unterhaltung zwischen Aaron und mir still zugehört, aber jetzt stellte sie ihre erste Frage. »Aaron, nimmt Cameron mich und das, was ich tue, wahr?«

»Ja, dein Sohn nimmt dich wahr und weiß, was du tust«, versicherte ihr Aaron, »aber er bemüht sich sehr, daraus keine persönlichen Geschichten zu erschaffen. Lass es mich behutsam sagen, Carolyn: Dein Sohn und du, ihr habt euch in zahlreichen Leben gekannt. Daher besteht eine starke Verbindung. Die Liebe löst sich nicht auf, aber die persönlichen Beziehungen – Mutter und Kind, Geschwister, Freunde – lösen sich auf. Er ist in diesem Sinne nicht mehr dein Sohn, sondern einfach jemand, der durch die Bande der Liebe mit dir verbunden ist. Er sieht, was du tust, und schätzt es sehr.«

»Wird sich Cameron noch während meines Lebens reinkarnieren?«, fragte Carolyn.

»Das ist zurzeit noch nicht bekannt«, antwortete ihr Aaron.

Wir hielten einen Moment lang inne. Bisher hatten wir darüber gesprochen, auf welche Weise Menschen, die sich das Leben genommen hatten, und Menschen, die Angehörige durch Suizid verloren hatten, heilen können. Aber was ist mit der Heilung jener, die darüber nachdenken, sich das Leben zu nehmen?

»Aaron«, sagte ich, »bitte sprich zu denen, die die Möglichkeit in Betracht ziehen, sich das Leben zu nehmen.«

»Ich möchte sie bitten, über das unglaubliche Geschenk einer Inkarnation als Mensch nachzudenken – so schmerzhaft diese auch manchmal sein kann«, gab er zur Antwort. »Ich möchte sie bitten, darüber nachzudenken, ob sie nicht in einem Jahr oder in fünf Jahren die Sache möglicherweise anders sehen und etwas von unschätzbarem Wert gelernt haben könnten, wenn sie bereit gewesen wären zu bleiben. Ich würde sie daran erinnern, dass es keine Sünde ist, aber ein Verlust. Ihnen geht die Möglichkeit verloren, etwas zu lernen. Sie haben so schwer dafür gearbeitet, in diese Inkarnation zu kommen und sich auf das vorzubereiten, was sie lernen wollten. Ich würde sie bitten, sich selbst zu fragen: ›Gibt es außer dem Freitod noch eine andere Option?‹«

»Und schließlich würde ich fragen: ›Hast du dich aus Angst oder aus Liebe dafür entschieden, dir das Leben zu nehmen?‹ Wenn du dich aus Angst oder Wut entschieden hast, wenn du keine Hoffnung mehr hast und dich betrogen fühlst, wenn du unglaubliche körperliche Schmerzen hast und diese nicht anders beenden kannst, dann erinnere dich bitte daran, dass dich alle starken negativen Emotionen auch während der Übergangsphase begleiten werden. Wenn du dich aber entschieden hast, deinen Körper aus Liebe zu verlassen, wenn du zum Beispiel furchtbar krank bist und starke Schmerzen hast und siehst, dass dies alle in deiner Umgebung erschöpft, und wenn du dann weißt, dass du nicht mehr lange leben kannst und sagst: ›Ich bin bereit, jetzt zu gehen. Ich muss dies nicht mehr durchmachen‹, dann kannst du den Schritt buchstäblich mit offenem Herzen machen.«

Da ich spürte, dass wir uns dem Ende unseres Gesprächs näherten, fragte ich Aaron, ob er sonst noch irgendetwas sagen wollte.

»Ein Suizid wird meistens von Wut, Verwirrung, Schuldgefühlen und Schuldzuweisungen begleitet«, antwortete er. »Es ist schon schwer genug, einen Angehörigen durch eine Krankheit wie Krebs oder einen Unfall zu verlieren, und sich immer wieder zu fragen: ›Hätte ich etwas anders machen können?‹ Aber ein Suizid scheint ein so gewalttätiger Akt gegen sich selbst zu sein, dass daraus viel leichter Wut entstehen kann. Daher ist es für die Hinterbliebenen wichtig, gütig zu sich selbst zu sein. Man kann die Wut nicht beenden, indem man sagt: ›Ab jetzt keine Wut mehr!‹ Das bewirkt dann nur noch mehr Wut. Die Aussage: ›Ich werde nicht wütend sein‹ an sich ist schon ein Ausdruck von Wut.«

»Wie kann man das Vorhandensein von Wut voller Güte und Mitgefühl gegenüber sich selbst anerkennen und sich in diesem Feld des Mitgefühls halten? Schon allein die Kraft des Mitgefühls und der Barmherzigkeit werden ein Feld der Freundlichkeit und Liebe erzeugen. Wenn du lernst, Mitgefühl mit dir selbst zu haben, wirst du auch lernen, es demgegenüber zu empfinden, der gegangen ist.«

»Es ist sehr wichtig, keine Angst vor den Emotionen zu haben, die aufsteigen, und sich nicht von den Geschichten vereinnahmen zu lassen. Eine solche Geschichte lautet: ›Was habe ich falsch gemacht?‹ ›Wie hätte ich es verhindern können?‹, heißt eine weitere. ›Warum hat er es getan?‹, ist wieder so eine Geschichte. Lass stattdessen die direkte Erfahrung des Verlustes, des Schmerzes, der Wut und Verwirrung zu und halte sie voller Mitgefühl im Herzen.«

Plötzlich unterbrach Carolyn: »Ich vermisse meinen Sohn so sehr. Gibt es etwas, das ich tun kann?«

»Carolyn, das Beste, was du tun kannst, ist, mit ihm zu sprechen. Sei versichert, er kann dich hören. Sag ihm, dass du ihn vermisst. Sag ihm, dass du ihn liebst. Sag ihm, was dir an ihm am meisten gefallen hat, welche seiner Eigenschaften dir am meisten Freude bereitet haben. Wenn du ihn auf diese Weise in Liebe im Herzen hältst, hilft es ihm, sich selbst in Liebe zu halten. Und es unterstützt seinen Fortschritt.«

»Aber auch wenn du auf diese Weise zu deinem Sohn sprichst und ihn in diesem Kreis der Liebe hältst, solltest du weiterhin anerkennen, dass du traurig bist und ihn vermisst. Carolyn, bitte schau dir den Unterschied zwischen Traurigkeit und Gram an. Nach einem Verlust ist es vollkommen natürlich, traurig zu sein. Die Traurigkeit entsteht aus einem offenen Herzen heraus und aus der Liebe, die da war und die du nun vermisst.«

»Gram beruht aber eher auf Angst. ›Geht es ihm gut?‹ ›Wie wird es mir ergehen?‹ ›Was mache ich nur ohne ihn?‹ Gram ist immer eine verkrampfte Energie und beinhaltet große Spannung. Schau dir diese Spannung an, wann immer sie auftaucht. Wenn du Gram verspürst, erkenne ihn als Gram und schau, ob du die Traurigkeit finden kannst, die offen und unverkrampft darunter liegt. Es ist völlig in Ordnung, traurig zu sein. Dieser Zustand wird nicht ewig anhalten.«

»Du hast bis jetzt viel durchgemacht. Wenn du darüber nachdenkst, wie sehr dir die Kameradschaft deines Sohnes fehlt, seine Umarmung und sein Lächeln, dann such nach dem, was noch in dir ist, was niemals verloren gehen kann, und erfreue dich daran.«

»Beobachte, wenn der Gram mit seiner verkrampften Energie, seiner Angst und seinem Festhalten kommt, und stelle einfach fest: ›Das ist Gram. Das ist Angst.‹ Erschafft der Verstand dann irgendeine Geschichte und versucht dich von der Wut oder irgendeiner anderen Form des Schmerzes abzulenken? Verstehst du, von welcher Unterscheidung ich hier spreche?«

»Ich verstehe«, antwortete Carolyn. »Ich spüre jetzt mehr Traurigkeit als Gram. Aber es ist trotzdem schwer. Danke für deine Worte.«

»Carolyn, ich versichere dir, deinem Sohn geht es gut. Er macht seine Arbeit und ist sich deiner bewusst. Er liebt dich und hält dich im Kreis der Liebe. Er tut genau, was er tun muss, um sein Leben und seinen Tod ins Gleichgewicht zu bringen, um anderen zu helfen, sich weiterzuentwickeln, und um sich auf die nächsten Schritte vorzubereiten, die er machen wird. Es geht ihm gut, und er ist glücklich. Das kann ich dir versichern.«

~

»Alle Suizide, die durch äußere Kräfte verhindert werden können, werden in der Tat verhindert.«

Diese eine Gewissheit, diese eine Erkenntnis, ist der heilende Balsam für all jene, die einem verzweifelten Angehörigen die Hand gereicht haben, nur um zu spüren, wie ihnen seine Finger durch die Hände glitten. Wie Jeschua sagte: Wenn wir die Verantwortung für den Suizid eines anderen Menschen übernehmen, überschätzen wir unsere Macht. Wenn Sie einen geliebten Menschen durch Suizid verloren haben, dann seien Sie eines versichert: Sie hätten nichts mehr für ihn tun können. In dieser einfachen Erkenntnis werden Sie Vergebung für sich selbst finden.

Und wie Aaron klarstellte, geht niemand jemals wirklich weg und nichts ist je verloren. Tatsächlich gibt es keinen von uns getrennten Ort, an dem jene, die wir so sehr lieben, sein könnten. Die höheren Dimensionen überlappen und durchdringen unsere, und auch wenn unsere fünf Sinne uns vom Gegenteil überzeugen wollen, sind wir auf ewig eins mit jenen, die uns am Herzen liegen, weil wir durch die untrennbaren Bande des Herzens mit ihnen verbunden sind. So wie die Liebe, die wir ihnen geschenkt haben, immer bei ihnen ist, so ist die Liebe, die wir von ihnen bekommen haben, auf ewig bei uns. Dies ist mehr als nur eine tröstliche Vorstellung, es ist tatsächlich eine spirituelle Wahrheit.

Wie nicht abwaschbare Ölfarbe auf der Leinwand der Seele wird die Liebe, die wir geben und empfangen – denn geben ist empfangen – buchstäblich ein Teil von uns in alle Ewigkeit. Aus diesem Grund sagte Jeschua zu Carolyn: »Selbst wenn sich ein Jugendlicher später dennoch umbringt, wird er es auf ewig in sich tragen, wenn du sein Herz berührt hast. Deine Hilfe reicht über den Tod hinaus.« Liebe wird durch Körper ausgedrückt, aber sie erlischt nicht mit ihnen. Einmal erzeugt und geteilt kann sie niemals verloren gehen.

Unsere Gesellschaft hat noch nicht erkannt, dass auch Suizidgedanken etwas Heiliges innewohnt. Derjenige, der darüber nachdenkt, ist ein heiliges Wesen, das an einem Scheideweg steht. An diesem Scheideweg wird – unabhängig von der getroffenen Entscheidung – ein Wesen sterben und ein anderes geboren. Entscheidet sich ein Mensch gegen den Suizid, dann ist der, der sterben wollte, tatsächlich gestorben, und ein neuer Mensch, gleichermaßen heilig, der sich fürs Leben entschieden hat, wird geboren. Entscheidet er sich für den Freitod, dann stirbt der, der sterben wollte, tatsächlich, und ein neues Wesen, gleichermaßen heilig, das sich für das nicht physische Leben entschieden hat, wird geboren.

Für die Seele findet an jenem Scheideweg eine spirituelle Wiedergeburt statt, und sie urteilt nicht über die Form, die diese Wiedergeburt annehmen mag. Ob nun physisch oder nicht physisch, das neue Leben ist der Seele heilig. Findet die Wiedergeburt in der nicht physischen Welt statt, betrachtet die Seele den Suizid nicht als schlecht, sündhaft oder Beleidigung Gottes. In völligem Nichturteilen und mit vollkommenem Mitgefühl und bedingungsloser Liebe sagt die Seele schlicht und einfach: »Die Lektionen sind noch nicht gelernt. Lass es uns noch einmal versuchen.«

Tatsächlich ist es möglich, dass ein Suizid aus Sicht der Seele eine spirituelle Entwicklung erlaubt, die auf der physischen Ebene ins Stocken geraten war. Wie Jeschua sagte: »Manchmal kann ein Mensch in einer bestimmten Stimmung, einem gewissen Geisteszustand, stecken bleiben, aus dem er nur sehr schwer herauskommen kann, ohne drastische Maßnahmen zu ergreifen ... Wenn du über lange Zeit in einem bestimmten Geisteszustand feststeckst, wird er unerträglich, und das Leben wird dich zwingen, etwas zu unternehmen, selbst wenn das bedeutet, dir das Leben zu nehmen.« Und Aaron sagte zum selben Thema: »Aber auch dann ist der Schmerz manchmal so stark, dass der Betreffende einfach gehen und von Neuem anfangen muss.«

Nachdem sie der Dichte der irdischen Welt entkommen, sind jene, die sich das Leben genommen haben, häufig empfänglicher für Führung und Heilung. Cameron öffnete sich seiner Führung auf eine Weise, die ihm im Körper nicht möglich gewesen war. Und er erschuf sich dadurch ein neues Leben, in dem er heilt und anderen bei ihrer Heilung hilft. Obwohl die Seele sich den Suizid nicht wünscht, versteht sie doch, dass das Leben dadurch nicht endet. Da das Leben ewig währt und das Wachstum auf der Erde so schnell sein kann, sind unsere Seelen willens, das Potenzial für den selbst gewählten Tod in unsere

Lebenspläne einzubeziehen. Vor der Geburt hoffen wir, dass wir unsere Entwicklung voller Freude und Begeisterung angehen werden. Wenn uns das auf der physischen Ebene nicht gelingt, so können wir es doch auf jeden Fall in unserer ewigen Heimat.

Wie können wir uns dem Leben wieder zuwenden, wenn ein geliebter Mensch durch seine eigene Hand stirbt? Wir fangen an, indem wir uns dafür entscheiden zu glauben, dass Heilung möglich ist. Ein fundamentaler spiritueller Grundsatz lautet, dass unsere Überzeugungen unsere Realität erschaffen. Daran zu glauben, dass Heilung unmöglich ist, bedeutet, das eigene Bewusstsein in einer energetischen Finsternis einzuschließen, die verhindert, dass uns das Licht erreichen kann. Wie Jeschua und Aaron sagten, werden vorgeburtliche Lebenspläne nach einem Trauma modifiziert, und ein liebevolles Universum bringt uns die Menschen, Ereignisse und Umstände, die wir brauchen, um zu heilen. Aber nichts kann in unsere Erfahrungswelt kommen, wenn unsere Schwingung dies nicht gestattet. Überzeugungen gehören aber zu den mächtigsten Schwingungen.

»Es ist möglich zu heilen, wenn man einen geliebten Menschen durch Suizid verliert«, stellte Jeschua fest. Die Weigerung, diese Worte zu akzeptieren, verschließt dem wohlwollenden Fluss des Universums Tür und Tor, aber Offenheit gegenüber der Möglichkeit der Heilung ruft Heilkräfte wach. Engel, Geistführer und selbst unsere Liebsten, die sich das Leben genommen haben, werden von uns herbeigerufen und an unsere Seite gelassen, von wo aus sie uns im wahrsten Sinne des Wortes in Liebe hüllen. Diese Liebe unterstützt uns auf eine Weise, die das Vorstellungsvermögen des menschlichen Verstandes übersteigt. Das Leben organisiert sich dann neu, um uns Möglichkeiten der Heilung zu präsentieren, welche die Überzeugung bestätigen, dass Heilung möglich ist.

Heilung geschieht auch, wenn wir in Beziehung zu dem lieben Angehörigen bleiben, der scheinbar weg ist. Kommunikation ist die Grundlage jeder Beziehung. Worte, ob nun gedacht, gesprochen oder geschrieben, sind eine Energie, die durch die Dimensionen wogt. Wie Aaron zu Carolyn sagte: »Das Beste, was du tun kannst, ist, zu ihm zu sprechen. Sei versichert, er kann dich hören.« Die Gedanken an unsere Liebsten bringen sie zu uns, und sie fühlen unsere Liebe stärker und klarer, als sie es konnten, als sie noch im Körper waren.

Wenn wir die Beziehung wirklich aufrechterhalten wollen, mögen die Verstorbenen mit uns durch Träume kommunizieren, durch elektrische Phänomene wie klingelnde Telefone oder blinkende Lampen oder indem sie uns vertraute Düfte senden wie den eines Parfüms, das sie benutzt haben. Wenn sie uns auf diese Weise berühren, wird der Gram geheilt. Und wenn der Gram geheilt wird, ist die beständige Gegenwart unserer Liebsten leichter spürbar.

Die größte Heilung liegt aber vielleicht in dem Wissen, dass wir immer noch etwas in ihrem Leben bewirken können. »Wenn du ihn auf diese Weise in Liebe im Herzen hältst, hilft es ihm, sich selbst in Liebe zu halten. Und es unterstützt seinen Fortschritt«, hatte Aaron Carolyn erklärt. Wie jede Liebe ist auch Carolyns Liebe zu Cameron unbegrenzt und frei und transzendiert die Illusion von Zeit und Raum.

Heilung stellt sich nicht nur dadurch ein, dass wir in einer Beziehung zu dem lieben Menschen bleiben, der gestorben ist, sondern auch durch die Art der Beziehung zu unseren eigenen Gedanken und Gefühlen. Wir können uns gegen Emotionen wie Schuldgefühle, Selbstvorwürfe und Wut wehren und sie sogar bekämpfen, oder wir können uns dafür entscheiden, ihnen keinen Widerstand zu leisten und ihnen zu erlauben, einfach zu sein. Wir können uns ihnen mit Freundlichkeit, Barmherzigkeit und Liebe nähern. Wie Jeschua sagte, wird sich Frieden einstellen, wenn man den Emotionen gestattet, da zu sein, ohne in ihnen verhaftet zu sein.

Eine immer wiederkehrende Botschaft dieses Buches lautet, dass Akzeptanz alles verwandelt. Wenn wir uns gegen Gedanken oder Gefühle wehren, verstärken wir sie nur. Unterdrücken wir sie, wird ihre Energie in die Körperzellen gedrückt, wo sie darauf wartet, sich zu einem späteren Zeitpunkt auszudrücken. Im Gegensatz dazu löst die Akzeptanz den Schmerz allmählich auf. Das verwundete Herz ist etwas, das wir haben, nicht etwas, das wir sind. Das Herz wird zu einem Gefäß, das Schmerz in sich bewahrt, weil der Schmerz eine größere Bewusstheit gebärt.

Auch Unterdrückung ist eine machtvolle Form der Kommunikation mit dem Universum. Wenn derjenige, der Schmerzen leidet, sagt: »Nein, ich will mich so nicht fühlen«, hört das Universum nur »Nein« und blockiert den Fluss des Verstehens, der Liebe, der spirituellen Klarheit und des Überflusses in allen Formen. Im Gegensatz dazu ist das Bejahen des Schmerzes die energetische Entsprechung des Bejahens des Universums und erlaubt es den Segnungen des Lebens, ungehindert zu uns zu strömen. Mit der Zeit wäscht dieser Strom der Liebe Schuldgefühle, Selbstvorwürfe und Wut fort. Dann stellt sich ein tief verwurzeltes Mitgefühl ein, und eine dauerhafte Wertschätzung gegenüber der Schönheit und Heiligkeit des Lebens wird geboren.

Nun wird mancher fragen: Was bedeutet es, um die Heiligkeit des Lebens zu wissen? Aaron hatte zu Carolyn gesagt, es bedeute, zu lieben ohne zu klammern, zu wissen, dass wir niemanden festhalten können und dass dies kein Grund ist, weniger zu lieben, sondern ein Grund, die Liebe mehr zu schätzen. Cameron schätzt sein physisches Leben nun auf eine Weise, wie er es vorher nicht konnte. Und er arbeitet auf der anderen Seite, um

Jugendliche zu beraten, die – wie er – die essenzielle Schönheit ihres Lebens nicht sehen können.

Mutter und Sohn, die einander verloren hatten, gehen hier Hand in Hand voran und gewinnen dem großem Schmerz einen tieferen Sinn ab. Carolyns Liebe strömt zu ihrem Sohn und durch ihn hindurch zu den Jugendlichen, die er berät. Camerons Liebe strömt zu seiner Mutter und durch sie hindurch zu den Jugendlichen, die sie betreut. In diesem Kreis des Lebens bringen Carolyn und Cameron anderen bei, sich selbst so wertzuschätzen, wie sie es als Mutter und Sohn jetzt und für alle Zeit tun.

Kapitel 5

Armut

In der geistigen Welt erschaffen wir alles augenblicklich durch unsere Gedanken. Wünschen wir uns ein schönes Heim, manifestieren wir es, indem wir es uns vorstellen. Alle Möbel und Einrichtungsgegenstände, die wir uns wünschen – ein flauschiger Teppich, ein weiches Bett, ein herzbewegendes Bild –, entstehen so mühelos. Wir können unser Heim neben einen ruhig dahinplätschernden Bach stellen oder an einen Strand, an dem sich die Wellen krachend brechen, in einen majestätischen Wald oder auf eine stille, mit Blumen übersäte Lichtung. Nichts schränkt unsere Fähigkeit zu erschaffen ein. Dieser Reichtum ist unser Geburtsrecht als göttliche Wesen.

Warum aber haben auf der physischen Ebene so viele Menschen finanzielle Probleme oder leben gar in bitterer Armut? Sicherlich wird ebenso viel Elend durch unseren Glauben und unsere Gedanken an Mangel erzeugt wie durch die Schwierigkeit, uns daran zu erinnern, dass wir in Wirklichkeit machtvolle Schöpfer sind. Und doch: Wie erklären wir die Millionen Menschen, die in materielle Armut hineingeboren werden? Da wir als Seelen den Zeitpunkt, den Ort und die Umstände unserer Geburt festlegen, stellte sich mir die Frage, warum sich irgendjemand wissentlich dafür entscheiden sollte, ein Leben in Armut zu führen.

Rolando Lopez wuchs in ärmlichen Verhältnissen in Nicaragua auf. Heute ist Rolando dreiundsechzig Jahre alt, verwitwet und kinderlos und lebt in South Carolina in weitaus komfortableren Umständen, als er sie in seiner Jugend gekannt hatte. Warum hatte er für seine Entwicklungsjahre eine solche Armut gewählt? Er hätte sich doch dafür entscheiden können, in Nicaragua in eine reiche Familie oder zumindest in eine der Mittelklasse hineingeboren zu werden. Er hätte sich auch in einem reicheren Land inkarnieren können oder auf einem Planeten, dessen Bewohner niemals Mangel leiden. Wie sollte ihm diese Entscheidung bei seiner Entwicklung behilflich sein?

Rolandos Geschichte

»Mein vollständiger Name lautet Edgar Rolando Lopez Gutierrez«, begann Rolando. Er sprach leise und strahlte etwas Sanftmütiges aus. »Ich wurde auf einer Kaffeefarm im mittelamerikanischen Nicaragua geboren, in der nördlich gelegenen Stadt Jinotega. Fast mein ganzes Leben lang bin ich Wissenschaftler gewesen. 1997 machte ich an der Universität von Massachusetts meinen Doktor in Entomologie mit dem Spezialgebiet biologische Schädlingsbekämpfung. Ich habe mich schon sehr früh dafür interessiert, weil ich auf einer Farm aufgewachsen bin und mein Vater Bauer war.«

»Eines Tages nahm mich mein Vater mit, um einen Freund zu besuchen. Der Freund besaß ein kleines Stück Land, und vor seiner Hütte baute er Bohnen an. Das war alles, was er hatte, um seine Familie zu ernähren: Bohnen. Als mein Vater ihn fragte, wie sich die Bohnen machten, antwortete er: ›Bis jetzt ganz gut, aber sie sind von weißen Fliegen befallen, und ich habe nicht das Geld, um Insektengift zu kaufen. Also werde ich die Bohnen wohl verlieren und damit die Grundlage, um meine Familie ernähren zu können.‹ In diesem Augenblick brach er in Tränen aus.«

Auch Rolando musste weinen.

»Ich werde das nie vergessen«, sagte er dann und versuchte die Tränen zu unterdrücken. »In diesem Augenblick beschloss ich, einen Weg zu finden, um armen Menschen zu helfen. Damals war ich sieben Jahre alt.«

Ich bat Rolando, mir mehr zu erzählen.

»Meine Eltern hatten elf Kinder, von denen ich das achte war. Ich wurde auf einer wunderschönen Farm geboren. Die Lektion, die ich sehr früh im Leben von meinem Vater lernte, lautete: ›Du kannst tun, was immer du willst, wenn du dich nur genug anstrengst.‹ Diese Worte ›Du kannst tun, was immer du willst‹ haben mich mein ganzes Leben lang begleitet.«

»Ich war acht, als meine Familie ihre Farm verlor. In einem Jahr hatten wir während der Kaffee-Ernte schlechtes Wetter. Eine Woche lang regnete es ununterbrochen. Der Kaffee reifte zu schnell. In zwei oder drei Tagen war der ganze Kaffee reif. Wir hatten nicht genug Helfer, um all den Kaffee zu ernten. Also fielen die Kaffeebohnen auf die Erde, wo sie schließlich verfaulten.« Um Kredite zurückzahlen zu können, musste Rolandos Vater schließlich die Farm versteigern lassen.

»Uns blieb nichts«, sagte Rolando traurig. »Also kam meine Mutter auf die Idee, Kartoffelchips zu machen.« Er sprach es *Chieps* aus. »Es war nur ein kleines Unternehmen, das sie von zu Hause aus führte. Meine Schwestern und meine Eltern schälten und frittierten den ganzen Tag lang Kartoffeln und verpackten sie in kleine Tüten, die mein Bruder und ich in der Stadt bei den Baseball- und Basketballspielen verkauften. Abends verkauften wir unsere Kartoffelchips auch vor dem Kino, weil sich vor dem Eingang viele Leute aufhielten. Das war unsere Rettung. Die Kartoffelchips waren sehr beliebt.«

»Anfangs war es mir peinlich, und ich wollte nicht gehen. Aber ich zeigte es nie, denn meine Familie brauchte das Geld.«

»Wie lange hast du Kartoffelchips verkauft?«

»Ich verkaufte sie, als ich acht, neun und zehn war.«

»Wie konntest du sie verkaufen und trotzdem zur Schule gehen?«

»Nach der Schule liefen wir schnell nach Hause, um die Chips zu holen«, erklärte er mir. »Ich weiß noch, dass mir mein Vater schon früh einbläute, dass man hart für das arbeiten muss, was man will. Ich wollte Klassenbester sein, hatte aber nicht viel Zeit für die Hausaufgaben. Ich kam nach Hause, aß Abendbrot, und weil alle so müde waren, gingen wir früh ins Bett. Ich blieb damals allein auf, um zu lernen. In vielen Nächten wachte meine Mutter auf, kam zu mir und sagte: ›Du musst ins Bett.‹ Dann erwiderte ich: ›Ich bin noch nicht mit den Hausaufgaben fertig.‹ Ich hielt mich an den Rat meines Vaters, dass man sich anstrengen müsse, um das zu bekommen, was man will. So wurde ich Klassenbester und verkaufte nebenbei noch Kartoffelchips.«

»Ich musste nicht viel sagen, außer ›Papas! Papas!‹, was so viel wie Kartoffeln heißt. Die Leute wussten, was sie für einen Peso bekommen würden, der etwa fünfzehn Cents entsprach. Manchmal waren sie zufrieden, manchmal wurden sie aber auch beleidigend, weil sie die Chips gleich haben, das Geld aber erst später zahlen wollten. Meine Mutter hatte mir aber gesagt, dass ich mich niemals darauf einlassen dürfe. Und daran hielt ich mich.«

»Ich kann mich noch erinnern, wie ich einmal das ganze Geld verlor. Ich fühlte mich so schlecht, weil ich mit leeren Händen nach Hause kam.« Wieder fing Rolando an zu weinen. Seine Stimme klang gequält. »Ich hatte die Tasche mit dem Geld abgestellt und gespielt. Wahrscheinlich hatten einige der anderen Kinder das Geld gestohlen. Als ich es bemerkte, war es zu spät. Ich fühlte mich wirklich richtig schlecht deswegen. Meine

Mutter sah mich weinend zurückkommen. Sie sagte: ›Du musst vorsichtiger sein und Verantwortung übernehmen, weil sonst die ganze Familie darunter leidet.‹ Diese Erfahrungen trage ich immer noch in mir.«

Als Kind besaß Rolando ein paar Schuhe, zwei Hemden und zwei Hosen. Die Wäsche wurde im Hof aufgehängt, und Rolando trug das eine Paar, während das andere trocknete.

»Rolando, wie hat dein Zuhause ausgesehen?«, fragte ich ihn.

»Wir hatten dreieinhalb Zimmer. Mutter und Vater hatten ein Zimmer, alle meine Schwestern teilten sich eines und mein Bruder und ich hatten das dritte. Am Haus war aber noch ein großer Hof. Mein Vater hatte dort Obstbäume angepflanzt: Orangen, Zitronen, Granatäpfel und Mangos. Wir verkauften das Obst. Das Haus war mehr als baufällig. Es war aus einem Gemisch aus Lehm und Gras gebaut. Außen gab es noch eine Latrine und ein Badezimmer. Das Badezimmer war einsturzgefährdet, weil das Holz aufgrund der hohen Luftfeuchtigkeit morsch wurde. Es war nach oben hin offen, und das Wasser kam aus einem Schlauch. Wenn es regnete, hatte man Glück, weil man sich dann nicht beeilen musste, um als Erster ins Bad zu kommen.«

»Rolando, was hast du an Weihnachten gemacht? Gab es Geschenke?«

»Im ersten Jahr, nachdem mein Vater die Farm verloren hatte, konnten uns unsere Eltern nichts schenken«, erzählte er. »Eine meiner jüngeren Schwestern ging zu einem Geschäft, sprach mit dem Besitzer und bat ihn um Äpfel. In Nicaragua wuchsen damals keine Äpfel, aber zu Weihnachten importierten bestimmte Läden welche. Sie bekam die Äpfel und legte meinem Bruder und mir je einen unters Kopfkissen. Als ich in die Vereinigten Staaten kam und das erste Mal einen richtigen Apfel aß, wurde mir klar, wie vertrocknet die Äpfel früher doch gewesen waren.

Aber damals kam mir sowas gar nicht in den Sinn. Einen Apfel zu bekommen, war etwas ganz Besonderes. Es war Weihnachten, und wie alle Kinder freuten wir uns darauf.«

»Wie sah es mit der Gesundheitsversorgung aus?«

»Ich kann mich nicht erinnern, jemals beim Arzt gewesen zu sein«, antwortete Rolando. »Meine Mutter sprach lieber mit dem Apotheker. ›Ich habe ein Kind mit Durchfall, was können Sie mir geben?‹ In meinem Land gibt es bis heute keine Rezeptpflicht. Man kann jedes Medikament bekommen – wenn es denn verfügbar ist.«

Rolando erzählte dann von seiner Ausbildung, der Reise, die ihn in die Vereinigten Staaten führte, und von seiner Ehe mit Linda, der Liebe seines Lebens – Naturforscherin wie er. Sie teilten die Begeisterung für das Land, die Wälder und die Erde und arbeiteten daran, die Erde zu heilen. Linda starb an Eierstockkrebs, aber vor ihrem Tod machte sie noch eine Erbschaft. Dieses finanzielle Polster erlaubt es Rolando nun, der Welt durch eine andere Form der Heilung zu dienen, die er vor Jahren erlernte: Quantum Touch.

»Ich lerne immer mehr und konzentriere mich vor allem darauf, wie ich Menschen mit Schmerzen und mit psychischen Problemen helfen kann«, sagte er. Ich spürte sein großes Mitgefühl, das aus seinem eigenen Leiden entstanden war. »Ich verdiene damit nicht viel Geld, aber ich brauche es auch nicht. Ich kann gut von dem leben, was ich habe.«

»In all den Jahren, in denen ich nun schon allein bin«, fuhr er fort, »bin ich zu der Überzeugung gelangt, dass der Sinn meiner Existenz darin besteht, anderen Menschen zu helfen und nicht darin, reich zu werden. Es wäre toll, eine Kunsteisbahn für Kinder und Jugendliche zu haben, damit sie eine Sportart kennenlernen können, die es hier bisher nicht gibt. Dann könnten die Leute, die zahlen können, zahlen, und die Leute, die nicht zahlen können, auch mitmachen – die armen Kinder, die Afroamerikaner, die Mexikaner, die Einwanderer, die sich kaum über Wasser halten können, und all die Kinder, die von etwas in der Art träumen, was die Eltern sich aber nicht leisten können.«

»Als ich klein war, wollte ich Tennis spielen, was ich aber nie tat, weil meine Familie nicht den dafür erforderlichen sozialen Status hatte. Da ich in solchen Verhältnissen aufwuchs, erkannte ich, wie wichtig Sport für Kinder ist. Ich möchte, dass die Kinder – besonders die armen – sich an einer Eislaufbahn erfreuen können, die sie sonst nur im Fernsehen zu sehen bekommen. Sie träumen davon, Schlittschuh zu laufen, haben aber keine Möglichkeit dazu. Wenn ich das Geld hätte, würde ich eine Kunsteisbahn bauen.«

»Rolando«, sagte ich, »soweit ich weiß, werden uns vor unserer Geburt potenzielle Eltern gezeigt, unter denen wir uns dann entscheiden. Dir wurden vermutlich deine Eltern in Nicaragua und andere potenzielle Eltern in anderen Teilen der Welt gezeigt. Warum hast du dich deiner Meinung nach für deine Eltern entschieden?«

»Weil mir beide beigebracht haben, dass es nicht wichtig ist, was du im Leben bekommst, sondern was du teilst«, antwortete er. »Wenn jemand Hilfe brauchte, waren sie immer zur Stelle, um zu helfen. Es spielte keine Rolle, wie arm sie waren. Ganz egal, wie sehr jemand litt. Sie litten mit ihm gemeinsam.«

»Du hast ein großes Herz, Rolando.«

»So ist es.«

»Ich frage mich, ob dir die Armut geholfen hat, dein Herz so weit zu öffnen.«

»Es war die Armut«, gab er zur Antwort. »Ich bekam Gelegenheit, etwas für andere Leute zu tun und ihnen das Lächeln zurückzugeben. Ich konnte teilen, was ich hatte, um Menschen glücklicher zu machen – ungeachtet der Umstände.«

»Wenn du jetzt auf deine damalige Armut zurückblickst, wie fühlst du dich dabei?«

»Ich bin nicht traurig. Ich fühle nur sehr, sehr stark mit, wenn ich vom Leiden armer Menschen höre. Was ich erlebt habe, ließ mich verstehen, wie groß das Leiden der Armen ist. Ich bin dankbar, weil mich das davor bewahrt hat, dem Geld hinterherzujagen.«

Corbie als Channel für Rolandos Seele

Ich war von der ergreifenden Art, in der Rolando über Armut gesprochen hatte, noch tief bewegt. Seine Emotionen waren stark und roh, und doch hatte es ihm nichts ausgemacht, darüber zu sprechen. Es war mir klar, dass die Armut einen unauslöschlichen Eindruck in seiner Seele hinterlassen hatte. Er fühlte sie bis ins Mark. Aber statt zuzulassen, dass seine Kindheitserfahrungen ihn wütend oder verbittert gemacht hätten, hatte er sein Herz geöffnet und großes Mitgefühl und Empathie entwickelt.

Da die durch Armut verursachten Einschränkungen in einem so extremen Gegensatz zur Unbegrenztheit der Seele stehen, brannte ich darauf, mit Rolandos höherem Selbst über seine Erfahrungen in diesem Leben zu sprechen. Wie hatte sich Rolandos Seele vor dem Hintergrund dieser harten Lebensumstände in seiner Kindheit erweitern können? War es ihre vorgeburtliche Absicht gewesen, Mitgefühl und Empathie zu entwickeln? Hatte seine Seele noch andere Absichten gehabt? Und was würde Rolandos Seele den vielen Menschen mitteilen, die in Armut leben oder finanzielle Probleme haben, damit sie die tiefere spirituelle Bedeutung erkennen können, die darin liegt? Welcher Art würde die heilsame Sichtweise der Seele sein?

Nach der Sitzung sagte Corbie zu mir: »Rolandos Seele ist ein Krieger. Sie ist stark. Sollte ich der Seele ein Gesicht geben, hätte sie ein ausladendes Kinn, eine Hakennase und Krähenfüße um die Augen, die in die Ferne blicken, um zu sehen, was als Nächstes passiert.«

»Mutter-Vater-Gott«, betete Corbie zu Beginn unserer Sitzung, »hülle uns in dein allumfassendes weißes Licht der Liebe, des Schutzes, der Weisheit, des Mitgefühls, des Dienens und der Wahrheit. Möge nur Wahres gesprochen werden, möge nur Wahres vernommen werden. Möge ich ein reiner Kanal sein, um Rolando und Rob die Informationen zu übermitteln, nach denen sie heute suchen. Möge ich dir mit Kopf, Händen und Herz vollkommen dienen. Im Namen Christi wird dies gefragt. Im Namen Christi wird dies vollbracht. Amen.«

Wir hielten einen Moment inne, während Corbies Bewusstsein beiseitetrat und ein anderes seinen Platz einnahm.

»Ihr sucht die Seele von Rolando Lopez. Ich bin gekommen.« Der Klang von Corbies Stimme war plötzlich tiefer und durchdringender. Ich spürte eine Energie der Stärke und Autorität.

»Danke, dass du zu uns gekommen bist. Hast du geplant, dass Rolando während seiner Kindheit Armut erfahren sollte, und falls ja, warum?«, fragte ich, um gleich auf den Punkt zu kommen. Während ich sprach, stellte ich mir den jungen Rolando vor, der vor einem Kleinstadtkino in Nicaragua Kartoffelchips verkaufte.

»Es existiert eine große Sphäre des Lernens«, antwortete Rolandos Seele, »von der die Armut nur ein kleiner Teil ist.« In der Stimme schwang tiefer Ernst mit, der mir zeigte, dass die Antworten, die wir bekommen würden, wohlüberlegt waren.

»In vielen, vielen Leben habe ich danach gestrebt, Armut zu ergründen. Um das ganze Ausmaß von etwas zu verstehen, muss man eine Leinwand haben und auf ihr malen. Meine Seelenfamilie ist sehr tapfer. Sie hat mich häufig durch den Dschungel menschlichen Verlangens und menschlicher Bedürfnisse begleitet, wofür ich ihr dankbar bin. Ja, es war geplant. Es war so vereinbart. Ich wollte mehr darüber lernen, wie man in der körperlichen Form Mangel erschafft, Effizienz erschafft und Gier einsetzt. All diese Dinge werden viele, viele Seelen ins Gleichgewicht bringen, wenn die Informationen zur Seelengruppe zurückgebracht werden.«

»Wenn eine Seele ihre Lektionen gelernt hat, kann das Gelernte zurückgebracht und von allen Seelen genutzt werden. Ich werde während meiner Verkörperung möglicherweise nie Leute treffen, die viele Leben in Frankreich, China oder auf dem Planeten Neptun verbracht haben, aber was sie gelernt haben, teilen sie freigebig mit mir und machen dadurch die Experimente und Lernerfahrungen, für die ich mich entscheide, effizienter und tief gehender.«

Ich begriff und erkannte das Bedürfnis dieser Seele an, durch Gegensätze zu lernen. Aber diese allgemeine Aussage erklärte nicht, warum Rolando und seine Familie in einem solchen Ausmaß leiden mussten. Ich nahm mir vor, präzisere Fragen zu stellen.

»Bei allem Respekt, aber die Armut, in der Rolando aufgewachsen ist, brachte großes Leid über ihn und seine Familie. Das kann uns Menschen grausam erscheinen, weil wir im Gegensatz zu unserer Seele leiden.« Ich vertraute darauf, dass Rolandos Seele wissen würde, dass es meine Absicht war, zu verstehen und nicht den Lebensplan zu kritisieren oder zu verurteilen.

»Du trennst dich [von der Seele]«, kam als Antwort. »Ein Kind könnte sagen: ›Ich mag die Nadel [die Impfung] nicht, die du in mich hineingestochen hast. Du hast mich leiden lassen. Du bist grausam.‹ Ein Kind versteht nichts von Viren, Schutzimpfungen oder dem Immunsystem. Das sind Begriffe, die ein Kind als Unsinn abtun würde. Armut mag auch so erscheinen, aber eine wirklich fortgeschrittene Seele leidet nicht unter der Armut. Die Schwierigkeiten, unter denen Rolando und seine Familie litten, waren Teil des Lernprozesses, der dadurch weniger objektiv, dafür aber subjektiver wurde. Man kann über die globale Erwärmung lesen und sagen: ›Das ist furchtbar. Wir sollten etwas tun‹, aber wenn du mitten in einem ausgetrockneten See stehst und siehst, dass Menschen verdursten, Pflanzen nicht mehr wachsen und Tiere seltener werden, erst dann wirst du es wirklich begreifen.«

»Was hätte Rolando aus der Armut lernen sollen?«

»Das Mitgefühl sollte zunehmen. Er sollte außerdem intuitiv verstehen, dass es immer genug gibt, und dieses Verstehen auf der Zellebene integrieren. Ein Fisch im Meer fragt sich nie, ob es genug Algen zum Essen gibt. Ein Adler schaut nicht vom Berggipfel herab, zählt die Anzahl der Kaninchen und teilt sie durch die Anzahl der Vögel. Je größer der Kontrast ist, desto größer ist der Effekt und desto heißer brennt das Feuer des Wandels.«

»Als du Rolando erschaffen hast«, hakte ich nach, »hast du ihm da bestimmte Merkmale oder Eigenschaften mitgegeben, die ihn für die Erfahrung der Armut wappnen würden?«

»Ein gutes Gehirn«, antwortete Rolandos Seele. »Sein Erinnerungsvermögen ist scharf. Er kann sich an Klänge, Worte und Zusammenhänge erinnern und sie als Brennstoff für sein Feuer benutzen. Emotional gesehen fühlt er stärker als viele andere. Aber am wichtigsten ist, dass er eine doppelte Dosis Mitgefühl mitbekommen hat: das Mitgefühl, das ein Mann normalerweise hat, aber auch das Mitgefühl einer Mutter für ihre Kinder. Den

Inkarnationen, von denen ich hoffe, dass ich durch sie einen großen Sprung vorwärts machen werde, gebe ich Größe und Großherzigkeit mit.«

»Aber du hast gesagt, du hattest gehofft, die Erfahrung der Armut würde sein Mitgefühl wachsen lassen.«

»Auch ein musikalisches Wunderkind muss Tonleitern üben und seine Aufgaben machen. Ein solches Wunderkind wird nie wissen, dass es spielen kann, wenn es nicht vor ein Klavier gesetzt wird. Rolando besitzt die Fähigkeit, sein Mitgefühl zu spüren, es auszudehnen, es sich zu eigen zu machen und zu erkennen, dass es eines seiner besten Instrumente ist.«

»Wie kann Rolandos erweitertes Mitgefühl dir dann als Seele dienen, wenn Rolandos Inkarnation vorüber ist?«

»Mitgefühl gleicht einem Quell. Je stärker das Mitgefühl von einem Leben zum anderen strömt, desto mehr kommt es an die Oberfläche und desto eher ist die Persönlichkeit bereit, es einzusetzen.«

Damit meinte die Seele meiner Meinung nach, dass Rolando bereits in anderen Leben tiefes Mitgefühl entwickelt hatte und dass es ihm nun in diesem Leben zur Verfügung stand. Wie Rolando hat jeder Mensch bestimmte Fähigkeiten und Eigenschaften in anderen Leben entwickelt, die uns immer zur Verfügung stehen, damit wir auf sie zurückgreifen können.

»Viel zu oft haben die Menschen Mitgefühl mit allen anderen, behandeln sich selbst aber schlimmer, als sie einen Hund behandeln würden«, sprach Rolandos Seele weiter. »Außerdem ist Mitgefühl häufig von Schuldgefühlen begleitet. Wenn sich Mitgefühl dort ausbreiten kann, wo die Schuldgefühle stecken, dann ist das ein großer Schritt vorwärts.«

»Kannst du aus deiner Sicht als Seele erklären«, fragte ich, »warum viele Menschen kein Mitgefühl mit sich selbst haben?«

»Weil sie ihre Aufmerksamkeit zu sehr ins Außen verlagern. Sie vergleichen sich mit allem, mit der herrschenden Mode und den Meinungen anderer. Sie schauen nicht in den Spiegel. Würden sie das tun, dann wären sie fähig, nach innen zu greifen und nur für einen kurzen Augenblick die Seele innerhalb der Hülle zu berühren. Dann würden sie von einem solchen Mitgefühl, einer solchen Dankbarkeit und Ehrfurcht erfüllt werden, dass sie sich selbst mehr schätzen würden. Sie wären sich des großen Geschenks bewusst, das sie selbst sind. Ist die Verbindung zum Geist aber getrübt, wird der Fluss des reinen Wassers der bedingungslosen Liebe, die ihr auf der Welt verbreiten möchtet, blockiert.«

»Wenn ihr nur damit beschäftigt seid, eure Aufmerksamkeit auf alles Mögliche zu richten – Geld, Besitz, Ängste –, werdet ihr durch diese Dinge blockiert. Armut war eine Möglichkeit, dafür zu sorgen, dass dies in Rolandos Kindheit nicht so war. Heute hat ein Kind alles, alle Arten elektronischer und sozialer Stimulation. Daher hat es kein Bedürfnis, nach innen zu schauen und sich mit dem Mitgefühl zu verbinden oder das Kind zu sehen, das neben ihm in der Klasse sitzt, und zu sagen: ›Ich bin du.‹ In früheren Zivilisationen und einfacheren Zeiten kam das Mitgefühl eher an die Oberfläche.«

»Aber wenn die Seelen möchten, dass ihre verkörperten Persönlichkeiten nach innen schauen und ihren eigenen Wert fühlen und erkennen, warum gibt es dann in der heutigen Zeit so viele Ablenkungen, die das erschweren? Warum sucht ihr euch dann nicht andere Orte oder andere Zeiten aus? Man könnte doch die Erfahrung der Armut auch in anderen Zeiten und an anderen Orten machen«, wandte ich ein.

»Was wir in dieser nervenaufreibenden Zeit lernen können, unterscheidet sich stark von dem, was wir zum Beispiel im achtzehnten Jahrhundert vor der industriellen Revolution lernen konnten. Aber bestimmte Dinge sind universell und zeitlos:

Mitgefühl, Lebensunterhalt, Frieden, Selbstwert und die Verbindung zu Gott. Euer gegenwärtiges Zeitalter ist einfach ein fortgeschrittener Kursus.«

»Lass uns über die spezifischen Umstände von Rolandos Inkarnation und seine Armut sprechen«, sagte ich. »Warum hast du dir gerade diese Eltern für Rolando und gerade diese Epoche ausgesucht?«

»Die Mitte des zwanzigsten Jahrhunderts war eine Zeit großer Veränderungen«, erklärte Rolandos Seele. »Alles stand vor und nach der Erfindung der Atombombe sozusagen auf Messers Schneide. Was dies mit der Schwingungsfrequenz gemacht hat, in der und durch die ihr lebt, wird selbst heute noch nicht völlig verstanden. Die Familie war schon sehr oft mit mir zusammen. Ein Teil dessen, was auf Erden so schwer erscheint, ist die Trennung.«

Damit bezog sich Rolandos Seele auf eine der grundlegenden Illusionen des Lebens auf der physischen Ebene, auf die Tatsache, dass wir voneinander und von Gott oder der Quelle getrennt zu sein scheinen, obwohl wir in Wirklichkeit eins sind.

»Wenn ihr von nichts getrennt seid, macht ihr euch keine Sorgen, ob ihr genug haben werdet. Ihr wisst dann, ihr seid mit allem verbunden und könnt alles haben, was ihr braucht. Daher diente es einem höheren Zweck, an einem Ort geboren zu werden, wo große Armut herrschte und die Familie diese intensiv spürte. Die Armut musste Klauen und Zähne haben und tief verinnerlicht werden, damit er die Arbeit seines Herzens in dieser Zeit tun konnte.«

»Wenn du wolltest, dass Rolando aufgrund der Erfahrung der Armut größeres Mitgefühl entwickelt, warum hat der Lebensplan dann nicht zum Beispiel relativen Reichtum in den Vereinigten Staaten vorgesehen, der von Phasen des Verlustes oder größeren finanziellen Rückschlägen unterbrochen worden wäre?«

»Weil das bereits getan wurde. Bedenke bitte, dass es nicht nur ein Leben gibt. Wenn du dir alle Leben anschauen würdest, in denen ich mich bemüht habe, Armut und Reichtum, Egoismus und Altruismus, Haben-Wollen und Nicht-Haben-Wollen zu erforschen, dann wüsstest du, dass es Zeiten enormen Reichtums gegeben hat. Phasen des Reichtums sind ebenso nützlich wie Phasen der Armut. Armut ist ja keine Strafe, sondern ein Werkzeug. Es wurde beschlossen, dass es großen emotionalen und spirituellen Reichtum mit sich bringen würde, tief in die materielle Armut einzutauchen. Es würde zudem den Zustand der Welt klarer ins Bewusstsein rücken. Das wurde der Erforschung für würdig befunden.«

»Wie du sicher weißt, gab es eine besonders schwierige Phase in Rolandos Kindheit, während der die Familie ihren Lebensunterhalt damit verdiente, Kartoffelchips herzustellen, die Rolando dann nach der Schule auf der Straße verkaufte«, sagte ich. »Er kam spätabends nach Hause und musste bis in die frühen Morgenstunden aufbleiben, um zu lernen. Deshalb war er vollkommen erschöpft. War diese Erfahrung auch geplant und, falls ja, warum?«

»Das war sie«, erklärte die Seele. »Das war früh in seinem Leben eine Möglichkeit, ihn bis an die Grenze gehen zu lassen. Rolando hatte die Wahl. Er hätte seine Hausaufgaben auch nicht machen und bis an sein Lebensende arm bleiben können. Er hätte die Chips auch verkaufen und das Geld stehlen können, aber er hat es nicht getan. Das war für ihn eine Möglichkeit, die spirituellen Muskeln der Belastbarkeit und des Glaubens zu stärken, während er unbeirrt an dem festhielt, was er wollte. Was er wollte, waren eine Ausbildung und das Wissen, dass es immer einen Weg gibt. Diese Ziele erreichte er in dieser dreijährigen Phase. Er hat es gut gemacht.«

Der Hinweis auf den Glauben war wichtig. Häufig verstehen wir nicht, warum wir leiden. Die Ursachen des Leidens sind verschwommen, seine Quellen unklar. In besonders schwierigen Umständen, wenn das Warum nicht verstanden werden kann, besteht die Absicht der Seele meist darin, die Persönlichkeit den Glauben entwickeln zu lassen. Der Glaube, dass alles gut ist und wir in einem liebenden, wohlwollenden Universum leben, ist einer der Hauptgründe, warum wir überhaupt auf die physische Ebene kommen.

»Rolando geht es in seinem gegenwärtigen Leben in den Vereinigten Staaten finanziell um einiges besser. Wenn man so viel aus der Erfahrung der Armut lernen kann, warum sollte man dann nicht ein ganzes Leben lang damit fortfahren?«

»Wenn du deine vier Jahre auf der Universität abgeschlossen hast, möchtest du dann für immer dort bleiben?«, entgegnete die Seele. »Es ist so, weil du dir in dem Augenblick genug Wissen angeeignet hast, um damit in die Welt hinauszugehen und es anzuwenden. In den Vereinigten Staaten hat Rolando die Stabilität gefunden, um das, was er gelernt hat, und das Mitgefühl, das sich in ihm entwickelt hat, anzuwenden und etwas für die Welt zu tun. Es ist gewiss leichter, die Armut in einem Land zu lindern, das nicht ganz so arm ist, als in einem Land, in dem die Armut besonders weit verbreitet ist.«

»Wenn du in der Wüste bist, kannst du die anderen nicht ansehen und zu ihnen sagen: ›Ich muss einen Brunnen bohren. Gebt mir von eurem Wasser, damit ich nicht verdurste, während ich das tue.‹ Du machst deine Pläne und suchst dir das Material dort zusammen, wo es genug zu trinken gibt. Du nimmst genügend Wasser mit, damit du nicht verdurstest, während du in der Wüste einen Brunnen bohrst, der andere retten wird.«

»Da Rolando nun in einer solchen Position ist und so großes Mitgefühl entwickelt hat, was soll er jetzt tun?«

»Das Erste, was ich mir für ihn erhoffe, ist, dass er dieses Mitgefühl auch auf sich selbst anwendet und seine ärmliche Kindheit als hervorragende Lektion betrachtet, die er sehr gut gemeistert hat. Dann soll er das finden, was ihn am meisten berührt. Wenn es ein hungriges Kind ist, gib ihm zu essen. Wenn es eine Mutter ist, deren Mann im Krieg gefallen ist, hilf ihr. Wenn es darin besteht, eine Mikrobank zu gründen, um an Menschen, die robust genug sind, um sich selbst aus der Armut zu befreien, Kleinkredite zu vergeben, dann ist das eine lohnenswerte Aufgabe.«

»Wer immer reich gewesen ist und niemals Hunger leiden musste, kann sehr leicht abgelenkt werden. Auf jeden Menschen, der fest entschlossen ist, den Schwachen und Leidenden zu helfen, kommt einer, der es tut, weil es gerade Mode ist. Wenn dann etwas anderes, Interessanteres daherkommt, weicht er der Erfahrung der Armut wieder aus und lässt sich die Freude entgehen, die sich einstellt, wenn man anderen hilft – sich zu verändern. Rolando könnte auch eine Tafel unterstützen und einem von Rheuma geplagten Mann, der zwei Wochen lang in der Kälte auf der Straße gelebt hat, eine Schüssel heiße Suppe, eine Tasse Kaffee und ein Brötchen reichen. Du gibst ihm Suppe, er gibt dir Dankbarkeit. So werden beide genährt.«

»Selbst in einem verhältnismäßig reichen Land wie den Vereinigten Staaten gibt es viele Menschen, die in Armut leben«, sagte ich. »Gerade gestern habe ich in den Nachrichten von einer Statistik gehört, der zufolge fünfzig Millionen Amerikaner unter Nahrungsunsicherheit leiden, siebenunddreißig Millionen Lebensmittelgutscheine beziehen und siebzehn Millionen sogar in extremer Armut leben. Wenn einer dieser Menschen dieses Buch zur Hand nimmt und deine Worte liest, könnte er sagen: ›Ich verstehe wohl, dass meine Seele von dieser Erfahrung profitiert, aber ich leide und ich brauche praktische Hilfe in der realen Welt.‹«

»Niemand ist zur Armut verdammt«, antwortete Rolandos Seele. »Du bist nicht auf ewig dazu gezwungen. Schau immer auf den nächsten Sonnenaufgang. Erkenne, dass du nicht arm an Wert, Herz und Geist bist. Wenn dein Verstand klar und dein Herz stark ist, gibt es Möglichkeiten, die Armut zu beenden. Aber Selbstverurteilung, Wut über die Armut oder Groll gegenüber jenen, die mehr haben, halten dich in der Armut fest. Es ist Teil des Problems, dass Menschen Armut als eine Art Heimsuchung sehen. Die Worte ›Das ist nicht gerecht‹ oder ›Was habe ich getan, um das zu verdienen?‹ werden zu oft gesprochen. Es geht nicht darum, ob man es verdient hat. Es ist eine Frage der Tapferkeit, und es geht darum, für was du dich entschieden hast. Viel zu oft verbringen Menschen unzählige Stunden damit, sich selbst auf äußerst kreative Weise einzureden, warum sich nichts ändern kann.«

»Lass dir Zeit und überlege dir ganz in Ruhe den ersten Schritt. Es mag wie bei Rolando Jahre dauern oder auch nur einige Wochen, aber du kannst aus deiner jetzigen Lage herauskommen. Du musst allerdings daran glauben, dass es mehr für dich gibt. Du musst daran glauben, dass die Welt genug für dich hat. Du kannst nicht sagen: ›Wenn ich etwas bekomme und der andere nicht, dann habe ich es zumindest.‹ Dann denkst du, dass nicht genug für alle da ist. Das bedeutet auch, dass du dich von deinem Mitgefühl gegenüber anderen und häufig auch dir selbst abschneidest. Wenn du glaubst, kämpfen zu müssen, um zu bekommen, was du brauchst, dann verschließt diese Einstellung die Tür des Mitgefühls in deinem Herzen. Wut und Aggression machen dich nicht stärker. Strebe voller Liebe und Hoffnung nach dem, was du möchtest.«

»Lass uns nun über etwas sprechen, das noch verbreiteter ist als Armut«, bat ich, »über die Erfahrung, gerade so über die Runden zu kommen. Millionen Menschen leben von der Hand in den Mund und haben das Gefühl, das Leben sei eine einzige Mühsal.«

»Du bist, was du denkst. Wenn du gerade genug für ein Dach über dem Kopf und einfache Nahrung auf dem Tisch hast, dann sei dankbar für das, was dir gegeben wurde. Selbst wenn du für den Mindestlohn arbeitest, sei dankbar für das Geld, das du bekommst, und dafür, dass du einen Platz hast – gleich, wie klein oder schlicht er auch sein mag. Schwierig wird es erst, wenn du glaubst, das zu sein, was du hast.

In Indien gibt es viele Sadhus [Asketen], die nichts außer einer Almosenschale besitzen, aber für sie ist das genug. Sind sie arm? Sie halten sich nicht dafür.

In einfacheren Zeiten gab es gerade genug, um über die Runden zu kommen. Und die Menschen waren dankbarer, weil sie nicht in einer Gesellschaft lebten, in der die Devise lautet, du musst ein leichtes Leben haben und alles bekommen, was du willst. Es muss keinen Mangel geben, wenn du direkt aus dem Herzen lebst, alles schätzt, was du bist, und in jedem Augenblick sagen kannst: ›Ich tue mein Bestes, und wenn ich es nicht tue, dann werde ich mich ändern.‹«

»Wir haben über einige der Gründe gesprochen, aus denen du wolltest, dass Rolando die Erfahrung der Armut macht. Aus welchen anderen Gründen planen Seelen Armut, finanzielle Rückschläge oder Überlebenskampf?«

»Bei Rolando ging es vor allem um Mitgefühl, bei anderen um Erfindungsreichtum. Wenn sie kämpfen müssen, setzen sie ihren ganzen Verstand und all ihre kreativen Fähigkeiten ein. Andere möchten nicht durch die Verantwortung belastet werden, die mit Reichtum einhergeht. Sie möchten vielleicht einen so klaren Fokus im Leben haben, dass Geld für sie einfach nicht von Bedeutung sein kann. Außerdem ist Armut eine gute Möglichkeit, Angst zu beseitigen. Wenn du etwas erlebst, vor dem du dich fürchtest, lernst du, was du in solchen Situationen tun kannst, wodurch sich die Angst häufig auflöst.«

»Die Menschen, die in dieser Epoche auf Erden sind, leben in einer Phase großen Wandels«, sagte ich. »Es heißt, wenn sich die Schwingungsfrequenz des Planeten anhebt, werden die alten finanziellen Strukturen, die auf Gier beruhen, zusammenbrechen und Platz machen für eine neue Erde.«

»Das stimmt.«

»Menschen, die das hören, mögen sich fürchten und Angst bekommen.«

»Solche Menschen haben ihren Wert nach außen verlagert, auf etwas, das sie nicht kontrollieren können«, antwortete die Seele. »Angst stellt sich ein, wenn du dir Gedanken über die Zukunft machst und das Gefühl hast, keine Kontrolle über sie zu haben, weil du sie nicht vorhersehen kannst. Aber ihr verliert nie die Kontrolle. Ihr entscheidet immer, was ihr denken und wie ihr reagieren wollt. Vielleicht ist der Zusammenbruch des Finanzsystems tatsächlich nötig, damit die Menschen wieder erkennen, was wirklich von Wert ist, und zur Zusammenarbeit kommen, statt in einem ewigen Konkurrenzkampf zu stehen.«

»Betrachte alles, was kommt, als Gelegenheit, zum Kern deines Lebens vorzustoßen. Erkenne, dass dir der Zusammenbruch umso dramatischer erscheinen wird, je größer deine Angst ist. Wenn ein Kind Angst vor etwas hat, weil es nicht versteht, was dieses Etwas ist, dann kann ein Erwachsener, der versteht, was vor sich geht, die Ruhe bewahren, über das Kind wachen und sagen: ›Es ist alles in Ordnung. Wir sind immer noch da.‹«

»Warum betrachten manche Menschen ihr ausgebranntes Haus, in dem alles außer ihrer Familie verbrannt ist, trauern, jammern und klagen: ›Das ist nicht gerecht. Gott muss mich hassen‹, während andere sagen: ›Ich habe noch meine Familie, das andere waren alles nur Sachen.‹ Es ist immer eine Frage der Wahrnehmung. Wie du dein Leben und deine Fähigkeit wahrnimmst, dich in der Welt zu bewegen und etwas in ihr zu bewirken, bildet die Grundlage deiner Existenz, und zwar unabhängig davon, ob du reich oder arm, krank oder gesund, weise oder töricht bist.«

»Wird es auf der neuen Erde noch Armut geben?«

»Wenn sich die Menschen dafür entscheiden. Aber wenn die Menschen aus dem Brunnen des Mitgefühls in ihrem Herzen schöpfen, dann werden alle genug haben. Es wird aber noch vieler Veränderungen im Verstand der Menschen bedürfen, bis sie verstehen, was genug ist.«

»Wie definiert die Seele denn genug?«

»Frieden. Genug variiert in seiner Quantität von Mensch zu Mensch. Wenn jemand mit sich in Frieden ist, hat er genug. Für den einen sind drei Stunden Schlaf genug, für einen anderen neun. Es geht nicht um Quantität. Es geht darum, was dem Menschen genug Schlaf beschert, damit er funktionieren und in Frieden sein kann.«

»Was möchtest du sonst noch über Armut sagen?«

»Bitte begreift, dass Armut nichts mit Verdammung zu tun hat. Armut ist eine Frage der Wahrnehmung, und die betrifft sowohl Arm als auch Reich. Die Menschen haben Angst, dass niemand motiviert sein könnte, irgendetwas zu tun, wenn alle gleich viel haben. ›Wenn ich mit meiner Arbeit nicht mehr verdiene, warum soll ich mich dann überhaupt anstrengen?‹ Ihr strengt euch für euch selbst an. Ihr strengt euch an, weil es euch das Gefühl gibt, kreativ zu sein und etwas erreicht zu haben. Armut ist lediglich ein Instrument. Wenn die Menschheit erkennt, dass es tatsächlich genug gibt, dann wird Armut nicht mehr nötig sein.«

»Ich habe keine Fragen mehr. Danke, dass du heute mit mir gesprochen hast«, sagte ich zum Schluss.

»Es war mir eine Freude, euch zu helfen«, antwortete Rolandos Seele.

Rolandos Sitzung mit Pamela und Jeschua

Corbies Durchsagen hatten mir geholfen, die Sichtweise der Seele in Bezug auf Armut zu verstehen, und zu erkennen, wie durch sie im menschlichen Herzen größeres Mitgefühl erweckt werden kann. Es war klar, dass sich Rolandos Seele im Verlauf vieler Leben auf Erden bemüht hatte, Mitgefühl zu entwickeln und auszudrücken.

Aber ich spürte in Rolando auch eine Sehnsucht nach Heilung. Manche seiner Tränen waren aus Mitgefühl geflossen, als er über die Armen gesprochen hatte, aber andere Tränen waren meiner Meinung nach durch ungelöste innere Konflikte ausgelöst worden. Es war meine Hoffnung, dass Pamela und Jeschua uns weitere Erkenntnisse liefern könnten, warum Seelen die Erfahrung der Armut planen und auf welche Weise sie von dem dadurch verursachten Leiden heilen können.

»Ich sehe ein früheres Leben«, erzählte Pamela, »in dem du, Rolando, ein Mann warst und in Griechenland gelebt hast. Du warst reich und wolltest den Armen helfen. In jenem Leben bist du in ärmlichen Verhältnissen in einer Familie mit sechs Kindern aufgewachsen. Du warst warmherzig und liebevoll, und es war für dich sehr wichtig, dass innerhalb der Familie Harmonie herrschte. Lieber hattest du einen leeren Magen und Frieden als einen vollen Magen und Konflikte und Konkurrenz. Als Junge wolltest du immer, dass alle das Wenige teilen, das sie hatten, und brachtest das auch deinen jüngeren Brüdern und Schwestern bei. Du hattest ein großes Ideal, nach dem alle gleichermaßen ehrlich teilen sollten, da du schon als kleiner Junge das Gefühl hattest, dass so sowohl die Familienbande als auch die Gemeinschaft gestärkt werden würden. Auch würde es so viel leichter sein, die mit der Armut verbundenen Probleme zu überwinden.«

»Als junger Mann hattest du dich bereits aus der Armut befreit und eine gute Position in der Gesellschaft errungen. Du warst begabt und intelligent, aber vor allem hast du nie geglaubt, aufgrund deiner Herkunft weniger wert zu sein als andere. Du warst von der Integrität deiner Ideale überzeugt. Das half dir, dich nicht nur über die materielle Armut zu erheben, sondern auch das Armutsbewusstsein hinter dir zu lassen, das unter den Menschen, mit denen du aufgewachsen bist, so weit verbreitet war. Armutsbewusstsein bedeutet, unterbewusst daran zu glauben, dass du als Mensch weniger wert bist, nur weil du arm bist. Du fühlst dich damit als Opfer und machtlos. Armutsbewusstsein kann dich selbst des einfachsten Gefühls der Würde berauben.«

»Weil du diese negativen Überzeugungen in Bezug auf dich selbst aber nicht hattest, konntest du dich als Händler aus der Armut befreien. Als du älter warst, hast du die Autoritäten angefleht, bestimmte Gesetze zu ändern, um dadurch günstigere und gerechtere Verhältnisse für die Armen zu schaffen. Sie weigerten sich, schauten auf die Armen herab und betrachteten sie als Menschen zweiter Klasse. Das machte dich sehr ärgerlich und weckte eine Wut in dir, die dir bis ins Mark drang.«

»Daraufhin hast du beschlossen, auf eigene Faust zu handeln und den Armen aus eigenen Mitteln zu helfen. Aber du warst immer frustriert, weil du nicht allen helfen konntest und zudem immer wieder mit ihrem Armutsbewusstsein konfrontiert wurdest. Manche Menschen wurden von dir abhängig und bettelten dich nur noch mehr an. Wenn du ihnen einmal nicht helfen konntest, wurden sie sogar wütend auf dich. Das verstörte dich sehr. Dir wurde bewusst, dass es nicht genügt, armen Menschen nur auf der materiellen Ebene etwas zu geben, um ihnen aus der Armut herauszuhelfen, sondern dass man ihnen auch helfen muss, ein besseres Selbstwertgefühl zu erlangen und sich selbst zu ermächtigen.«

»Diese Erkenntnis erwachte in jenem Leben in dir, aber du fühltest dich angesichts all des Leidens, das du mitansehen musstest, der Unwilligkeit der Autoritäten, den Armen zu helfen, und deiner Unfähigkeit, die Probleme der Armen zu lösen, innerlich zerrissen. Als du in jenem Leben starbst, trugst du daher eine tiefe emotionale Wunde in dir. Du fühltest dich den Armen eng verbunden, weil du sie als deine Brüder und Schwestern ansahst. Aber weil du bis zu einem gewissen Maß zu einem Außenseiter geworden warst, fühltest du dich oft auch sehr einsam. Du dachtest häufig, du hättest versagt, deine Seelenaufgabe zu erfüllen, den Armen Gerechtigkeit zuteilwerden zu lassen. Das war für dich sehr schmerzhaft.«

Pamela fuhr fort: »In deinem jetzigen Leben möchtest du diese Aufgabe immer noch zu Ende bringen, aber mittlerweile ist deine Seele gereift und besitzt mehr Verständnis und Weisheit. Deine Seele möchte diese Aufgabe nun erfüllen, indem du durch dein Beispiel lehrst. Um Menschen zu helfen, sich aus der Armut zu erheben, müssen sie vor allen Dingen daran glauben, dass sie es können. Sie brauchen den Glauben an sich und das Vertrauen in sich selbst. Du bist einer, der dieses Vertrauen und diesen Glauben ausstrahlt. Denn du hast die Armut hinter dir gelassen – nicht nur materiell, sondern auch psychologisch und spirituell. Dadurch bist du zu einem lebenden Beispiel dafür geworden, wie man Armut und Armutsbewusstsein überwindet. Indem du bist, wer du bist, und durch deine Schwingung erschaffst du eine energetische Spur, der andere Menschen folgen können. Du strahlst für andere die Energie der Lösung aus. Diese Energie ist etwas, das du dem kollektiven Bewusstsein hinzugefügt hast und das allen zur Verfügung steht.«[7]

7 Um weitere Informationen zum Thema »energetische Spuren« und der »Energie der Lösung« zu erhalten, siehe auch »Letting Go of Your Birth Family« und »Three Pit-

»Auf der menschlichen Ebene denkst du vielleicht, dass du nicht genug für die Armen tun würdest und ihnen auf konkretere, spürbarere Weise helfen müsstest. Aber du bist durch dein Vorbild ein Lehrer. Und selbst, wenn du nicht zu allen Menschen über das Thema Armut sprechen kannst, so strahlst du doch die Energie der Lösung aus.«

»Außer dem Leben, das ich gerade erwähnt habe, sehe ich noch ein weiteres, in dem du selbst ein Herrscher warst und damit Teil der Unterdrückungsmaschine des Systems. Du wurdest sehr diszipliniert erzogen, und es wurde großer Wert auf die männliche Energie und die Unterdrückung der weiblichen Eigenschaften wie Gefühl und Empathie gelegt. Ich spüre hier eine Verbindung zum Römischen Reich noch vor Christus. Als Junge musstest du deine sensible, fürsorgliche Seite ablegen und dich auf die männlichen Eigenschaften der Führerschaft, der Konkurrenz und des Ehrgeizes konzentrieren. Als du das richtige Alter erreicht hattest, wurdest du der Nachfolger eines mächtigen Herrschers und glaubtest, du müsstest ihm nacheifern, um akzeptiert zu werden.«

»In dir herrschte große Angst, dass du die in dich gesetzten Erwartungen nicht erfüllen könntest. Daher hast du Dinge getan, die eigentlich gegen deinen Gerechtigkeitssinn verstießen. Du warst ungerecht gegenüber Menschen, die ohnehin kaum Rechte hatten und sich nicht verteidigen konnten. Diese Ungerechtigkeit wurde aus der Angst geboren. Du hast es nicht gewagt, aus der Reihe zu tanzen, weil du Angst hattest, sonst selbst eliminiert zu werden. Du hattest Angst, dass man sich gegen dich verschworen hatte. In tiefer Verzweiflung bist du dann gestorben – mit großen Schuldgefühlen und dem Gefühl, ver-

falls On the Way To Becoming a Healer«. Beides sind Durchsagen von Jeschua, die auf www.Jeschua.net veröffentlicht wurden.

dammt zu sein, weil du deine Integrität verloren hattest. Nach jenem Leben hast du in deiner Seele das Verlangen gespürt, das, was du getan hast, wiedergutzumachen. Du wolltest den Armen helfen und deine Seele erlösen.«

Jeschua spricht

Aufgrund der Informationen und Erkenntnisse, die uns Pamela gegeben hatte, besaß ich nun ein besseres Verständnis der Absichten hinter Rolandos Lebensplan. Ich war erstaunt, wie akkurat Pamela das beschrieben hatte, was ich als den Wesenskern von Rolandos Charakter empfand. Der Mann – eigentlich, die Seele –, den sie beschrieben hatte, war genau der Mensch, mit dem ich gesprochen hatte. Jetzt war es an der Zeit, von Jeschua mehr über Rolando und seine Erfahrung der Armut herauszufinden.

»Jeschua«, fragte ich, »hat Rolando geplant, Armut zu erleben, und, falls ja, warum?«

»Ja, das hat er«, bestätigte Jeschua. »Er hat Themen wie Armut und Reichtum nun seit mehreren Leben erforscht. Seine Seele möchte die spirituelle Essenz hinter der Armut verstehen und auch in Erfahrung bringen, wie Rolando Menschen beibringen kann, die Armut aus ihrem Leben zu verbannen.«

»Hatte Rolando irgendwelche Glaubenssätze in der Art, dass er Reichtum nicht verdient hätte oder dass Reichtum schlecht ist, die zu seiner Entscheidung geführt haben, Armut zu erleben?« Meine Frage beruhte auf meinem Verständnis, dass unsere Überzeugungen unsere vorgeburtlichen Entscheidungen beeinflussen.

»Rolando hatte keine derartigen negativen Überzeugungen«, antwortete Jeschua. »In Bezug auf das Thema Armut kam er als

Lehrer. Seine Seele hat noch einen zweiten positiven Grund, warum sie sich für die Armut entschieden hat. Sie wollte das starke Zusammengehörigkeitsgefühl und die Liebe erleben, die manchmal aus extremer Not entstehen. Die Bindung an seine Schwestern und die Liebe, die er von ihnen bekam, waren positive Gründe, warum er sich für dieses Leben so entschieden hat. Außerdem hatte er in früheren Leben anderen Menschen Liebe geschenkt, und diese wurde ihm nun zurückgegeben.«

»Warum hat sich Rolando dafür entschieden, in Nicaragua geboren zu werden?«

»Er wollte Teil einer ganz bestimmten Familie sein. Er hat nämlich auf der Seelenebene eine starke Bindung an einige Familienmitglieder.« Offensichtlich hatten Rolandos Eltern und möglicherweise auch einige seiner Geschwister beschlossen, hier geboren zu werden, und Rolando hatte mit ihnen zusammen sein wollen. Das ist ein häufiger Grund, warum man an einem bestimmten Ort und an einem gewissen Punkt in der linearen Zeit geboren werden möchte. Andere, die wir sehr lieben, haben sich diesen Ort und diese Zeit bereits ausgesucht, und wir möchten einfach mit ihnen zusammen sein.

»Hatte Rolando bereits vor seiner Geburt geplant, Nicaragua zu verlassen und in die Vereinigten Staaten überzusiedeln? Falls ja, warum wollte er dann sowohl die Armut in seinem Heimatland als auch den relativen Reichtum in den Vereinigten Staaten kennenlernen?«

»Ja, er hat es geplant. Er wollte beide Länder kennenlernen, weil sein Geist ziemlich abenteuerlustig ist. Zudem befindet sich der Geist der Vereinigten Staaten, das Gefühl der Freiheit und des Auf-sich-selbst-gestellt-Seins, im Einklang mit Rolandos innerer Entwicklung. Und in den Vereinigten Staaten strahlt er aufgrund seiner Herkunft eine Energie aus, die für andere sehr hilfreich und heilsam ist.«

»Warum wollte Rolando die Armut in dieser Periode der Menschheitsgeschichte erleben?«

»Zunächst einmal wollte er mit seiner Familie zusammen sein. Dann wollte er die Möglichkeit haben, von Nicaragua aus in die Vereinigten Staaten überzusiedeln und die Freiheit und Mobilität erfahren, die eine solche Veränderung mit sich bringt. Das wäre früher schwieriger gewesen. Diese Zeitepoche ermöglicht größere individuelle Freiheiten und umfassenderen Selbstausdruck als frühere Epochen. Außerdem wollte Rolando in diesem Zeitalter des spirituellen Wandels geboren werden. Er wollte daran teilhaben und anderen helfen und sie ermutigen.«

»Warum ist die Erfahrung der Armut für seine Seele so wichtig?«

»Rolandos Seele wollte sich von der Anhaftung an Reichtum *und* Armut lösen und ihre Identität nicht mehr darauf aufbauen«, erklärte Jeschua. »Indem er sich davon befreite, befähigte er sich selbst, sich mit den Seelen anderer Menschen aus allen gesellschaftlichen Schichten zu verbinden. Diese Fähigkeit, hinter die Erscheinungen zu blicken, dieses Bewusstsein vom göttlichen Kern eines jeden lebenden Wesens ist Teil des Christus-Bewusstseins. Rolando wollte in diesem Leben das Christus-Bewusstsein annehmen, das auf verschiedene Weise verwirklicht oder erlangt werden kann. Dies ist eine davon.«

Dann bat ich Jeschua, etwas über andere Gründe zu sagen, aus denen eine Seele vor der Geburt Armut einplanen mag.

»Viele Seelen entscheiden sich für ein Leben auf der Erde, weil es wertvolle Erfahrungen ermöglicht, selbst wenn man in sehr ärmlichen Verhältnissen lebt. Daher entscheiden sich viele Seelen, in Armut zu leben, und zwar nicht, weil sie die Armut so sehr schätzten, sondern vielmehr das Leben auf der Erde. Das ist für Menschen natürlich schwer zu verstehen. Ihr betrachtet das Leben armer Menschen und fragt euch: ›Worin liegt da der

Sinn?‹ Aber jedes Leben ist heilig und kostbar und trägt in sich eine Verheißung für die Seele, die für Außenstehende oft nicht sichtbar ist.«

Mit Außenstehende meinte Jeschua die Menschen, die diese Erfahrung nicht machen.

Er fuhr fort: »Das Leben auf der Erde ist so kostbar, weil es eine so intensive Erfahrung aller Emotionen ermöglicht, zu denen Menschen fähig sind. Selbst ein kurzes Leben in Armut bietet der Seele eine ganze Reihe von Erfahrungen und eine Ebene des Verständnisses, die auf der anderen Seite des Schleiers selbst in mehreren Jahrhunderten nur schwer zu erreichen wäre.«

»Dann gibt es noch ganz spezifische Gründe, warum eine Seele Armut kennenlernen möchte. Zunächst einmal möchte die Seele vielleicht bestimmte Eigenschaften entwickeln, die gerade wegen der Armut möglich sind, zum Beispiel Mut, Beharrlichkeit oder die Fähigkeit, sich an den einfachen Dingen des Lebens zu erfreuen. Frauen mögen durch die Armut inspiriert werden, sich auf ihre eigene Kraft zu besinnen und unabhängiger zu werden. Gelingt das einer Frau, ist sie ein Vorbild für andere Frauen, nicht nur, weil sie ihnen einen Weg aus der Armut zeigt, sondern weil sie auch ein positiveres Selbstbild als Frau ausstrahlt.«

»Zweitens möchte die Seele anderen vielleicht helfen und kommt daher als Lehrer der Menschheit. Häufig werden solche Seelen in die Armut hineingeboren, um diese Herausforderung sozusagen von innen heraus zu verstehen. Dadurch werden sie für andere zu bedeutenden, ja machtvollen Lehrern.« Jeschua beschrieb mit diesen Worten den vorgeburtlichen Plan eines Lichtarbeiters, also eines Menschen, der sich auf eine bestimmte Schwingungsebene begibt, um sie zu transformieren.

»Drittens hat die Seele möglicherweise karmische Gründe, warum sie in die Armut hineingeboren werden möchte. In einem früheren Leben hat sie vielleicht ein Armutsbewusstsein entwickelt und glaubt, Reichtum und Überfluss nicht verdient zu haben oder dazu verdammt zu sein, Unterdrückung und Elend zu erleben. Es gibt auch Seelen, die in früheren Leben andere ausgebeutet, ihnen ihr Vermögen gestohlen und es für sich selbst benutzt haben. Diese Seelen spüren nun möglicherweise die Notwendigkeit, die andere Seite der Medaille kennenzulernen und selbst zu fühlen, was es bedeutet, ausgebeutet und gedemütigt zu werden, damit sie verstehen, wie wertvoll und kostbar jedes menschliche Leben ist.«

Jeschuas Worte »die Notwendigkeit spüren« entsprachen meinem Verständnis von Karma. Wir werden für früheres schlechtes Verhalten weder verurteilt noch bestraft. Stattdessen entscheiden wir uns selbst häufig dafür, das am eigenen Leib zu erleben, was wir anderen zugefügt haben. Aus Seelensicht ist dies ein Schritt auf der Evolutionsspirale.

Variationen eines Themas

»Jeschua«, fragte ich neugierig, »warum entscheiden sich manche Seelen dafür, Armut in sogenannten unterentwickelten Ländern zu erleben, während andere reiche Länder auswählen?«

»Menschen, die Armut in reichen Ländern erleben, müssen sich häufig mit der sozialen Stigmatisierung auseinandersetzen, die dadurch entsteht. Das ist für sie ein weitaus wichtigeres Thema als für Menschen, die Armut in einem generell armen Land erleben. Seelen, die sich vorgenommen haben, Armut in einem reichen Land kennenzulernen, wollen häufig lernen, mit dem Schmerz und der Ausgrenzung fertigzuwerden, die ihre Situation als Randständige mit sich bringt. Sie möchten das Gefühl der Würde von innen heraus und unabhängig von ihrer Umgebung entwickeln. Sie möchten lernen, dass ihr wahres Selbst – das, was sie als Seele wirklich sind – nicht vom sozialen Status abhängig ist. Haben sie dabei Erfolg, wird ihnen diese Herausforderung helfen, ein authentisches Selbstwertgefühl zu entwickeln und häufig auch ihre natürliche Begabung zu entdecken – also die Leidenschaft und Freude ihrer Seele, das, was sie natürlicherweise tun möchten. Selbst wenn sie dabei nicht durch materiellen Reichtum unterstützt werden oder Hilfe von der Gesellschaft bekommen. Diese Entdeckung bringt sie in Kontakt mit ihrer Seele. Von dort aus wird sich ihnen ein Lebensweg eröffnen, der ihnen oft tiefe Erfüllung bringt und Überfluss beschert.«

Dann fragte ich Jeschua, warum sich manche Seelen dafür entscheiden, Armut nicht von Geburt an zu erfahren, sondern als Folge finanzieller Rückschläge.

»Solche Seelen«, erklärte er, »stellen sich dieser Herausforderung häufig, weil sie an ihrer Abhängigkeit von Geld und sozialem Status arbeiten wollen. Wenn du reich und mächtig warst und dann alles verlierst, kannst du entweder verzweifeln oder dich nach innen wenden. Dort, tief in dir, entdeckst du dann ein Selbstwertgefühl, das nichts mit Geld, Macht oder sozialem Status zu tun hat.«

Während ich Jeschuas Worte aufnahm, erstaunte es mich wieder, wie sehr wir doch als Seelen durch Gegensätze lernen. Menschen, die Armut in einem reichen Land erleben, entwickeln möglicherweise gerade deshalb ein Gefühl für ihren wahren Wert, weil die anderen Menschen in ihrer Umgebung sie nicht wertschätzen. Auch Seelen, die große finanzielle Veränderungen hin zum Negativen durchmachen, entdecken unter Umständen ihre wahre Macht und ihren wahren Wert, weil sie ihren äußeren Status und Einfluss verloren haben. Beide Erfahrungen, die aus Sicht der Persönlichkeit normalerweise als ganz furchtbar gelten, sind aus Sicht der Seele außergewöhnliche

Möglichkeiten der Selbstentdeckung. Wahrlich, nur wenig in unserer Welt ist, was es zu sein scheint.

»Jeschua, wollen alle oder die meisten Seelen, die sich auf der Erde inkarnieren, Erfahrungen mit Armut oder finanziellen Rückschlägen machen?«

»Ich würde nicht sagen, dass sich die meisten Seelen die Erfahrung der Armut aussuchen, um daraus zu lernen und daran zu wachsen. Die meisten, die heute in Armut leben, haben die Erfahrung der Armut nicht angestrebt. Sie wollten dieses Leben aus anderen Gründen und akzeptierten die Armut als Teil des Ganzen. Die Seele möchte in einem Leben bestimmten Freunden, Verwandten oder Feinden begegnen, und wenn diese Leute in einer armen Region leben, beschließt die Seele, sich dort zu inkarnieren.«

»Armut ist ein sehr relativer Begriff«, fügte Jeschua noch hinzu und wiederholte damit etwas, was Rolandos Seele bereits durch Corbie ausgedrückt hatte. »In der westlichen Welt giltst du bereits als arm, wenn du dir keinen Fernseher oder kein Telefon leisten kannst. In anderen Ländern werden solche Dinge als Luxus betrachtet. Dein eigenes Bewusstsein bestimmt, ob du Überfluss oder Mangel erlebst. Du erlebst Überfluss, wenn du dich tief erfüllt fühlst und dankbar für das bist, was das Leben dir schenkt. Armut ist vielmehr ein Geisteszustand als ein objektiv messbarer Standard materiellen Reichtums.«

Armut und Inkarnation

»Jeschua, gibt es Seelen, die sich nie physisch inkarnieren? Falls ja, auf welche Weise lernen sie die Lektionen, die Armut oder andere Herausforderungen bieten, mit denen wir hier konfrontiert werden?«

»Sobald es ein individualisiertes Bewusstsein – eine Seele – gibt, existiert auch die Erfahrung des Ich gegen einen anderen, des Ich gegen die Welt. Diese Erfahrung der Trennung ist das grundlegende Kennzeichen einer Inkarnation. Sich zu inkarnieren bedeutet, dass du als unbegrenzte Seele eine bestimmte Form annimmst und von dort aus beginnst, das Leben und die Realität zu erfahren. Diese Form mag je nach der Dimension, in der man lebt, mehr oder weniger materiell sein, mehr oder weniger dicht und physisch. Aber es gibt eine Form, die dich begrenzt und deiner Wahrnehmung einen Fokus verleiht. Darum geht es bei jeder Inkarnation.«

»Wenn du in der Form bist – inkarniert bist –, wirst du an einem gewissen Punkt einen Mangel erfahren. Das individuelle Bewusstsein wird eine Sehnsucht nach Ganzheit verspüren, ein Verlangen nach Vervollständigung, durch das es motiviert wird, zu suchen, zu wachsen und Erfahrungen zu machen. Dies ist der Anfang der Vorstellung von Armut. Die Vorstellung von Armut setzt ein, wenn man Mangel erfährt. Das mag Mangel an materiellen Gütern auf der Erde sein, aber auch ein Mangel an Liebe, Sicherheit oder emotionalem Wohlbefinden ist denkbar.«

»Ich möchte den Begriff der Armut ganz weit fassen«, ergänzte er, »und ihn als die Erfahrung eines Mangels definieren. Menschen, die unter der Armut leiden, leiden kaum jemals nur unter dem Mangel an materiellen Gütern. Sie haben auch das Gefühl nicht gesehen, nicht geschätzt, im Stich gelassen und ignoriert zu werden. Die Wunde, die die Armut reißt, geht so viel tiefer als nur der Mangel an materiellen Gütern. Über diese Wunde der Seele möchte ich sprechen.«

»Um auf deine Frage zurückzukommen, Armut nach dieser umfassenderen Definition als Erfahrung eines Mangels gibt es überall im Universum an vielen verschiedenen Orten. Allgemein kann man sagen, dass die Erfahrungen auf der Erde intensiver sind als in weniger physischen, nicht so dichten Welten. Die Seelen, die in diesen Welten leben, lernen langsamer und in kleineren Schritten. Manche Seelen verspüren keine Neigung, irdische Erfahrungen zu machen. Die Seelen, die sich auf der Erde inkarnieren, sind leidenschaftlich, kühn und sehr abenteuerlustig.«

»In einem umfassenderen Sinn sind aber alle Seelen verbunden und teilen ihre Erfahrungen miteinander. Es existiert ein universeller Geist, in dem alle Seelen vereint sind. Alles, was ihr auf der Erde erlebt, steht auch den Seelen zur Verfügung, die sich nicht auf der Erde inkarnieren. Sie werden es nicht so erleben wie ihr, aber sie sind in der Lage, die Essenz eurer Erfahrungen herauszufiltern und Erkenntnisse daraus zu gewinnen. Auch ihr könnt euch die Erfahrungen von Wesen nutzbar machen, die weniger physisch sind als ihr – zum Beispiel von Engeln – und euch von ihnen unterstützt und geliebt fühlen. Da sich diese Wesen häufig der gegenseitigen Verbundenheit allen Lebens bewusster sind als ihr, können sie euch ein Gefühl des Friedens und der Harmonie vermitteln. Obwohl also jede Seele ihren individuellen Weg geht, bilden doch alle Seelen zusammen ein Gewebe aus interagierenden Energien, die sich gegenseitig unterstützen und dem Ganzen beim Wachsen helfen.«

Jeschuas Leben auf Erden

»Wie hast du in deinem Leben als Jeschua die Armut empfunden, die du gesehen oder selbst erlebt hast? Wie hast du auf Armut reagiert? Würdest du uns eine Geschichte erzählen, aus der wir ersehen können, wie deine Reaktionen waren?«

»Ich war erschüttert«, stellte Jeschua fest. »Ich sah, wie das politische System die verfügbaren Mittel nicht nur ungerecht verteilte, sondern auch, wie es auf bestimmte Gruppen herabsah und sie demütigte. Angesichts dieser Zustände war ich empört. Ich musste lernen, mich nicht im Zorn zu verlieren, sondern zentriert und ruhig zu bleiben.«

»Meine Lehre war darauf ausgerichtet, den Menschen ihr inneres Licht bewusst zu machen, das da ist, ganz gleich, ob jemand nun arm oder reich, krank oder gesund, männlich oder weiblich ist. Ich wollte sie in das innere Reich der Freiheit und des Reichtums führen, das von äußeren Umständen gänzlich unabhängig ist. Wenn ich mit armen Menschen sprach, merkte ich, dass ich ihre Herzen häufig sehr leicht erreichen konnte, da sie nichts zu verlieren hatten und daher offen für meine Botschaft waren. Die Reichen und Wohlhabenden identifizierten sich mehr mit ihrem gesellschaftlichen Status und ihrer weltlichen Macht und waren daher weniger geneigt, sich dem inneren Raum zu öffnen. Natürlich gab es auch da Ausnahmen.«

»Wenn ich zu den Armen sprach, bestand mein Hauptziel darin, sie an ihren inneren Wert zu erinnern, daran, dass sie ihrem Wesen nach den anderen gleich waren. Denn sie wurden oft grausam und geringschätzig behandelt. Das hat einen starken Einfluss auf den menschlichen Geist.«

»Einmal ging ich zu einer Hochzeit«, fuhr er fort, »bei der eine junge Frau aus einfachen Verhältnissen einen reichen jungen Mann heiratete, was damals ziemlich unüblich war. Die junge Frau war angesichts all des Reichtums beschämt und dachte insgeheim, wie gut ihre Familie auch nur einen kleinen Teil des Geldes gebrauchen könnte, das für die Feier aufgewendet worden war. Sie fühlte sich innerlich zerrissen und konnte das Fest nicht wirklich genießen. Währenddessen redeten die Anwesenden hinter ihrem Rücken auch noch über sie und lästerten, sie hätte den Mann nur seines Geldes wegen geheiratet und ihre

Familie im Stich gelassen. Es brach ihr das Herz, so als böse, manipulative Frau hingestellt zu werden.«

»Während der Hochzeit teilte sie ihre Sorgen mit mir. Ich verstand sie sehr gut und sagte ihr, dass sie reicher sei als die meisten der Anwesenden, weil sie ein gütiges, reines Herz besaß und den Mann nicht seines Geldes wegen geheiratet hatte. Ich beschwor sie, ihr Selbstwertgefühl und ihren Stolz nicht zerstören und ihr inneres Licht leuchten zu lassen. Ich empfahl ihr, sich ihr reines Herz zu bewahren, weil sie dann eine Lehrerin sowohl für die Reichen als auch die Armen werden und ihnen einen Weg des Herzens zeigen könne, der weit über Reichtum oder Armut hinausgeht.«

»Tatsächlich wurde sie eine solche Lehrerin. Nicht indem sie Reden hielt, sondern indem sie eine Schwingung der Reinheit ausstrahlte. Tatsächlich war ihr Mann so offen für ihre Energie, dass er sich von den Fesseln seiner Erziehung freimachte und bereit war, seinen Reichtum mit Menschen zu teilen, die in ärmlichen Verhältnissen lebten.«

»Ich wies sie auf ihr inneres Licht hin, das unabhängig von Erziehung und Herkunft da ist. Das versuchte ich allen Menschen zu sagen, denen ich begegnete. Es ist dieses Wissen um den göttlichen Lichtfunken, der ihr seid, der euch von allen Etiketten befreien wird, die euch die Gesellschaft aufdrücken will. Eines meiner Ziele auf Erden bestand darin, die sozialen Hierarchien aufzubrechen und den Leuten den unvergleichlichen Wert eines jeden Menschen bewusst zu machen. In dem Sinne war ich ein Demokrat, obwohl die Politik nicht mein Hauptfokus war. Mein Ziel war es, das menschliche Herz der spirituellen Vorstellung zu öffnen, die der Demokratie zugrunde liegt. Jedes Individuum ist eine göttliche Seele. Alle sind wir ausnahmslos direkt mit dem Geist oder der Quelle verbunden, und wir können einander verstehen und vergeben, wenn wir uns vom

Ort der Einheit in uns miteinander verbinden: dem menschlichen Herzen.«

Armut und spirituelle Verantwortung

»Jeschua, sind die Wohlhabenden moralisch oder spirituell verpflichtet, ihren Reichtum mit den Armen zu teilen? Sind wir unseres Bruders Hüter?«

»Ich spreche nicht gern von moralischen oder spirituellen Verpflichtungen, denn schon allein die Vorstellung von Verpflichtung beinhaltet, dass hinter deinen Handlungen weder Spontaneität noch eine natürliche Neigung stecken. Ich bin an dem interessiert, was uns auf der inneren Ebene verbindet. Im umfassendsten Sinn sind alle Seelen in einem gigantischen Netz des Lebens miteinander verbunden. Letzten Endes ist Trennung eine Illusion. Wenn du spirituell wächst, wenn sich dein Herz öffnet und dein Geist frei wird, verstehst du andere Menschen auf ganz natürliche Weise besser. Du wirst sie voller Mitgefühl betrachten und nicht über sie urteilen. Du wirst versuchen, ihnen zu helfen, so gut du kannst, aber nicht aus Pflichtgefühl heraus, sondern weil du eine innere Verbundenheit spürst. Das ist wie die Verbindung innerhalb einer Familie. Du fühlst, dass sie alle Teil deiner Familie sind. Deshalb willst du auf sie zugehen.«

»Ich möchte aber sagen, dass du zu allererst dein eigener Hüter bist. Jede Seele geht ihren eigenen Weg und verfügt in sich über alle Mittel, um sich zu entwickeln und das zu werden, was sie in Wirklichkeit ist. Anderen zu helfen, bedeutet vor allem, dass du Frieden und Mitgefühl ausstrahlst. Diese Eigenschaften begleiten dich ganz natürlich, wenn du dich selbst geheilt hast, deinen inneren Weg gefunden hast und ihn voller Freude gehst.

Wenn du deines Bruders Hüter sein möchtest, geh nach innen, finde das universelle Feld der Einheit, von dem du ein Teil bist, und spüre die Freude, die darin liegt, sich diesem Feld hinzugeben. Wenn du das tust, webst du Fäden aus Licht in das Netz des Lebens ein und hilfst anderen ganz spontan und natürlich, indem du einfach bist, der du bist.«

»Das Wertvollste, das du Menschen geben kannst, die unter ihrer Armut leiden«, fügte Jeschua noch hinzu, »ist die Idee, dass sie machtvolle Schöpfer sind, die ihr Leben selbst ändern können. Mach ihnen ihre wahre Macht bewusst, die Macht, die in ihnen wohnt, denn das wird Wunder bewirken und die Veränderungen und Chancen anziehen, die ihr Leben bereichern.«

»Jeschua, in den Vereinigten Staaten gibt es Kritik an der Regierung, weil sie zu viel für die Menschen tut. Manche halten das für Sozialismus und fürchten, dass dies zu einem ›Bevormundungsstaat‹ führt.«

»Aus spiritueller Sicht sind sowohl Sozialismus als auch Kapitalismus von Wert«, antwortete Jeschua. »Der liberale Standpunkt, der die individuelle Freiheit betont, geht eigentlich auf die Energie der Pioniere zurück, die den nordamerikanischen Kontinent als erste Europäer betraten. Das waren ziemlich robuste Leute, unabhängig und stark, die eine Abneigung gegen Autorität hatten. Der Drang, sich von äußeren Autoritäten zu befreien, ist etwas Wertvolles und markiert den Beginn der Übernahme von Eigenverantwortung. Er kann aber auch zu einer gewissen Härte und fehlendem Mitgefühl gegenüber anderen führen. Die sozialistische Bewegung hingegen geht auf die Vorstellung zurück, dass jedes Individuum bestimmte Rechte besitzt. Auch das ist wertvoll, weil es den jedem Individuum innewohnenden Wert anerkennt. Dies kann allerdings zu erdrückenden Regeln führen, die die individuelle Kreativität und Freiheit behindern.«

»Der Kern beider Traditionen besteht aus spirituellen Einsichten. Die Frage ist nicht so sehr, welche von beiden recht hat. Die wahre Frage lautet vielmehr, wie die Menschheit ihr Bewusstsein so anheben kann, dass individuelle Freiheit und Fürsorglichkeit gegenüber anderen als Ergänzungen, statt als Gegensätze angesehen werden. Ein Individuum, das Freiheit und Verantwortung integriert hat, möchte der Gesellschaft aus lauter Freude etwas geben, weil dies dem Leben Sinn verleiht. In einer Gesellschaft, die auf den Werten des Herzens aufgebaut ist, werden die Menschen ihre Gaben und Begabungen freigebig miteinander teilen. Und sie werden das, was sie brauchen, durch die natürlichen Gaben und Begabungen der anderen bekommen. Es wird mehr Freiheit geben, aber auch mehr Teilhabe und Verbundenheit. Beides geht in einer Gesellschaft Hand in Hand, die auf der Kraft des Herzens aufgebaut ist. Ein großer Regierungsapparat, der das Verhalten der Menschen kontrolliert oder reguliert, wird nicht mehr im heutigen Umfang nötig sein, weil die Moral, die heute von der Regierung verkörpert wird, dann lebendige Realität in den Herzen aller Menschen sein wird.«

Unsere Zukunft

»Wie wird die Erde in Bezug auf die Verteilung des Reichtums in einhundert, dreihundert oder fünfhundert Jahren aussehen? Und wie wird sich die Einstellung gegenüber Reichtum und Armut verändert haben?«, fragte ich Jeschua.

»Das hängt ganz von den Entscheidungen ab, die die Menschheit treffen wird«, antwortete dieser. »Es gibt so etwas wie ein menschliches Kollektivbewusstsein, das eine bestimmte Schwingungsfrequenz hat. Die Energie dieser Schwingung zieht eine bestimmte Zukunft an. Jetzt gerade herrscht auf der Erde große

Verwirrung. Ihr erlebt eine finanzielle und ökologische Krise, die Auswirkungen auf die gesamte Menschheit hat. Die Menschheit wird durch diese Krise aufgerufen, gemeinsam und einheitlich zu handeln, auf globaler Ebene zusammenzuarbeiten und zu begreifen, was wirklich wichtig ist. Bei dieser Krise geht es im Grunde darum, zu den Lebensgrundlagen zurückzukehren. Es geht darum, den Wert des Lebens zu erkennen, sei es nun menschliches, tierisches oder pflanzliches Leben. Der Planet, auf dem ihr lebt, ist durch die Art und Weise gefährdet, wie die Menschen mit ihm umgegangen sind.«

»Es gibt heute ein wachsendes Bewusstsein unter den Menschen, dass sich etwas ändern muss. In den reichen Ländern existiert in vielen Menschen eine bewusste oder unbewusste Sehnsucht danach, sich auf das Wesentliche zu besinnen, ein einfacheres, aber erfüllendes Leben zu führen, das zu tun, was man wirklich gern tut, und sich nicht mehr so sehr auf materiellen Reichtum und Status zu konzentrieren, sondern mehr auf wahrhaftige Verbindungen mit anderen.«

»Wie sich alles entwickeln wird? Das ist nicht sicher, weil es von den individuellen Entscheidungen von Milliarden Menschen abhängt. Sicher ist aber, dass alle Menschen ihren Beitrag leisten und das Bewusstsein auf der Erde verändern können, indem sie sich ihres göttlichen Kerns und ihrer gegenseitigen Verbundenheit mit allen anderen Lebewesen bewusst werden. Solche Individuen können ein Vorbild für eine neue Lebens- und Seinsweise sein. Heute besteht ein großer Bedarf an solchen Vorbildern. Wenn du dich aufgerufen fühlst, dich von den Forderungen der Gesellschaft zu befreien, dich mit deinen tiefsten Sehnsüchten und größten Visionen zu verbinden, dann bitte ich dich, der du dies liest, an deine eigenen Kräfte zu glauben. Du bist ein göttliches Wesen, und du kannst auf der Erde etwas bewirken und einen Unterschied machen. Glaube an dich selbst, dann wirst du deinen einzigartigen Weg finden und auf deine Weise zur Umwandlung des Bewusstseins beitragen.«

Ich fragte Jeschua, ob wir das Gesetz der Anziehung irgendwann so weit meistern würden, dass es keine Armut mehr gäbe.

»Das ist durchaus möglich«, versicherte er mir. »Heute herrscht auf der Erde große Angst. Aber Angst blockiert eure schöpferischen Kräfte. Angst sagt euch, dass es sowieso nicht funktionieren wird und dass ihr machtlos seid. Um sich von der Angst zu befreien, müssen sich die Menschen nach innen wenden. Das einzige Heilmittel gegen Angst besteht darin, sich mit dem Teil in euch zu verbinden, der von nichts Äußerem abhängig ist: mit eurem göttlichen Kern, eurer Seele. Die Seele weiß, dass sie in der Lage ist, ihre Visionen und Wünsche Realität werden zu lassen. Die Seele ist mit dem Gesetz der Anziehung vollkommen vertraut.«

»Aber wie verbindet man sich mit der Seele? Höre auf deine Gefühle und Emotionen. Deine Gefühle teilen dir mit, was du wirklich möchtest. Gedanken mögen dir einreden, dass es nicht möglich ist, aber das sind nur Gedanken. Der Fluss deiner Gefühle, deine wahre Leidenschaft, ist viel stärker als sie. Wenn du dich wirklich darauf einlässt, zu fühlen, was du fühlst, und deine Gedanken als Unterstützer einsetzt statt als Blockierer, dann wirst du erkennen, dass du ein machtvolles Wesen bist, das die äußeren Umstände anziehen kann, die seinen inneren Bedürfnissen entsprechen.«

»Wenn du mit deiner eigenen Göttlichkeit, mit deiner Seele, verbunden bist, wirst du Armut nicht mehr als Erfahrung eines Mangels anziehen. Du wirst Überfluss erleben. Ob das nun bedeutet, dass du viele materielle Dinge besitzt, oder ob du gerade genug hast, um zurechtzukommen, ist dann nicht mehr so wichtig. Es ist die Erfahrung, die zählt. Manche Menschen haben kein großes Verlangen nach materiellem Reichtum. Tatsächlich interessieren sich die meisten Menschen, die ihr Leben aus der Seele heraus leben, nicht mehr so stark für materiellen Reichtum. Sie sind nicht arm. Sie erschaffen sich eine lebendige Umgebung, die ihre physischen und emotionalen Bedürfnisse, aber auch ihr ästhetisches Empfinden befriedigt. Sie konzentrieren sich einfach nicht auf Geld oder materielle Dinge, weil sie der Ausdruck der Leidenschaft ihrer Seele so viel mehr befriedigt, als es materielle Dinge je könnten.«

Heilung

»Möchtest du noch den Menschen etwas sagen, die unter Armut leiden oder mit finanziellen Problemen kämpfen und sich fragen: ›Warum? Was hat das alles zu bedeuten?‹«

»Verzweifelt nicht«, riet Jeschua. »Selbst wenn die Situation düster und ausweglos erscheint, sollt ihr wissen, dass immer die Möglichkeit einer Veränderung besteht. Es gibt immer Hoffnung. Findet zwei Dinge in eurem Leben, für die ihr dankbar seid. Das können materielle Dinge sein, die ihr besitzt, oder die Anwesenheit eines lieben Menschen oder der Körper, den ihr bewohnt. Seid dankbar für diese Dinge, dann werdet ihr in den großen Strom des Empfangens und des Überflusses eintauchen. Indem ihr auf das schaut, was ihr habt, ersetzt ihr das Gefühl des Mangels durch ein Gefühl des Reichtums und eure Energie wird sich verändern.«

»Am wichtigsten ist es, eure Energie und eure Gefühle zu verändern. Das Problem nur mit dem Kopf zu lösen, wird nicht funktionieren. Die Lage, in der ihr euch befindet, erfordert zuallererst Hingabe und Akzeptanz dessen, was jetzt ist. Wenn ihr euch im Zustand der Akzeptanz befindet, werdet ihr spüren, dass Emotionen wie Gram und Trauer an die Oberfläche kommen.

Lasst sie zu. Nehmt sie an. Wenn ihr diese Emotionen anerkannt habt, wird es in eurem Herzen still werden und ihr werdet inmitten äußerer Turbulenzen Frieden finden. Ihr werdet euch mit eurer Seele verbinden. Aus dieser Verbindung wiederum werden Wunder geboren. Ihr mögt die Bedeutung der Armut, in der ihr lebt, nicht erkennen, und ihr mögt auch nicht sofort eine praktische Lösung finden. Aber ihr werdet auf größtmögliche Weise ermächtigt worden sein, und der Wandel wird sich einstellen.«

»Was, wenn wir Glaubenssätze in Bezug auf Armut haben, die uns vor unserer Geburt veranlasst haben, Armut in unser Leben einzuplanen? Wie können wir solche Glaubenssätze heilen? Was, wenn diese Glaubenssätze unterbewusst sind?«

»Eine Seele mag beschließen, Armut aus den verschiedensten Gründen zu erleben«, erinnerte mich Jeschua. »Sie mag positive Gründe haben: Ein Mangel an materiellen Reichtümern kann die Seele befähigen, sich ohne Ablenkung auf bestimmte Themen zu konzentrieren. Die Seele möchte vielleicht ihr Verlangen nach Macht und Reichtum aufgeben, das sich im Verlauf anderer Leben entwickelt hat. Sollte das der Fall sein, dann ist der Glaubenssatz recht positiv, etwa: ›Ich habe mich für Armut entschieden, weil ich mich auf die wesentlichen Dinge konzentrieren und herausfinden möchte, was wirklich wichtig ist.‹ Selbst wenn in einem solchen Fall die menschliche Persönlichkeit unzufrieden mit den ärmlichen Lebensumständen ist, weiß die Seele doch um den tieferen Sinn.«

»Entscheidet sich eine Seele für Armut, weil an ihre eigene Wertlosigkeit glaubt, so ist es immer auch ihr Plan, diesen Glauben zu heilen. Sehr oft ergeben sich im Leben einer solchen Seele Möglichkeiten, die einen Weg aus der Armut bieten. So wird die menschliche Persönlichkeit zum Beispiel des Öfteren herausgefordert werden, ihre eigene innere Stärke zu entdecken und an sich selbst zu glauben. Tut sie dies, werden sich wunderbare Gelegenheiten präsentieren, damit sie sich über die Armut erheben und sich ein sinnerfülltes Leben aufbauen kann. Sollten einer Seele wie im oben erwähnten Fall aber solche Möglichkeiten fehlen, werden sie sich auf wundersame Weise doch noch ergeben, wenn die Seele ein authentisches Selbstwertgefühl entwickelt hat.«

»Glaubenssätze, die besagen, dass man keinen Reichtum verdient hat, sind meist unterbewusst«, ergänzte Jeschua. »Deshalb ist es auch so schwer sie aufzugeben. Es ist Teil eurer Kultur, den Menschen ein Gefühl der Wertlosigkeit einzutrichtern. Kinder werden dazu angehalten, sich zu benehmen, ihre Emotionen zu unterdrücken, ihnen misstrauisch gegenüber zu stehen und ihrem Verstand mehr zu glauben als ihren Gefühlen. Eure Gesellschaft hat religiöse und moralische Traditionen, die es euch schwer machen, an eure eigene Unschuld zu glauben und dem natürlichen Fluss eurer Gefühle sowie der Güte des Universums zu vertrauen, in dem ihr lebt.«

»Um diesen Glauben an die eigene Wertlosigkeit zu heilen, müsst ihr erkennen, dass der Geist – oder Gott – euch bedingungslos liebt. Ihr seid unschuldig und wunderschön, und es ist euch bestimmt, ein Leben in Freude und Überfluss zu führen. Das mag schwer zu glauben sein, aber ich bin hier, um eure Unschuld und Schönheit zu bezeugen. Aus eben diesem Grund spreche ich auf diese Weise zu euch. Ich bin nicht hier, um über euch zu urteilen oder euch zu sagen, was ihr zu tun habt. Ich bin hier, um euch zu lieben, und ich bitte euch, diese Liebe anzunehmen.«

»Jeschua, wie sonst können die Menschen bewusste und unterbewusste Glaubenssätze heilen, die sie dazu verleiten, sich ihr eigenes Leid zu schaffen, gleich ob dieses nun vor der Geburt geplant war oder nicht?«

»Zunächst einmal müssen diese Glaubenssätze überhaupt als solche erkannt werden«, antwortete Jeschua. »Sehr oft werden Glaubenssätze, die Leid erzeugen, als völlig normal angesehen. Wie ich schon erwähnte, ist der Glaube an die Wertlosigkeit des Menschen auf der Erde weitverbreitet. Manchmal wird dieser Glaube sogar als moralischer Standard oder religiöse Wertvorstellung betrachtet. Um die Negativität zu heilen, die ihr aus diesen Glaubenssätzen übernommen habt, müsst ihr euch bewusst werden, dass es sich tatsächlich um Glaubenssätze handelt und dass diese nicht in Stein gemeißelt sind. Das ist häufig schon der wichtigste Schritt. Denn wenn ihr erkennt, dass es sich nur um Glaubenssätze handelt, eröffnet sich euch ein neuer Raum der Bewusstheit und damit die Möglichkeit des Wandels.«

»Damit dieser Wandel aber Fuß fassen kann, müsst ihr den falschen Glauben nicht nur aus euren Gedanken verbannen, sondern auch aus euren Emotionen und Gefühlen. Das wird etwas länger dauern, da es voraussetzt, dass ihr emotionale Gewohnheiten aufgebt, die euch schon lange begleitet haben. Ihr könnt es aber schaffen, wenn ihr nur Geduld mit euch selbst habt und bereit seid, euch euren Emotionen immer wieder aufrichtig zu stellen, so als ob ihr es mit Kindern zu tun hättet, die anders erzogen werden müssen. Sie müssen auf neue Weise erzogen werden, mit Vertrauen und voller Mitgefühl, die ihr als Eltern ihnen von der Seelenebene her entgegenbringen müsst.«

»Emotionale Heilung ist möglich, und je mehr Menschen sich dieser verpflichtet fühlen, desto leichter wird sich eure Kultur ändern. Und die Menschen werden sich selbst und andere auf respektvollere Weise behandeln lernen.«

Wer wir sind – unsere Schwingung –, ist weit wichtiger als alles, was unsere Körper jemals tun werden. Rolando ist ein lebendes Beispiel für einen Lehrer, der die Welt auf diese Weise wirksam beeinflusst. Obwohl er über Armut spricht und so durch Worte lehrt, besteht sein größter Beitrag doch in dem energetischen Pfad, den er markiert hat: den Pfad des Mitgefühls. Als Seelen streben wir vor unserer Geburt danach, größeres Mitgefühl zu entwickeln und auszudrücken und uns auf der physischen Ebene als verkörpertes Mitgefühl zu erkennen. Diese beiden Intentionen bilden die Grundlage vieler vorgeburtlicher Lebenspläne und stellen eine wichtige Antriebskraft hinter der Planung verschiedener Herausforderungen dar, darunter auch der der Armut.

Die ersten Samen von Rolandos außerordentlichem Mitgefühl wurden in seiner frühen Kindheit gesät, als er mit ansah, wie ein erwachsener Mann über den Verlust seiner Bohnen weinte, durch deren Verkauf er seine Familie hätte ernähren können. Nur ein Jahr später musste Rolando hilflos mitansehen, wie die Kaffee-Ernte seiner eigenen Familie ausfiel, woraus der Verlust der Farm resultierte. Auf diese scheinbare Tragödie folgten drei Jahre, in denen er auf der Straße hausgemachte Kartoffelchips verkaufte und anschließend bis spät in die Nacht seine Hausaufgaben erledigte. All dies ereignete sich in den ersten zehn Jahren seines Lebens.

Emotional eindrückliche Erfahrungen sind verlässliche Indikatoren für die Absichten der Seele, besonders wenn sie sich in der frühen Kindheit ereignen, wenn wir noch zart und beeindruckbar sind und diese Erfahrungen nicht durch Entscheidungen des freien Willens umgangen werden können. Rolandos Seele wusste, dass sich der kleine Junge, der vor dem Kino »Papas! Papas!« rief, zu dem liebevollen, offenherzigen Mann entwickeln würde, der sich nun bemüht, Freude und Spaß in das

Leben der Kinder seiner Nachbarschaft zu bringen. Seine Seele wusste auch, dass das Kind, das niemals zum Arzt gegangen war, zu einem Mann heranwachsen würde, der leidenden Menschen durch seine Berührung Heilung bringen kann.

Armut war die Hebamme, die half, Rolandos intensiven Wunsch zu gebären, Mangel und Leiden zu lindern und Freude zu bringen. In der nicht physischen Welt, aus der wir stammen, sind Mangel und Leiden unbekannt und es herrscht allgegenwärtige Freude. Und das war Rolandos Plan: Völlig in eine Realität einzutauchen, die genau das Gegenteil von dem ist, was er als wahr kennt, sich dann seinen Weg durch diese Illusion zu bahnen, um die Schönheit seiner Heimat auf Erden nachzubauen. Rolandos tiefes Mitgefühl treibt ihn dazu – ein Mitgefühl, das so stark und beständig ist, dass es nur im Feuer seines eigenen frühkindlichen Leidens geschmiedet werden konnte.

Wenn wir als Seelen Herausforderungen wie Armut oder finanzielle Not planen, planen wir auch die Mittel ein, die wir brauchen, um durch die Herausforderungen unsere vorgeburtlichen Absichten zu verwirklichen. Rolando strebte vor seiner Geburt an, ein Lehrer zu sein, ein Mensch, der andere dazu ermächtigen kann, ihr Leben zu verwandeln. Daher musste er wissen, dass er sein eigenes Leben verwandeln konnte, und entschied sich weise für einen Vater, der ihn lehrte: »Du kannst tun, was immer du willst.«

Unsere Überzeugungen sind allmächtig, und das Universum reagiert auf sie mit Umständen und Ereignissen, die sie bestätigen. Daher lehrt Rolando nicht nur, dass Armut überwunden werden kann, sondern dass sie ganz spezifisch durch die Macht des Glaubens überwunden werden kann. Die Erfahrung, die physische Ebene durch den Glauben zu meistern, verankert in der Seele ein tieferes Wissen um ihre eigene Macht. Ein umfassendes Erkennen dieser Macht kann oft aus Umständen erwachsen, in denen wir uns machtlos fühlen. Armut und die Gefühle der Machtlosigkeit, die damit einhergingen, waren die Mittel, durch die Rolando erkannte, dass er alles tun kann. Hätte er sich für bequemere Lebensumstände entschieden, wäre das Bewusstsein seiner eigenen Macht wohl nicht so groß gewesen.

Der Glaube spielt nicht nur die wichtigste Rolle bei der Erschaffung von Reichtum oder Armut, während wir im Körper sind, sondern auch bevor wir uns inkarnieren. Im Gegensatz zu Rolando planen viele Menschen vor ihrer Geburt Armut oder finanzielle Not ein, weil sie entweder glauben, Reichtum nicht verdient zu haben, oder weil sie glauben, keinen Reichtum erschaffen zu können. Diese falschen Überzeugungen, die sich nicht im Einklang mit der Seele befinden, werden in anderen Leben erlernt und dann mit der Absicht in das gegenwärtige Leben gebracht, sie zu heilen. Im vorgeburtlichen Planungsprozess fühlt sich jemand, der eine solche Überzeugung hat, in Übereinstimmung mit dem Gesetz der Anziehung energetisch zu den Eltern und Lebensumständen hingezogen, die diesen falschen Glauben widerspiegeln.

Ein klassisches Lernen-durch-Gegensätze-Szenario wird erschaffen, indem machtlose Eltern, Mangel an den materiellen Grundbedürfnissen oder finanzielle Engpässe oder Verluste angezogen werden. Es werden Erfahrungen angezogen, die dem Glauben an die eigene Wertlosigkeit und Machtlosigkeit entsprechen, und zwar in der Hoffnung, dass derartige Lügen ein für alle Mal widerlegt werden. Und es sind tatsächlich Lügen, da jede Seele von unbegrenztem Wert ist und unbegrenzte Macht besitzt. Wenn Sie unter Armut gelitten haben oder immer noch unter ihr leiden, dann ist es der Wunsch Ihrer Seele, dass Sie nicht die harten Lebensumstände ablehnen, die Sie im Außen sehen, sondern die falschen Überzeugungen in Ihrem Innern.

Der Versuch, Ihre Macht oder Ihren Selbstwert in äußeren Dingen zu finden, erzeugt nämlich genau jene Gefühle der Machtlosigkeit und Wertlosigkeit, die Sie eigentlich heilen möchten. Ihre Seele möchte, dass Sie dies erkennen, und Sie werden es erkennen – wenn nicht in diesem Leben, dann in einem anderen.

Jeder Widerstand gibt dem Energie, von dem wir uns befreien möchten, und er verstärkt es auf diese Weise. Sich gegen Armut oder finanzielle Probleme zu wehren, bedeutet daher, mehr davon zu erschaffen. Das menschliche Bewusstsein hat sich heute so weit entwickelt, dass viele diese Wahrheit erkennen können. Es wird aber weit weniger verstanden, dass der Widerstand gegen irgendeinen Aspekt des Lebens den Fluss des Guten allgemein blockiert. Energetisch Nein zu finanziellen Problemen zu sagen, ist, als ob Sie ein riesiges Nein!-Schild an Ihre Eingangstür hängen würden. Das Universum erkennt nicht, dass sich das Nein speziell gegen die Armut richtet, stattdessen sieht es ein Nein, wenn es alle seine Segnungen über Ihnen ausschütten möchte.

So wird nicht nur materieller Reichtum blockiert, sondern auch Liebe, Freude, Gesundheit und selbst Weisheit und spirituelle Klarheit. Daher bitten uns unsere Seelen, auf Mangel zu reagieren, indem wir selbst die kleinsten Dinge und Freuden in unserem Leben schätzen oder wie Jeschua sagte, für sie dankbar sind – so wie Rolando für den Weihnachtsapfel dankbar war. Auf der Schwingungsebene erzeugen Wertschätzung und Dankbarkeit ein riesiges Ja!-Schild an unserer Tür. Dieses Schild erlaubt es unseren Engeln und Führern uns mit Liebe und Segnungen aller Art zu überschütten.

Nun kommen wir zu der Frage, wie wir am besten auf andere Menschen reagieren sollten, die materielle Not leiden. Diese Frage wurde auch dem großen amerikanischen Medium Edgar

Cayce zu einem Zeitpunkt gestellt, als er bereits Tausende von Sitzungen für Hilfe suchende Menschen abgehalten hatte. In einer privaten Sitzung erzählten ihm zwei reiche Schwestern aus New York, dass sie sich verzweifelt bemühten, ihrem Bruder zu helfen. »Unser Bruder lebt unter einer Brücke«, erzählten sie Cayce. »Er trinkt zu viel. Er hat seinen Anteil am Familienvermögen verschleudert. Seit Jahren tun wir alles, was wir können, um ihm zu helfen, sein Leben zu ändern, aber ohne Erfolg. Was können wir tun?«, flehten sie ihn an. »Unser Bruder ist ein hoffnungsloser Fall.«

Cayce fiel in eine Trance, in der er Zugang zur Akasha-Chronik bekam. Dann informierte er die beiden Schwestern, dass ihr Bruder die höchstentwickelte Seele sei, über die er je Informationen bekommen hatte. Er erklärte den Schwestern, dass sich ihr Bruder aufgrund seiner großen Liebe zu ihnen vor seiner Geburt bereiterklärt hatte, diese Rolle zu spielen, um ihnen zu helfen, größeres Mitgefühl zu entwickeln. Völlig verblüfft kehrten die Schwestern mit neuem, tiefem Respekt vor und Bewunderung und Dankbarkeit für ihren Bruder nach Hause zurück: für diese mutige Seele, die so voller Liebe und Tapferkeit ihnen zuliebe diese schwierige Rolle gespielt hatte.

Armut ist ein Meisterlehrer, der das Erblühen tiefen Mitgefühls in den Herzen jener Menschen fördert, die sie wie Rolando am eigenen Leib erleben oder ihre Zeugen sind.

Wenn Sie eines Tages auf der Straße entlanggehen und einen Obdachlosen sehen, der in einem Pappkarton lebt, öffnen Sie sich der Möglichkeit, dass dieser Mensch ein Teil Ihres vorgeburtlichen Plans ist. Vielleicht hat er sich ja bereiterklärt, gerade in diesem Augenblick für Sie da zu sein, damit Sie nicht über ihn urteilen, sondern sich an den unbegrenzten Wert dieses Menschen erinnern und dadurch auch an ihren eigenen. Diese scheinbar so hilflose Person mag eine hoch entwickelte Seele sein, Ihr spiritueller Bruder, der dort sitzt, um Ihnen zu dienen, damit Sie Mitgefühl verspüren und sich auf diese Weise selbst als Mitgefühl erkennen können – als das Mitgefühl, das Sie gekommen sind zu sein.

Kapitel 6

Haustiere

Eine der Fragen, die mir am häufigsten gestellt werden, lautet: »Sind Haustiere Teil der vorgeburtlichen Lebensplanung?« Millionen Menschen lieben ihre Haustiere über alles, und es ist nur natürlich, dass sich Menschen, die sich ihres Lebensplans bewusst sind, diese Frage stellen. Intuitiv habe ich seit Langem gespürt, dass Haustiere tatsächlich ein wichtiger Aspekt der Planung auf der Seelenebene sind. Das Universum ist viel zu fein geordnet, als dass unsere tierischen Freunde zufällig in unser Leben kommen könnten. Aber bis ich das Thema genauer untersucht hatte, war ich mir nicht sicher, welche Rolle Haustiere in unserer Planung spielen.

Marcia deRousse, die sich selbst als Frau mittleren Alters beschreibt, ist einen Meter siebenunddreißig groß, aber ihre körperliche Größe entspricht nicht ihrer machtvollen Präsenz. Als Medium und Schauspielerin ist sie selbstsicher, selbstbewusst und charismatisch. Eine ihrer medialen Gaben besteht darin, mit Tieren zu kommunizieren.

Ich begegnete Marcia zum ersten Mal anlässlich eines Vortrags in Los Angeles, bei dem sie mich fragte, welche Rolle Katzen in unserem Leben spielen. Ich antwortete, dass Katzen unsere Lehrer sind und uns vorleben, wie man Erfüllung im Sein statt im Tun findet. Einige Zeit später lernten Marcia und ich uns per E-Mail besser kennen. Mich berührten ihre Tiefe, ihre Weisheit, ihr Humor, ihre Stärke und ihr offenes Herz; ein Herz, das so offen war, dass sie häufig zu Tränen gerührt war, wenn sie über ihre Haustiere sprach. Als ich später erfuhr, dass Haustiere ein so essenzieller Bestandteil ihres Lebens waren, fragte ich mich, ob diese wohl auch eine Rolle bei Marcias spirituellem Wachstum gespielt hatten. Zudem war ich mir sicher, dass Marcia ihre Kleinwüchsigkeit geplant hatte. Ich fragte mich, worin wohl die Verbindung zwischen ihrer Kleinwüchsigkeit und den Tieren bestand, die jetzt oder früher in ihrem Leben waren.

Marcias Geschichte

»Ich wurde in Pontiac in Michigan geboren, aber wir zogen auf eine Farm in Missouri«, erzählte mir Marcia, während ich es mir bequem machte. »Ich habe einen großen Teil meines Lebens auf dem Ozark-Plateau verbracht. Ich bin Hellseherin, Medium, Empathin und Schauspielerin. Ich habe Schauspielkunst studiert, die immer meine große Liebe gewesen ist. In diesem Leben wollte ich beweisen, dass ich trotz meiner äußeren Erscheinung Schauspielerin sein kann. Ich habe allerdings gewisse körperliche Probleme, die das sehr erschwert haben.«

Marcia erklärte mir, dass der Begriff Kleinwüchsigkeit auf Menschen angewendet wird, die kleiner als einen Meter fünfzig sind. Es gibt mehr als zweihundert Arten der Kleinwüchsigkeit, aber ganz gleich, um welche Art es sich auch handeln mag, Kleinwüchsige haben typischerweise Probleme mit Knochen und Gelenken.

»Marcia, wie war es, als Kleinwüchsige aufzuwachsen?«, fragte ich neugierig.

»Mein Spitzname war Alberich«, erwiderte sie lachend. »Niemand wählte mich bei den Spielen ihn sein Team, weil es immer hieß: ›Sie ist zu klein. Sie kann das nicht.‹ Wenn ich von der Schule nach Hause kam, weinte ich erst einmal. Ich betete jeden Tag, dass ich mit einer gehörigen Portion Humor gesegnet werden möge, damit die Menschen mit mir statt über mich lachen würden. Also fing ich an, Sprach- und Schauspielunterricht zu nehmen. Ich war sehr gut darin. Es kam mir vor, als sei mir diese Gabe mitgegeben worden. Ich schaffe es immer wieder, die lustige Seite einer Geschichte zu betonen.«

Ich fragte Marcia, ob sie sich in ihrer Jugend mit Jungen getroffen hätte.

»Ich kannte Jungen, die meine Freunde waren«, erklärte sie mir, »aber es war mir nicht besonders wichtig, mich zu verabreden und mit ihnen auszugehen. Ich weiß, dass ich mir dieses Leben ausgesucht habe, um allein zurechtzukommen. Ich weiß das, weil ich so große Angst davor hatte, allein zu sein. Als meine Mutter starb, glaubte ich nicht, dass ich es schaffen würde. Und wenn ich meine Katze Schneeflocke nicht gehabt hätte, wäre es mir wohl auch nicht gelungen.« An dieser Stelle begann Marcia leise zu weinen.

»Lass uns über deine Haustiere sprechen. Welche Arten hattest du? Was hast du von ihnen gelernt?«

»Als ich 2003 eine Nahtoderfahrung hatte, sah ich sie, nachdem ich durch den Tunnel gegangen und ins Licht gekommen war. Dort sah es aus wie auf einer richtigen Arche Noah. Ich war sehr glücklich, sie alle zu sehen.«

»Das erste Haustier, das ich hatte, war ein kleiner Cockerspaniel namens Dusty. Dusty war da, um mich zu lehren, mich selbst zu lieben, weil er selbst so voller Liebe war.« Ich hörte die Zuneigung in Marcias Stimme. »Dusty sah immer staubig aus, daher sein Name. Er war weiß und sein lockiges Fell hatte kleine rotbraune Spitzen. Er hatte große braune Augen, aus denen er mich gefühlvoll anblickte. Wenn mich die Kinder wieder einmal gehänselt hatten, kam ich nach Hause, legte meine Arme um Dusty und erzählte ihm all die gemeinen Dinge, die sie gesagt hatten.« Wieder fing Marcia an zu weinen. »Dann kuschelte er sich an mich und leckte mein Kinn. Ich dachte, wenn er mich so lieb haben kann, dann sollte ich mich auch selbst lieb haben können. Das habe ich als Kind gedacht.«

»Er war ein echter Freund und immer für mich da«, fügte sie hinzu. »Wenn ich nicht mit Menschen sprechen konnte, redete ich mit ihm. Das war der Beginn meiner Tierkommunikation, weil ich hörte, wie er antwortete und mir sagte: ›Es ist schon in Ordnung, für mich bist du perfekt.‹«

Seitdem kommunizierte Marcia mit Tieren. Manchmal hörte sie Worte, aber meistens erzeugten die Tiere Bilder in ihrem Geist. Marcia sagte, dass Tiere sehr gern mit uns sprechen und dass sie keine Probleme damit haben, uns wissen zu lassen, wie es ihnen geht. »Wenn sie böse auf mich sind, kehren sie mir den Rücken zu«, sagte sie.

Dann bat ich Marcia, mir etwas über ein anderes Haustier zu erzählen, das in ihrer Kindheit eine wichtige Rolle gespielt hatte.

»Cheetah, mein Palomino. Sie war fünfzehneinhalb Handbreit hoch. Das ist ein großes Pferd!« rief sie aus. »Ich wollte ein großes Pferd, um zu lernen, keine Angst zu haben. Sie war so sanft und lieb. Ich suchte mir immer etwas, auf das ich steigen konnte, sprang auf sie drauf, hielt mich an ihrer Mähne fest und ließ sie laufen.«

»Oft ging ich nach einem schlechten Tag in der Schule zu ihr. Sie rieb dann ihre samtenen Nüstern an meinem Kopf. Ich konnte sie hören. ›Es spielt keine Rolle, was sie sagen. Schau nur, was wir beide zusammen tun können. Sitz auf! Lass uns losrennen!‹ Und genau das tat ich, ich ritt sie und spürte den Wind. Meine Mutter schrie immer: ›Du wirst dir noch den Hals brechen!‹ Aber wenn Cheetah und ich zusammen waren, waren wir Seelengefährten. Sie lehrte mich, keine Angst zu haben.«

»Als ich auf die Universität ging, mussten wir sie verkaufen. Das war einer der herzzerreißendsten Momente meines Lebens. Kurz bevor sie in den Anhänger stieg, drehte sie sich um, sah mich an und sagte: ›Es ist schon in Ordnung. Ich vergebe dir, weil es mir gut gehen wird. Ich werde dich immer lieben.‹ Nun schluchzte Marcia, und auch ich hatte Tränen in den Augen. »Es war an der Zeit, meine Flügel auszubreiten und zu fliegen. Sie wusste, dass sie mir dabei geholfen hatte. Sie war eine ganz erstaunliche Seele.«

»Das ist eine wunderschöne Geschichte«, sagte ich. »Hattest du noch andere Haustiere?«

»In meiner Jugend kam ein kleines Huhn zu uns, dessen Mutter und alle anderen Hühner von einem Fuchs getötet worden waren. Nur dieses Huhn hatte überlebt. Sein Schnabel war gebogen und es konnte nicht mit den anderen Hühnern essen, da diese es immer wieder wegstießen. Sie wurde zu meinem besten Kumpel. Ich nahm immer eine Handvoll Körner, damit sie sie aus meiner Hand picken konnte.«

»Wie hieß das Huhn?«

»Ich nannte es Krummschnabel«, antwortete Marcia, woraufhin ich lachen musste. »Ich lernte von ihm Mitgefühl, aber auch, dass es in Ordnung ist, anders zu sein. Man darf sich deshalb nur nicht mies fühlen. Krummschnabel fühlte sich nicht mies und störte sich nie daran, anders zu sein. Eher hatte es das Gefühl, etwas Besonderes zu sein.«

Einige Jahre später, kurz bevor sie das College abschloss, brachte Marcia einen Terrier-Pudel-Mischling mit nach Hause, der später vom Terrier ihrer Schwester Welpen bekam. Einer dieser Welpen war Brutus, den Marcia einen ihrer großen Lehrer nannte. Er sollte während der nächsten sechzehn Jahre ein Teil ihres Lebens sein.

»Ich sah zu, wie Brutus geboren wurde«, erinnerte sie sich. »Er war schwarz, aber dann wurde sein Fell weiß mit einer perlgrauen Tönung. Er war nicht schön, tatsächlich sah er wie Meister Yoda aus *Star Wars* aus.« Marcia und ich lachten. »Er sah wie dieser kleine weise Mann aus. Er hatte große Ohren, die ständig auf und ab zuckten. Wenn er Leuten zuhörte, konnte man sehen, wie sich sein Gesichtsausdruck veränderte. Er wog nie mehr als fünf Kilo, aber er beschützte mich.«

»Manchmal dachte ich: ›Menno, wenn ich mich nicht um diesen Hund kümmern müsste, dann könnte ich so vieles andere machen.‹ Dann sagte er: ›Das ist schon in Ordnung, wenn du gehen willst, dann geh.‹ Natürlich tat ich das nicht, weil ich ihn nicht alleinlassen wollte. Ich übernahm für ihn in einer Zeit Verantwortung, in der es leicht war, unverantwortlich zu sein. Er lehrte mich, was es heißt, Verantwortung zu übernehmen.«

»Er sprach sehr viel mit mir. Er brachte mir bei zuzuhören. Er lehrte mich vieles über bedingungslose Liebe. Er liebte mich vollkommen bedingungslos; ganz und gar, vollkommen unabhängig davon, was ich tat. Ich war damals ein bisschen egoistisch, und er lehrte mich, dass das nicht der beste Weg ist. Er lehrte mich, den Menschen und Tieren zu dienen.«

Nachdem Marcias Mutter krank wurde, lebte sie mehrere Jahre bei Marcia. Sie wusste immer, wann Marcia nach Hause kommen würde, weil Brutus schon vorher zur Tür lief und schwanzwedelnd dastand. Er tat das allerdings nicht, wenn Marcia die Auffahrt herauffuhr, sondern wenn sie die acht Kilometer entfernte Autobahnausfahrt nahm. Er spürte einfach ihre Energie.

»Als er fünfzehn war, bekam er eine Lungenkrankheit, Krebs und erblindete«, fuhr Marcia fort. »Es gab viele Gelegenheiten, bei denen er es sich leicht gemacht haben könnte und nach Hause hätte gehen können, aber er wartete, bis er der Meinung war, dass ich damit fertigwerden würde. Eines Tages bekam er keine Luft mehr und ich brachte ihn zum Tierarzt. Der sagte: ›Ich glaube, er ist so weit.‹ Brutus sah mich an und sagte: ›Ich bin bereit, Mama, aber ich werde nicht eher gehen, bis du ebenfalls bereit bist.‹ Ich nahm ihn mit nach Hause, aber er bekam einfach keine Luft mehr. Also fuhr ich mit ihm wieder zum Tierarzt, um ihn einschläfern zu lassen. Auf der ganzen Fahrt kuschelte er sich ganz eng an mich. Er sagte: ›Denke immer daran, wie sehr ich dich liebe. Ich komme wieder, wenn du es möchtest.‹ Und schon in der nächsten Nacht kam er wieder. Ich konnte ihn am Fußende meines Bettes spüren und hören, wie er sagte: ›Schau nur, ich bin wieder gesund. Ich bin glücklich.‹«

Marcia zerriss es bei Brutus Tod das Herz, sodass sie sich vornahm, nie wieder ein Haustier zu haben. Aber kurz darauf bekam eine Straßenkatze auf dem Dach des Hauses einer Freundin Junge. Eines der Jungen fiel vom Dach und landete in einer Mülltonne, wo Marcias Freundin es fand, weil es so kläglich miaute. Schon bald darauf hatte Marcia eine neue Gefährtin.

»Sie war eine weiße Siamkatze mit rötlichen Fellspitzen und diesen großen blauen Augen«, erzählte Marcia. Als die Katze Marcia zum ersten Mal sah, fauchte sie. »Und in diesem Fauchen hörte ich ganz deutlich, wie sie sagte: ›Wieso hat das so lange gedauert?‹ Ich verliebte mich sofort in sie.« Marcia taufte sie auf den Name Schneeflocke oder kurz Schnee.

Schneeflocke kümmerte sich liebevoll und fürsorglich um Marcias Mutter, die an Demenz erkrankt war. Als ihre Mutter eines Tages neben Schneeflocke auf dem Sofa lag und sich ausruhte, hörte Marcia, wie die Katze sagte: »Bin ich eine gute Krankenschwester, oder was? Ich trage sogar die weiße Uniform.«

Als Marcias Mutter schließlich in die geistige Welt zurückkehrte, sah sie, dass der Körper ihrer Mutter kleine Lichtfunken ausstrahlte. Sie merkte sofort, dass Schneeflocke diese ebenfalls sah. Dann lief die Katze zu Marcia herüber und sagte: »Meine Arbeit mit ihr ist erledigt. Nun muss ich mich um dich kümmern.« Und genau das tat sie auch.

Schneeflocke schloss enge Freundschaft mit Twinky, einer von Marcias anderen Katzen. Als Twinky starb, sah eine von Marcias Freundinnen in einer Vision, dass eine neue Gefährtin für Schneeflocke zu Marcia kommen würde: eine schwarze Katze. Und tatsächlich tauchte ein paar Wochen später ein schwarzer Kater vor Marcias Tür auf.

»Hallo, wie geht es dir?«, begrüßte Marcia ihn. »Du siehst ja wirklich drollig aus. Irgendwie wie Goofy.«

»Der Name gefällt mir«, antwortete die seltsame schwarze Katze. Und so wurde sie auf den Namen Goofy getauft.

Goofy begann, Marcia und Schneeflocke regelmäßig zu besuchen. Bald darauf fand Marcia heraus, dass er einem ihrer Nachbarn gehörte. Eines Tages kam der Nachbar, um ihn zurückzuholen, und rief ihn bei seinem richtigen Namen: Asahi. Goofy sah Marcia an und sagte: »Ist das nicht der blödeste Name, den du je gehört hast?« Goofy kam auch weiterhin zu Marcia, bis der Nachbar ihn ihr schließlich schenkte. »Ich glaube, er hat beschlossen, bei dir zu bleiben«, sagte er großzügig.

»Goofy verehrte Schneeflocke«, erzählte Marcia weiter. »Aber diese Liebe wurde nicht erwidert. Wenn Goofy hinter Schneeflocke herlief, drehte diese sich um und schlug nach ihm.« Als Schneeflocke starb, steckte Goofy seinen Kopf unter alle Möbel, um sie zu suchen. »Ich ging zu ihm hin und sagte: ›Goofy, da ist sie nicht‹, und er antwortete: ›Aber sie muss doch irgendwo sein.‹ Da wurde mir klar, dass er, genau wie ich, trauerte.«

Marcia fügte noch ergänzend hinzu, dass Goofy ein richtiger Dickkopf und sehr eigensinnig war und immer wollte, dass alles nach seinem Kopf geht. »Ich bin ja selbst recht eigensinnig, aber ich halte mich oft zurück«, vertraute sie mir an. »Aber er sagte: ›Wenn du willst, dass andere wissen, was du willst, dann zeig es ihnen.‹ Ich lerne noch.«

Goofy hatte Marcia klargemacht, dass er gar nichts davon hält, zum Tierarzt zu gehen. Da er zehn Kilo wiegt und Marcia fünfunddreißig, ist es für sie nicht leicht, die Katze trotzdem dort hinzubringen. Also schiebt sie Goofy in einen Katzenkorb, zieht den durch das Haus, über die Veranda und die Treppe hinunter zu einem Leiterwagen für Kinder. Dann zieht sie den Leiterwagen zum Auto und schiebt den Katzenkorb hinein. Der Anblick ist so komisch, dass ihre Freunde sagen, sie würden die Prozedur am liebsten filmen.

Einen Monat nach Schneeflockes Tod brachte Marcia ein neues Haustier heim: eine kleine graue Siamkatze namens Willie. Marcia beschreibt die Beziehung zwischen Goofy und Willie als »Hass auf den ersten Blick«. Aber seither sind sie doch noch gute Freunde geworden. Wenn Willie manchmal Dinge zerbricht, schaut er Marcia nur an und sagt: »Aber ich liebe dich.« Sie weiß, dass Willie da ist, um sie Geduld zu lehren.

Marcia spricht mit ihren Haustieren

Marcia hatte mir erzählt, warum diese liebevollen Tiere ihrer Meinung nach in ihr Leben gekommen waren. Da ich um ihre Fähigkeit wusste, sowohl mit lebenden als auch toten Tieren zu kommunizieren, fragte ich sie, ob wir kurz mit ihren Tieren sprechen könnten. Ich wollte wissen, warum sie ihrer Meinung nach in Marcias Leben getreten waren. Wir begannen mit Willie.

»Natürlich war ich Teil des [vorgeburtlichen] Plans«, antwortete er. »Es ist meine Aufgabe, dich [Marcia] daran zu erinnern, Spaß zu haben.«

»Er zeigt mir ein Bild von Kindern, vom Geist der Jugend«, sagte Marcia. »Er möchte die kindlichen Eigenschaften in mir hervorbringen.«

»Das mag sich ändern, wenn ich älter werde«, fuhr Willie fort, »aber im Augenblick bin ich da, um dich daran zu erinnern, Freude am Leben zu haben und dass es in Ordnung ist weiterzuleben. Schneeflocke geht es gut. Schneeflocke ist glücklich. Ich ersetze sie nicht, ich lehre dich, wieder Spaß zu haben und zu lachen.«

»Danke, mein Süßer«, sagte Marcia leise.

Dann unterhielten wir uns mit Goofy.

»Ich kam, weil ich mit Schneeflocke zusammen sein wollte. Wir haben eine lange gemeinsame Geschichte. Du und ich übrigens auch. Du brauchtest mich, als sie starb. Du brauchtest mich, um dich vor dir selbst zu beschützen. Du warst so einsam und von Gram erfüllt. Ich bin ein Junge, und Jungen kümmern sich um Mädchen.« Marcia und ich lachten. »Als Schneeflocke starb, wolltest du nicht weitermachen. Aber ich war da und ich brauchte dich. Ich brauche dich immer noch. Ich brauche dich jeden Tag.« Und mit diesen Worten lief Goofy davon.

»Marcia, können wir mit den Haustieren sprechen, die in die geistige Welt zurückgekehrt sind?«

Sofort begann ihr Hund Brutus mit uns zu kommunizieren.

»Auf der anderen Seite bin ich ein Lehrer der Tiere, die etwas desorientiert sind, wenn sie zurückkehren«, erzählte er uns.

»Ich war dein erster richtiger Lehrer in Bezug auf einige wichtige Dinge«, sagte er dann zu Marcia. »Ich kam, um dich zu lehren, großzügiger, liebevoller, mitfühlender und gütiger zu sein. Ich habe verdammt gute Arbeit geleistet. Zudem kam ich, weil deine Mutter wieder geheiratet hatte, und wenn du mich nicht gehabt hättest, hättest du dich von deiner Mutter im Stich gelassen gefühlt. Ich kam, um dein Kind zu sein.«

»Das glaube ich«, sagte Marcia zustimmend. »Schneeflocke und er waren für mich wie Kinder.«

Dann sprach Schneeflocke zu Marcia.

»Als ich in dein Leben trat, warst du voller Schmerz. Ich wusste, was mit deiner Mutter geschehen würde. Ich lehrte dich, unabhängig zu sein und zu erkennen, dass du in Ordnung bist, dass du genügst.«

»Das ist die Wahrheit«, kommentierte Marcia, »denn meine Mutter war so oft im Krankenhaus. Wenn ich dann nach Hause kam, war da diese wunderschöne kleine Siamkatze, die mich anschaute, die mich brauchte, die mich wollte. Ich war emotional sehr stark von meiner Mutter abhängig. Ich fühlte mich so allein und unzulänglich, als sie starb.«

Dann tauchte Dusty auf.

»Du warst ein kleines Kind, das keine Freunde hatte«, erinnerte er sie. »Ich lehrte dich, dass du Freunde gewinnen konntest und die Menschen dich mögen würden. Und selbst wenn die Leute dich auslachten, dann konntest du immer nach Hause kommen, wo ich wartete, um dich zu lieben.«

»Danke, Dusty«, sagte Marcia liebevoll. »Ich werde dich niemals vergessen.« Wir waren einige Augenblicke still, während Marcia die Verbindung zu ihrem geliebten Hund genoss.

Dann wurde die Stille abrupt unterbrochen. »O, Cheetah!«, rief Marcia aus. Ich erschrak. Offenbar war der Palomino aus Marcias Kindheitstagen vor ihrem geistigen Auge erschienen. Marcia war überrascht und aufgeregt, ihn zu sehen. »Ich habe dich so lange nicht gesehen!«

»Deine Seele wusste es bereits«, sagte Cheetah, »aber ich half dir zu verstehen, wie tapfer du wirklich bist. Ich fühlte mich so geehrt, dir das zu zeigen. In deiner Zeit mit mir solltest du lernen, nicht aufzugeben.«

Nun gab es nur noch ein Haustier, das noch nicht mit Marcia gesprochen hatte. »Können wir mit Krummschnabel sprechen?«, bat ich.

Marcia war einen Moment lang still, während sie sich auf seine Energie einstimmte.

»O, er sieht so schön aus«, verkündete sie voller Freude. »Er ist jetzt ein großer, wunderschöner Hahn. Und sein Schnabel ist nicht mehr krumm.« Wir lachten beide.

»Ich gab meine Erlaubnis, deformiert zu sein, damit ich erkennen konnte, dass es keine Rolle spielt, wie der Körper aussieht«, erklärte Krummschnabel Marcia. »Nur das Innere ist von Bedeutung. Du hast mich trotz meines krummen Schnabels geliebt und obwohl ich komisch aussah. Ich werde dir dafür immer dankbar sein und dich immer lieben.«

Marcias Sitzung mit Staci

Marcia hatte große Einsicht in die tiefere spirituelle Bedeutung ihrer Erfahrungen mit den Tieren in ihrem Leben bewiesen. Und es überraschte mich nicht, dass auch die Tiere dies getan hatten. Dennoch gingen mir viele unbeantwortete Fragen durch den Kopf. Waren diese Tiere bereits in früheren Leben mit ihr zusammen gewesen? Falls ja, in welcher Art von Beziehung standen sie zu ihr? Unterscheidet sich die vorgeburtliche Lebensplanung mit Haustieren von der, die wir mit Seelen absprechen, die sich als Menschen inkarnieren?

Und allgemeiner gefragt: Worin besteht das Wesen einer Tierseele? Warum entscheiden sich Tiere dazu, uns auf unserer Reise zu begleiten?

Wie Sie gleich lesen werden, erzählen Marcias Haustiere in Marcias vorgeburtlicher Planungssitzung etwas ganz anderes, als sie es durch Marcia getan hatten. Marcia sprach nämlich mit den von den Tierseelen erschaffenen Persönlichkeiten, während Staci hörte, was auf der Seelenebene geplant wurde.

»Marcia«, begann Staci, als die Informationen zu ihr strömten, »in vielen deiner anderen Leben hast du das Gefühl gehabt, von anderen getrennt zu sein. Es ist dieses Gefühl der Getrenntheit, das du normalerweise benutzt, um dich auf dem Weg der Führerschaft voranzubringen. In deinen früheren Leben hast du dir eine sehr überhebliche Einstellung angeeignet. ›Ich halte mich abseits, weil ich höher stehe als die anderen.‹ In deinem gegenwärtigen Leben versucht deine Seele, diese Einstellung auszugleichen, vom Urteilen wegzukommen und dennoch ein Führer zu sein. Deiner Seele ist dies unglaublich wichtig.«

»Ich sehe noch etwas anderes. Du hast eine karmische Lektion in Bezug auf spirituelles Wachstum und spirituelle Entwicklung durch Bereicherung deiner Beziehung zu dir selbst zu lernen. Mein Geistführer sagte mir, dass dies der ›Kursus‹ ist, den die irdische Schule anbietet. Andere Kurse in spiritueller Entwicklung werden auf anderen Planetensystemen angeboten. In das Leben derjenigen, die sich für diese karmische Lektion entscheiden, sind Zeiten des Alleinseins und ein Gefühl der Getrenntheit eingeplant, bis die Persönlichkeit gelernt hat, sich in ihrer eigenen Gesellschaft wohlzufühlen und Freude und Kraft daraus zu schöpfen. Die Herausforderung besteht darin, in Kontakt mit deinem inneren Wesen und dadurch mit deiner Seele zu kommen, also mit dem Gottes-Material, das uns durchströmt und uns alle miteinander verbindet.«

»Als meine Mutter starb, bestand eine meiner schrecklichsten und größten Ängste darin, nun ganz allein zu sein«, kommentierte Marcia. »Als sie heimging, dauerte es eine Zeit, bis mir klarwurde, dass es mir eigentlich ganz gut ging – und nicht nur ganz gut, ich war auch glücklich und produktiv. Ich weiß nicht, ob ich dorthin gelangt wäre, wo ich jetzt bin, wenn mir nicht der Boden unter den Füßen weggezogen worden wäre.«

Marcia hatte gerade ein klassisches Lernen-durch-Gegensätze-Szenario beschrieben. Marcia hatte die innere Verbindung zu sich selbst hergestellt, als die äußere Verbindung zu ihrer geliebten Mutter unterbrochen worden war. Auf diese Weise entwickeln sich unsere Seelen.

»Ich wende mich nun deinen früheren Leben zu«, sagte Staci. »Ich sehe ein Leben in einem Zirkus, so einer Art alten Zirkus im Nordwesten [der Vereinigten Staaten] um das Jahr 1870 herum. Der Zirkus startete im Süden und zog dann nach Westen, wo das Geld war. Die Tiere wurden von außerhalb des Landes importiert. Die Tiere kamen über die Häfen im Süden ins Land, besonders über New Orleans.«

Marcia bestätigte später, dass sie von diesem Zirkusleben bereits gewusst hatte. Aus Gesprächen mit Marcia und Staci erfuhr ich, dass Marcia die attraktive Tochter des Zirkusdirektors gewesen war. In jenem Leben spürte sie eine große Nähe zu Tieren, wie sie es noch heute tut. Tiere waren ihre große Liebe und der Mittelpunkt ihres Lebens. Interessanterweise tat sie in jenem früheren Leben häufig so, als wäre sie eine Meerjungfrau: halb Mensch, halb Tier.

Ich erfuhr auch, dass Cheetah in jenem Zirkusleben Marcias Pferd gewesen war und die beiden miteinander Kunststücke vorgeführt hatten. Marcias Katzengefährten in ihrem jetzigen Leben, Schneeflocke und Willie, waren beides Zirkusraubkatzen: Schneeflocke war ein Löwe, Willie ein Tiger. Krummschnabel war auch da, als Ara. Dusty, Brutus und Goofy waren ebenfalls Teil dieses Zirkuslebens, allerdings in vollkommen anderer Gestalt. Sie waren Elefanten.

»In jenem früheren Leben hattest du eine starke Bindung an diese Tiere«, sagte Staci zu Marcia. »Mit ihnen hast du deine Zeit verbracht; sie waren es, die dich verstanden haben und die du verstehen konntest. Der Ara war zwanzig Jahre lang dein Freund. Er saß auf deiner Schulter, während du mit den anderen Tieren gearbeitet hast. Der Vogel wurde in jenem Leben zu deinem ständigen Begleiter, die Beziehung zu ihm überdauerte alle anderen. Der Vogel lebte bei dir, nicht in einem Käfig. Er war dein Kumpel, mit dem du dich gelegentlich sogar gestritten hast. Die Persönlichkeit des Vogels schien einen ziemlichen Sinn für Humor gehabt zu haben.«

»Er kam in diesem Leben zurück, um dir ganz besonders die Botschaft zu übermitteln, dass Größe und Erscheinung des Körpers im großen Plan keine Rolle spielen. Und er kam, um dir das Geschenk des Humors zu bringen, damit du ihn immer hast und als deinen großen Trumpf ausspielen kannst.«

»Das ist genau, was sie getan hat«, kommentierte Marcia.

»Ich fange nun an, eine Unterhaltung aus deiner vorgeburtlichen Lebensplanung zu sehen«, sagte Staci. »Ich werde eine Weile still sein, während ich dieser energetischen Spur folge.« Es folgte eine lange Pause. Ich wartete gespannt, ob Marcias Haustiere wohl dabei sein würden.

»Ich sehe den vorgeburtlichen Planungsraum. Ich sehe Marcia, und zwar aus demselben Blickwinkel wie die Geistführer im Vorzimmer. Die Öffnung vom vorgeburtlichen Planungsraum zu diesem Vorzimmer ist sehr groß, nicht wie eine Tür. Marcia steht auf einer Seite ihrer vorgeburtlichen Planungskarte, die für mich wie ein kleiner Teppich auf dem Boden aussieht. Marcia befindet sich in ihrem Lichtkörper. Ihr gegenüber befindet sich der Geist des Aras, der als Krummschnabel zurückkehren wird.

Ich sehe seinen Kopf und Schnabel, die zuerst wie die eines Aras aussehen und sich dann in etwas verwandeln, von dem ich nur annehmen kann, dass es Krummschnabel ist, weil der Rücken seines Schnabels eine Delle hat. Er hat sich schon viele Male als Vogel verkörpert. Es gefällt ihm, ein ›fluguntaugliches Wunder‹ zu sein.« Wir mussten alle drei lachen. »Mein Führer hat das wirklich gesagt!«, kommentierte Staci.

»Ich komme in der Mitte der Unterhaltung dazu.«

Krummschnabel: In einem Moment [dem Moment, in dem ich in dein Leben komme] wird die zwanzigjährige Geschichte [unseres gemeinsamen Lebens im Zirkus] vor deinem geistigen Auge aufblitzen und die ganze Freude und der Trost, die wir einander geben konnten, werden für uns wieder gegenwärtig sein. Ich bringe dir dies als Geschenk, da ich kein besonderes Verlangen danach verspüre, mich bald wieder in dieser Form zu inkarnieren. Ich tue dies als Ausgleich für die Fürsorge und Güte, die du mir hast angedeihen lassen.

»Und in diesem Moment sehe ich seine Gedanken. Ich sehe, wie dünn er war und wie groß sein Schnabel in seinem Leben als Ara war, wie er als Jungvogel aus dem Nest genommen wurde, während seine Mutter aus einhundert Metern Entfernung zusah. Er wurde von Männern genommen, grob behandelt und in einen Leinensack geworfen, in dem es dunkel war.«

»Er blieb bei ihnen und quälte sich in der Gefangenschaft, bis er dir übergeben wurde, Marcia, als er etwa ein Jahr alt war. Als Erstes hast du ihn gebadet. Für ihn war das so, wie ihn auch seine Mutter behandeln würde. Von diesem Moment an war seine Erfahrung mit dir anders als seine Erfahrung mit anderen Menschen. Er durfte deine Güte erleben und heilte emotional. So begann eine sehr kostbare Freundschaft. Du hast Herz und

Seele dieses Vogels geheilt.« Marcia weinte jetzt. »Ich sehe all dies, aber in der Unterhaltung wird nicht gesprochen. Er denkt daran und alle im Raum wissen, dass er daran denkt, weil sie es ebenfalls sehen können.«

»Jetzt ziehe ich mich etwas zurück und erweitere mein Gesichtsfeld. Ich sehe eine abgetrennte Galerie und dort eine kleine Gruppe von vielleicht zehn Seelen. Ungewöhnlich ist, dass sie alle eng zusammenhocken. So etwas habe ich noch nie gesehen. Die Gruppe strahlt viel Licht und Energie aus. Etwas kommt zu mir, das es mir erklärt. Mein Geistführer spricht.« Und plötzlich begann Stacis Führer durch sie zu sprechen.

»Das Licht im Raum«, erklärte er, »ist die von diesen Wesen, die sich auf einer höheren [Schwingungs-]Ebene befinden als die meisten, erzeugte energetische Frequenz. Diese Seele [Marcia] hat die Aufgabe der Seelengruppe übernommen, einen höheren Weg einzuschlagen, und ist dabei etwas vom Weg abgekommen. Sie geht an der Seite des Weges statt in der Mitte und hat deshalb einen Umweg gemacht. Einige der anderen Individuen ihrer Seelengruppe sind weitergegangen, um etwas im Bereich der Wissenschaft zu erreichen, andere haben dies in der Laiengemeinschaft großer organisierter Kirchen getan. Die einzigartige Neigung dieser Seele zum Individualismus hat ihren Weg etwas verändert, sodass er jetzt zwar parallel zu dem der anderen verläuft, aber eben doch ihr eigener Weg ist.«

»Diese Seele, von hohem Geist und hehrer Zielsetzung, hat erkannt, dass die Veränderungen, die sie in manchen ihrer letzten Leben vorgenommen hat, den hohen Idealen, die sie sich gesetzt hat, nicht gerade förderlich waren. In einem der früheren Leben dieser Seele war sie ein Asket, wieder ein Einzelgänger, also eine Persönlichkeit, die sich von anderen trennte und sich einem höheren Ziel widmete. Jenes Leben wird von dieser Seele als das Erreichen einer gewissen Meisterschaft angesehen. Aber diese

Errungenschaft war ohne emotionale Verbindung. Daher setzte sich diese Seele als nächstes Entwicklungsziel das Erreichen eines umfassenderen emotionalen Ausdrucks. Das ist Teil des Weges, den diese Seele bis heute geht.«

»Oha!«, entfuhr es Marcia.

Staci und ihr Geistführer hatten uns gerade wichtige Einsichten in Marcias vorgeburtlichen Plan beschert. Ich verstand den Begriff »Umweg« so, dass er zumindest zum Teil jene Phase in Marcias Leben beschrieb, die Marcia mit ihren eigenen Worten egoistisch genannt hatte. Diese Konzentration auf sich selbst war in gewisser Weise wohl eine Fortsetzung ihres früheren Lebens als Asket. Durch die selbstlose Liebe und Hingabe ihrer Haustiere – im Grunde durch das Beispiel, das sie Marcia gegeben hatten – heilte Marcia dieses Muster und erreichte das Ziel eines umfassenden emotionalen Ausdrucks gegenüber Tieren und Menschen. Es ist wahr: Ihre Tiere waren und sind immer noch ihre Lehrer.

»Lass uns nun über Brutus sprechen«, schlug Staci vor. »Ich sehe wieder Marcias vorgeburtliche Planungssitzung. Ihr gegenüber befindet sich die Seele von Brutus. Obwohl Marcia knapp oberhalb des Bodens sitzt, schwebt Brutus Seele etwa einen Meter über dem Boden. Ich höre ein tiefes, aus dem Bauch kommendes Lachen von diesem Wesen. Ich höre, dass er erzählt, er sei einer deiner Elefanten in dem Zirkusleben gewesen, Marcia. Er erinnert dich an die guten Zeiten, die ihr miteinander hattet. Ihr habt euch verstanden, er wusste immer, was du denkst. All dies brachte er mit in das gegenwärtige Leben als Teil der Persönlichkeit von Brutus. Diese Seele ist sehr exaltiert und versprüht Freude und gute Laune.

Brutus: Ich werde dich lehren zu erkennen, wer dich liebt. Meine Anwesenheit in deinem Leben wird dich immer daran erinnern, dich für den positiven Weg zu entscheiden, den Weg der Freude, den Weg des geringsten Widerstands. Lass mich vorangehen. Ich werde dir zeigen wie.

»Ich spüre einen Unterton von munterem Optimismus und Humor, der dich ansteckt, denn du kicherst«, sagte Staci.

»O ja«, antwortete Marcia, »so habe ich mich auch gefühlt, als er hier war. Bei ihm konnte ich einfach nicht traurig sein.«

Brutus: Als ich dein Tier [Elefant] war, warst du häufig traurig. Bin ich nicht auch damals zu dir gekommen, um deine Stimmung zu heben? Dich bei guter Laune zu halten?

Marcia: Ja, das hast du getan.

»Ihr denkt beide an einen Moment im Zirkusleben, als du gesessen hast und er hinter dir stand«, fuhr Staci fort. »Du warst ganz in Gedanken versunken, bis er seinen Rüssel um deine Schultern legte und dir das Essen stahl, das du in der Hand hattest.« Marcia kicherte. »Damals musstest du lachen, genau wie jetzt. Ihr denkt beide an diesen Moment, als du das Folgende sagst.«

Marcia: Ich nehme deine Liebe und deine Freude dankbar und voller Demut an. Ich nehme deinen Trost an.

»Ihr beugt euch beide nach vorn und schaut auf deine vorgeburtliche Planungskarte. Du zeigst auf zwei Punkte auf der Zeichnung.«

Marcia: Ich sehe und höre dich hier und hier. Hier [sie zeigt auf den ersten Punkt] wirst du mich führen, mich halten und meine Stimmung heben. Und hier [sie zeigt auf den zweiten

Punkt] bin ich für deinen lebensbejahenden Optimismus am empfänglichsten.

»Lebensbejahender Optimismus! Das sind Begriffe, die nicht einmal ich verwende, und ich gebrauche ja schon ziemlich große Worte«, kommentierte Staci.

»Marcia und ihre Haustiere haben einen ziemlich großen Wortschatz«, warf ich ein. Marcia lachte jetzt noch lauter.

Später erzählte mir Marcia, dass sie aufgrund ihrer medialen Begabung erfahren hatte, dass Dusty im Rahmen eines partiellen Eintretens einen Teil seiner Energien auf Brutus übertragen hatte. Das war das erste Mal, dass ich von einem solchen Eintreten unter Tieren gehört hatte, obwohl ich bei Menschen mit dem Phänomen vertraut war. Der Begriff »Eintreten« wird gebraucht, um ein Phänomen zu beschreiben, bei dem eine Seele einen Körper verlässt und eine andere in diesen eintritt. Eine Seele wird sich entschließen, einen Körper zu verlassen, wenn sie alles erreicht hat, was sie sich vorgenommen hatte, oder wenn sie merkt, dass sie nicht in der Lage sein wird, das zu erreichen, was sie sich vorgenommen hat.

Normalerweise stirbt der physische Körper dann, aber wenn eine andere Seele den Körper übernimmt, wird dieser am Leben bleiben. Die Seele, die beschlossen hat, sich im Körper niederzulassen, tut dies, weil sie glaubt, ihre Lektionen lernen zu können, ohne das Stadium der Kindheit zu durchlaufen. Daher beginnt eine solche Seele ihre Inkarnation, indem sie in einen erwachsenen Körper eintritt statt in einen Fötus.

Gelegentlich kommt es vor, dass eine Seele in einen Körper eintritt und ihre Energie mit jener der bereits vorhandenen Seele verknüpft. In einem solchen Fall tritt die ursprüngliche Seele nicht aus dem Körper aus. Die beiden Seelen verschmelzen zu einer kohärenten Persönlichkeit, um ihre Begabungen zu kombinieren (meistens um der Welt auf eine bestimmte Weise dienen zu können) und um die Erfahrungen dieses Lebens miteinander zu teilen. Offenbar hatte sich etwas von Dustys Energie mit der von Brutus vermischt, was darauf hinwies, dass Dusty und Brutus ähnliche Absichten hatten: Marcia anzuleiten, ihre Stimmung zu heben, und Optimismus und Leichtigkeit in ihr Leben zu bringen.

»Ich werde mich nun auf Schneeflocke konzentrieren«, sagte Staci. »Ich höre, dass Schneeflocke eine der großen Raubkatzen in jenem Zirkusleben war. Sie sagt, dass sie in beinahe allen deinen Leben bei dir war, Marcia, und dass sie sich selbst vor allem als Unterstützung sieht und als jemand, der dir Trost spendet. Im früheren Leben als Großkatze lehrte sie dich etwas über das Frausein. Sie zeigte dir, wie sich eine Frau aufrecht hält, wie du Frau und doch deine eigene Herrin und machtvoll sein konntest. In jenem Leben, wie in so vielen anderen, hat sie dir gegenüber auch eine Mutterrolle eingenommen – wie in dem gegenwärtigen auch.«

»Ja, das hat sie«, sagte Marcia zustimmend.

»Schneeflocke kam in dein jetziges Leben, weil sie sich bestimmten Veränderungen aussetzen wollte. Sie wollte eine Umgebung, die sie dazu bringen würde, sich anzupassen, weil sie bereits seit mehreren Leben lernt, flexibler zu sein, was man aber nur kann, wenn man in seiner eigenen Macht ruht. Sie lehrte dich dies durch ihr Beispiel. Ich höre, dass du für diese Lektionen empfänglich warst und verstanden und anerkannt hast, was sie dir zu zeigen versuchte.«

»Ich schalte mich jetzt in die vorgeburtliche Unterhaltung ein.«

Schneeflocke: Ich empfinde für dich unter allen Menschen das größte Mitgefühl, weil ich dich in deinen menschlichen

Leben als Seele voller Konflikte erlebt habe, die sich auf dem wichtigsten Weg der Menschheit abmüht, mit dem niederen Selbst zu kämpfen und sich dem höheren Selbst und der höheren Wahrheit zuzuwenden und zu erkennen, dass das Leben durch diese Hinwendung besser funktioniert.«

»Ich muss beschreiben, wie diese Seele aussieht, weil sie anders ist. Ich spüre hier etwas Einzigartiges. Die Seele dieser Katze befindet sich in der Seelenentwicklung auf einem anderen Weg als wir Menschen. Sie sieht … du meine Güte! Ich kann gar nicht fassen, wie groß der Lichtkörper dieser Seele ist. Sowohl die Seele dieser Katze als auch die des Hundes, auf den wir uns schon konzentriert haben, haben größere Lichtkörper, weil – so wird mir gesagt – sie sich als große Wesen wahrnehmen. Dies ist durch das Vergehen dessen, was wir Zeit nennen würden, aber auch durch die Ansammlung von großem Wissen und viel Erfahrung geschehen.«

»Schneeflocke sagt während der vorgeburtlichen Planungssitzung, dass sie sich auch schon als Mensch inkarniert hat, dass es ihr aber nicht gefallen hat und sie sich daher nie wieder in dieser Form inkarnieren wird«, erzählte uns Staci und beschloss damit die Wiedergabe dessen, was sie in diesem Teil von Marcias Planungssitzung gesehen hatte. Nun war es an der Zeit, Fragen zu stellen.

Ich fragte: »Staci, inkarnieren sich die Seelen der Tiere ab einem gewissen Punkt auch als Menschen?«

Stacis Bewusstsein trat beiseite und ihr Führer sprach wieder durch sie. »Manchmal entscheiden sich Tierseelen tatsächlich, sich als individualisierte Menschen zu inkarnieren«, antwortete er. »Manchmal, um einen menschlichen Partner zu unterstützen, manchmal um es einfach einmal auszuprobieren. Der Unterschied zwischen den Seelen, die sich nur als Tier inkarnieren, und jenen Seelen, die Tiergestalt annehmen und dann in eine menschliche Gestalt und den menschlichen Entwicklungszyklus eintreten – manchmal mehrmals, indem sie den Zyklus immer wieder erleben –, besteht darin, dass sie [die Ersteren] der menschlichen Erfahrung nicht verhaftet sind.«

»Viele dieser Tierseelen bleiben außerhalb des Rahmens menschlicher Inkarnation, weil sie sich nicht auf die emotionale Tiefe, die emotionalen Extreme, einlassen wollen, die Menschen erleben. Die individualisierten Seelen, die Tiergestalt annehmen, spüren Emotionen auf verschiedenen Ebenen, normalerweise von einer Art zur anderen, aber manchmal auch innerhalb der eigenen Art, je nach ihrem eigenen evolutionären Prozess und ihrem Wunsch, Emotionalität in all seinen Formen und Extremen zu erleben.«

»Die menschliche Erfahrung ist durch Dualität und Extreme gekennzeichnet«, fuhr der Führer fort, »und daher durch extreme Dualität. Tierseelen sind zentrierter und fokussierter, als dies die menschliche Natur normalerweise zulässt. Viele dieser Seelen gehören einer höheren Ordnung an und haben beschlossen, sich nicht in menschliche Konflikte hineinziehen zu lassen. Viele sehen sich selbst als Freunde der Menschen, andere tun dies nicht. Wir ermutigen die Kommunikation zwischen den Menschen und diesen Geschöpfen, großen und kleinen, aus vielen Gründen. Aber alle haben das Ziel, das Leben zu bereichern, wie es von dieser Seele erlebt wurde, die wir Marcia nennen.«

»Die Kameradschaft der Tiere ist ein Geschenk, das hoch geschätzt, gehegt und gepflegt, ermutigt, belebt und aufrechterhalten werden sollte. Tiere versuchen immer, euch auf irgendeine Weise etwas zu lehren: vom simplen Akt bedingungsloser Liebe über höhere Geistesformen bis zu Lektionen der Selbstbeherrschung, des Selbstwertes und der Selbstachtung, die alle Teil der Beziehung von Marcia und ihren Gefährten waren.«

»Diese kleinen Geschöpfe, ob sie nun in eurem Heim oder draußen in der Natur sein mögen, sind euch gleichgestellt und machen ähnliche Prozesse wie ihr selbst durch. Eine Zeit lang mögen sie sogar ein bisschen weiser sein, weil sie sich nicht auf die menschliche evolutionäre Erfahrung einlassen wollen. Das gibt ihnen die Möglichkeit, das Leben aus einem anderen Blickwinkel zu betrachten, der Menschen nicht zugänglich ist. Daher sollten sie immer als etwas Besonderes anerkannt und verehrt werden, denn sie geben euch immer irgendeine Art der Führung, um euch durch die menschliche Erfahrung hindurchzugeleiten, und zwar unabhängig davon, ob sie nun zwei oder vier Beine oder Flügel haben.«

»Die niederen, langsameren Arten der Dinosaurier, die heute noch als Reptilien auf der Erde existieren, befinden sich auf einer anderen Seelenstufe, als die zwei- oder vierfüßigen Geschöpfe mit Fell oder Federn. Sie gehören einem Nebenzweig einer dritten Seelenrasse an, die schon früh auf ihrem Entwicklungsweg Herrschaft über andere angestrebt und dabei Kontrolle und Manipulation, Angst und Einschüchterung eingesetzt hat. Aber auch diese Seelen befinden sich auf einem evolutionären Weg, der sie langsam in Richtung Güte und Sanftmut führen wird. Dennoch unterscheidet sich ihr Weg von dem euren, dem menschlichen, und von dem jener Geschöpfe, über die wir heute reden.«

Dann fragte Marcia Staci nach ihrem vorgeburtlichen Plan mit Cheetah.

»Mein Führer sagt mir«, antwortete diese, »dass dieses Pferd in der Lage war, dir absichtsvoll und zielgerichtet die karmische Lektion der emotionalen Unabhängigkeit zu zeigen. Es war sowohl weise als auch verrückt, was auf das Gleichgewicht hinweist, das du in jener Zeit in dir selbst und in deinem Leben verwirklichen konntest.«

»Ich bin jetzt wieder in der vorgeburtlichen Planungssitzung zugegen. Cheetah ist gerade in den Raum gekommen, und die Seelengruppe beginnt zu lachen, weil sie im Mantel der Persönlichkeit eines Pferdes hereinkommt. Sie scheint sagen zu wollen: ›Na, bin ich nicht etwas ganz Besonderes?‹«

»Du hattest an sie gedacht, Marcia, aber sie war nicht auf der Galerie mit den anderen aus deiner Seelengruppe. Sie wusste, was los war, und wollte einen spektakulären Auftritt hinlegen.«

Marcia (hocherfreut)**:** Ich wusste, du würdest kommen!

Cheetah: Selbstverständlich! Hast du etwa geglaubt, du könntest eine weitere Runde ohne mich drehen?

»Sie kommt auf die andere Seite der Planungskarte. Sie legt sich auf den Bauch und kreuzt ihre Vorderbeine.«

Cheetah: Ich bin mit diesem Körper sehr glücklich. Ich habe mit meiner Mutter gesprochen und weiß, dass dies der Körper ist, den ich haben werde. So sieht Selbstbeherrschung aus. Auf diese Art werde ich dich unterweisen. Ich bin deine Freundin, aber ich bin auch deine Vertraute und Führerin.

»Und damit rollt sie sich auf die Seite, wirft die Hufe in die Luft und rollt dann in die sitzende Haltung zurück. Es sieht aus, als freue sie sich sehr.«

Marcia: Ich heiße dich in meinem Leben willkommen.

»Du streckst die Arme aus, legst sie um Cheetah und umarmst sie. Ihre Füße tanzen wieder einen kleinen Freudentanz, und ihr Gesichtsausdruck spiegelt Freude wider. Die Umarmung dauert eine ganze Weile. Das ist wirklich eine innige Umarmung. Ich sehe, dass sich eure Herz-Chakras miteinander verbinden.«

Marcia: Von ganzem Herzen und voller Freude nehme ich deine Begleitung auf dieser Reise an.

Cheetah: Ich bin als Mutter, Führerin, Vertraute und Spielkameradin bei dir, aber ich möchte, dass du in jeder Funktion siehst, dass ich meinen Kopf stolz erhoben habe. Ich möchte, dass du das siehst, weil es Zeiten geben wird, in denen du so sein musst wie ich, in denen du so stark sein musst wie ich. Durch unsere wortlose Kommunikation kann ich dir dies am besten vermitteln. Wirst du mir gestatten, eine starke, zuverlässige Führerin zu sein, die dich in diesem Leben unterstützt und dir näher ist als je zuvor?

Marcia: Aber sicher werde ich das! Mein Herz steht dir weit offen. Ich bin voller Freude, weil ich weiß, dass ich zumindest ein Stück dieses Weges mit dir gehen und wieder mit meiner weisen, alten Freundin zusammen sein darf.

Cheetah: Ganz genau.

Wir lachten über Cheetahs Bemerkung.

»O ja, das war ganz meine Cheetah«, sagte Marcia. »Sie hatte keine Probleme mit dem Selbstbewusstsein.«

»Lass uns mit Willie weitermachen«, schlug Staci vor. »Ich höre, was er sagt.«

Willie: Ich werde dich daran erinnern, wer du bist. Ich werde ein lebendes Beispiel für Standhaftigkeit, Mut, Ausgeglichenheit und Treue sein; ich werde selbstbeherrscht und stark sein.

»Während er das zu dir sagt, Marcia, kommt ein anderer Teil seiner Persönlichkeit hervor. Es sieht fast so aus, als ob ihm ein zweiter Kopf mit einer verrückten, lachenden, manischen Persönlichkeit wachsen würde. Ich habe so etwas noch nie gesehen. Es ist ein bemerkenswertes Beispiel dafür, wie wir uns selbst manipulieren und unsere Gedanken auf der Seelenebene zeigen. Er teilt dir mit, dass er eine verrückte Seite hat, die von Zeit zu Zeit zum Vorschein kommen wird.«

»Ich will mal sehen, was der kleine Kerl dir sonst noch zu sagen hat. Ich weiß nicht, wie ich es dir so mitteilen soll, wie er es tut, weil er es meistens durch Bilder tut. Er sieht sich selbst als eine Art Butler, als Persönlichkeit mit gutem Geschmack, kultiviert und aus gutem Hause, der dir gut dient. Seine Schwingung stimmt mit der deinen überein, weil auch er sich an höheren Standards orientiert. Ich höre, wie er über ein Leben spricht, in dem ihr euch gleichzeitig als Menschen verkörpert habt.«

Willie: Als wir kleine Jungen waren und wir auf dem Land lebten, ließ ich dich überall hinlaufen und jagte dann hinter dir her. Erwarte bloß nicht, dass ich in diesem Leben hinter dir herrenne. Meine Rolle ist nicht die eines Bruders. Sie ist nicht einmal ständig die eines Freundes, obwohl ich dein Freund bin. In dieser Rolle [als Willie] sehe ich mich eher als dein Führer, der dich behutsam anleitet.

Ich werde dir als Vorbild dafür dienen, dass man zwar klein, aber doch mächtig sein kann, und als Erinnerung an das, was du dir vorgenommen hast und wie du es erreichen kannst. Denn du wünscht dir doch diese tiefe geheime Kraft, die von innen heraus kommt, oder etwa nicht?

Marcia: Ja, ich möchte das haben, wonach ich so lange gesucht habe. Nicht als jemand, der andere durch Misstrauen und Abneigung abstößt, sondern als jemand, der mit allem und jedem fertigwird, wenn er sich dafür entscheiden sollte.

Willie: Ja, aber diese Willenskraft in deinen kleinen Körper zu bekommen, wird dir einiges abverlangen, denn die Menschen in deiner Umgebung werden dir genau das Gegenteil vermitteln: nämlich dass du nur kleine Dinge vollbringen kannst, weil du klein bist.

Ich komme jetzt, um dir anzubieten, Teil deines Lebens in einer Phase zu sein, in der sich ein Wandel in deiner Entwicklung vollziehen wird, ein Wandel in der Fähigkeit deiner Persönlichkeit, deine Seele zum Ausdruck zu bringen. Meine Energie wird deiner hinzugefügt werden und die Selbstsicherheit in dir verstärken, damit du das Ziel deines Lebens erreichen kannst: die Verwirklichung einer Verbundenheit mit dir selbst, die auf der Liebe der Seelenebene beruht, und die Erkenntnis deines Wertes als Seele, als Besitzer menschlicher Gestalt, kombiniert mit der Erkenntnis, dass du viel stärker bist, als du geglaubt hast.

Wenn du das zusammenbringst, kommst du an einen Punkt, an dem du dein Leben nicht mehr auf der inneren Befriedigung individueller Bedürfnisse aufbaust, sondern auf dem veräußerlichten Ausdruck dessen, was du in dir selbst erkannt hast. Du wirst fähig sein, auf andere zuzugehen und das Vertrauen und den Glauben an dich selbst auf eine Weise zum Ausdruck zu bringen, wie du es in anderen Leben nicht gekonnt hast, weil du aufgehört hast, über dich selbst zu urteilen. In anderen Leben hast du über dich selbst geurteilt wie du über andere geurteilt hast.

Marcia: Ich weiß.

Willie: In diesem Leben willst du, wenn ich es recht verstehe, darüber hinausgehen und trotz der äußerlichen Unterschiede deine Verbundenheit mit anderen erkennen.

Marcia: Das stimmt. Ja, ja.

»Du breitest deine Arme weit aus.«

Marcia: Ich heiße dich wieder einmal in meinem Herzen und meinem Leben willkommen. Du sollst wissen, dass ich dir immer vertraue und dich immer wertschätze.

»Das ist so schön«, sagte Marcia leise.

Da das Gespräch mit Willie ein Ende gefunden hatte, bat ich Staci, sich nun Marcias vorgeburtlichen Dialog mit Goofy anzuhören.

»Und schon bin ich wieder bei der Planungssitzung«, sagte Staci gleich darauf.

Goofy: Ich bin wie du, ich bin von ähnlicher Gestalt. Ich werde in diesem Leben viel kleiner sein, als ich es früher war.«

»Er denkt an die Zeit zurück, als er einer deiner Elefanten im Zirkus war, Marcia. Plötzlich sehe ich auch noch ein anderes früheres Leben. In diesem befindest du dich in einem Gebäude, das vergitterte Fenster hat. Dort lebst du. Du schaust aus dem Fenster auf eine afrikanische Ebene. Vor dem Fenster steht eine Löwin. Du bist die Frau eines Forschungsreisenden Ende des sechzehnten oder siebzehnten Jahrhunderts. Die Löwin zog ihre Jungen in der Nähe deines Hauses auf. Jeden Tag hast du Nahrung, Wasser und Ziegenmilch für sie und ihre Jungen nach draußen gestellt.

Goofy: Wie du, musste auch ich mich damit abfinden, isoliert und ausgeschlossen zu sein und an Orten zu leben, an denen ich nicht sein wollte. Ich habe in diesen Umständen gelebt, von denen einige der hartherzigen Natur von Menschen und ihrer Gleichgültigkeit gegenüber allen außer sich selbst zu verdanken waren.

Marcia: Ich weiß, es tut mir leid.

Goofy: Du musst dich nicht entschuldigen. Ich weiß ja, dass alle diese Umstände zu meinem Besten waren, obwohl sie mir überhaupt nicht gefallen haben.

Marcia: In diesem Leben werde ich mich bemühen, dir besser zu dienen.

Goofy: In vergangenen Leben habe ich mit Einschränkungen gelebt, genauso wie du im kommenden Leben mit Einschränkungen leben musst. Es ist zwar nicht mein Wunsch, so schnell wieder in die Welt der Menschen zu kommen, aber es würde mir gefallen, dich eine Zeit lang zur Gefährtin zu haben. Also werde ich wieder das Bewusstsein einer Katze annehmen.

Marcia: Aber bitte in etwas kleinerer Form, denn sonst wirst du nicht bei mir wohnen können.

»Der Seelenkörper im Mantel der Persönlichkeit beginnt zu schrumpfen, bis ich ein kleines Kätzchen, ein schwarzes Fellbündel, sehe.«

Goofy: Ist das klein genug?

Marcia lacht: Das ist wunderbar!

»Dann schwillt er wieder an, bis er seine ursprüngliche Größe erreicht hat.«

Goofy: Ich sehe, wie ich deine Hand halte, während wir gemeinsam durchs Leben gehen. Ich als dein Gefährte, Beschützer und Freund, der dir immer und immer wieder zeigt, dass das Leben in kleinerer Verpackung besser ist. Kannst du diese Wahrheit in mir sehen?

Marcia: Ich werde mich bemühen, dies zu lernen. Und ich finde, deine Energie ergänzt meine und vervollständigt sie.

Goofy: Danke, denke aber bitte daran, dass ich langsamer und bedächtiger sein werde, als du es von mir gewohnt bist. Früher war ich einfach immer so sorglos und unbeschwert, oder?

Marcia: Ja, oft.

Goofy: Ich habe das immer noch in mir, aber in diesem Leben werde ich statt der Sorglosigkeit, die so tief in mir verankert ist, mehr Vorsicht walten lassen. Ich werde versuchen, ausgeglichen und vorsichtig zu sein, und dir so die Kraft zeigen, die darin liegt, dass man sich zurückhält.

»Und gleichzeitig macht er ein paar Tanzschritte. Dann sammelt er sich wieder.«

Goofy lacht: Aber grundsätzlich werde ich ernsthafter sein.

»Marcia, an dieser Stelle hast du die Einstellung: ›Mal sehen, ob du wirklich ernst sein kannst!‹ Obwohl er dich also durch sein Beispiel etwas lehren will, herrschen zwischen euch Freundschaft und Verspieltheit. Die Seele der Katze erkennt, dass auch sie wachsen wird.«

Stacis Führer spricht über Tiere

Da der vorgeburtliche Planungsteil der Sitzung damit abgeschlossen war, wollte ich nun noch mit Stacis Geistführer über Haustiere im Allgemeinen sprechen.

»Inkarnieren sich Haustiere für gewöhnlich, um Menschen bei den Herausforderungen zu helfen, die sie sich vorgenommen haben?«, fragte ich als Estes.

»Nicht immer«, antwortete er in seinem üblichen stockenden Stil. »Menschen, die offen dafür sind, ihr Leben mit einem Haustier zu teilen, besitzen in der Regel ein sanftmütiges Naturell. Nicht alle Seelen, die sich in menschlicher Gestalt befinden, sind in Harmonie mit Tierseelen. Daher wird diese Erfahrung [von solchen Seelen] nicht eingeplant. Sollte es dennoch während ihres Lebens dazu kommen, kann es Reaktionen nach sich ziehen, die von Angst über leichte Faszination bis hin zu einer ›Na und?‹-Einstellung reichen.«

»In der vorgeburtlichen Planungssitzung hören sich die Tiere ebenso intelligent wie die Menschen an«, bemerkte ich. »Trifft das zu, und falls ja, warum entscheiden sie sich dann dafür, auf der Erde als weniger intelligent betrachtet zu werden?«

»Über die Tiere, die du heute gehört hast, könnte man sagen, dass sie eine höhere Form der Intelligenz besitzen«, antwortete der Führer, »weil sie nicht zugelassen haben, sich vom Rad der Evolution vereinnahmen zu lassen und in die emotionalen Tiefen hinabzusteigen, die sich Menschen zumuten. Tiere sind überwiegend in der Lage, schneller aus ihren Erfahrungen zu lernen, als jene Wesen, die menschliche Form annehmen. Die in menschlicher Gestalt, die gelegentlich auch schon Tiergestalt angenommen haben, besitzen alle zwei Eigenschaften: Ehrfurcht gegenüber allem Leben und das Wissen, dass alle Lebewesen intelligent sind.«

»Nicht alle Tiere verfügen über dasselbe Maß an Intelligenz, so wie ja auch nicht alle Menschen dasselbe Maß an emotionaler Reife besitzen. Deshalb sind manche Tiere eher wie jugendliche Straftäter, und manche von ihnen überlassen sich teils hochgradig emotionalen Ausdrucksformen der Wut oder der Angst. Aber sie lernen schneller aus diesen Erfahrungen.«

Dann bat ich Stacis Führer, den Unterschied zwischen menschlichen und tierischen Seelen zu erläutern.

»So gut ich es dir durch dieses Gefäß [Staci] beschreiben kann, besteht der Unterschied in der Selbstwahrnehmung der

Seele. Diesen Unterschied würdest du jedoch an einem menschlichen Körper gar nicht bemerken, der von einer Seele bewohnt wird, die in den meisten ihrer anderen Leben von tierischer Gestalt war. Wir möchten aber sagen, dass Tierseelen sensibler sind und eine Klarheit in Bezug auf ihr Sein besitzen, die sie nicht infrage stellen. Viele menschliche Seelen verbringen viele Leben damit, sich zu erlauben, authentisch zu sein und nicht um Leistung und Erfolg zu ringen, um von anderen anerkannt zu werden. Tierseelen, die menschliche Gestalt annehmen, tun dies vor allem, um das Menschsein umfassender und tiefer zu verstehen, damit sie, wenn sie wieder ihre ursprüngliche Tiergestalt annehmen, ihren menschlichen Gefährten, die in den Entwicklungszyklen und -prozessen gefangen sind, besser dienen können.«

»Wie hoch ist der prozentuale Anteil derjenigen Seelen, die sich sowohl als Tier als auch als Mensch inkarnieren?«

»Nur etwa fünf Prozent aller Seelen entscheiden sich dafür, die Gestalt eines Tieres anzunehmen. Wie viele von ihnen beschließen, menschliche Gestalt anzunehmen, obwohl sie überwiegend auf dem Pfad der Tiere bleiben? Zwei bis drei Prozent. Es kommt also sehr selten vor. Ich sage dir noch einmal, dass der Weg des Menschen kein leichter ist. Es gibt nicht viele Tierseelen, die das Menschsein freiwillig auf sich nehmen, obwohl sie sich auf einer höheren Ebene befinden als die meisten menschlichen Seelen. Wir versuchen, es euch so gut zu erklären wie möglich: Die Tiere, die Seelen, die sie bewohnen, besitzen eine höhere Intelligenz, gehören einer höheren Ordnung an und haben einen höheren Sinn für ihre Bestimmung, die einzigartig ist und sich von jener der Menschen unterscheidet.«

Aus vorangegangenen Gesprächen mit Stacis Führer wusste ich, dass dessen Gebrauch des Wortes »höher« nicht *besser* bedeuten sollte. In diesem Fall war »höher« ein neutraler, urteilsfreier

Begriff, der benutzt wurde, um das Schwingungsniveau zu beschreiben.

Dann erzählte ich Stacis Führer, was für meine Begriffe nach dem Ende des menschlichen Lebens geschieht: Die Person schafft sich in der nicht physischen Welt ein neues Zuhause, betrachtet dort rückblickend ihr Leben, hat soziale Kontakte und besucht Klassen. Ich fragte ihn, wohin Tiere gehen und was sie dort machen.

»Tiere bewohnen dieselben Räume«, erklärte er. »Ihre Lebensrückschau ist kurz und zielgerichtet. Um einen eurer Begriffe zu benutzen: Sie kapieren es schneller als die meisten Menschen. Sie quälen sich nicht wegen ihrer Fehler. Sie verzweifeln nicht mehr über das, woran sie vorher verzweifelten. Sie gehen einfach weiter. Die Zeit nach der Lebensrückschau wird meistens mit Spielen verbracht. Der Übergang zum Spielen geht schnell und leicht.«

»Viele Tiere gehen in den Gartenbereich, weil sie sich dort wohl fühlen und da mit anderen kommunizieren können, die eine ähnliche Schwingung haben, bis sie sich zurechtgefunden haben. Aber viele entscheiden sich auch dafür, im Garten zu bleiben oder diesen häufig aufzusuchen. Dann gibt es andere Seelen, die nicht im Garten bleiben, sondern schnell ihre tierischen und menschlichen Gefährten aus anderen Leben aufsuchen. Sie finden die, mit denen sie in anderen Leben zusammen waren, über die energetischen Verbindungen, die in ihnen existiert haben und immer noch existieren.«

»Was die Klassen betrifft ... Nun, nicht alle Tierseelen sind so versessen darauf, zu lernen und sich fortzubilden, wie es Seelen tun, die sich in menschlicher Gestalt verkörpern. Sie gehen nicht in die Bibliothek. Sie unterhalten sich nicht unbedingt mit den Seelen jener, die sich einst beispielsweise in den Persönlichkeiten von Sokrates oder Platon inkarniert hatten. Sie bleiben eher unter sich, um darüber zu sprechen, was sie gelernt haben. Sie fühlen sich – wie ihr auch – unter Gleichgesinnten mit einer ähnlichen Schwingung und einer harmonischen Resonanz am wohlsten. Von denen werden sie angezogen, es sei denn ein ehemals menschlicher Gefährte kommt an oder erregt auf andere Weise ihre Aufmerksamkeit. Dann werden sie zu diesem Individuum gehen, zumindest eine Zeit lang.«

»Es besteht definitiv eine Bindung zwischen einer menschlichen Seele und ihren tierischen Gefährten. Ganz gleich, wie groß sie waren, ganz gleich, ob sie Füße oder Flügel hatten, behaart oder haarlos waren, fühlen sich die Tiere zu der betreffenden Seele hingezogen, wenn sie hinüberkommt. Menschen mit Nahtoderfahrungen berichten, dass sie ihre geliebten Haustiere wiedergesehen haben, die schon Jahre vorher gestorben waren. Das geschieht tatsächlich, aber nicht in jedem Fall, weil nicht jeder Mensch die Gesellschaft eines Tieres geschätzt und genossen hat.«

»Hat Gott – oder der Quell – geplant, dass bestimmte Tiere eine Plage für die Menschen sein sollen? Und falls ja, warum?«, fragte ich.

»Der Plan war, dass Seelen sein konnten, was immer sie sein wollten. Es gibt nichts als die *Große Erfahrung*.«

»Welche Rolle spielen Haus- und andere Tiere in dem Wandel, der sich gegenwärtig im menschlichen Bewusstsein vollzieht?«

»Diese Rolle kann am besten durch die zweifache Intention der Tiere beschrieben werden: Die eine besteht darin, die Menschen durch diese energetische Veränderung des Bewusstseins, Denkens und Verhaltens zu führen, so als ob sie Platzanweiser in einem Theater wären, die an der Tür stehen, euch zuwinken und mit einer Taschenlampe den Weg weisen.«

»Daneben haben sie aber noch eine weitere Intention: Manche Tiere haben sich nämlich bereiterklärt, als Gefäße zu dienen, die euch während der Reise in sich aufbewahren. Sie sind sozusagen der Korb, in dem eure Menschlichkeit, eure menschliche Seele und Persönlichkeit aufbewahrt wird, während ihr auf dem Fluss des Wandels dahintreibt. Es ist so, als würden die Tiere die besten und schlechtesten Eigenschaften der Menschen bewahren – die Emotionen, das Mitgefühl, den Zorn, den Rachedurst, die ›Was mir gehört, gehört mir, und ich gebe nichts davon ab‹-Einstellung –, bis zu den höchsten Formen der Bewusstheit, derer die Menschheit fähig ist.«

»In den weniger guten Momenten der Menschheit bewahren die Tiere das Beste in euch. Es gibt Zeiten, in denen ihr die Verbindung zu euch selbst verliert und in denen sich eine vorübergehende Form des sogenannten Wahnsinns entwickelt, die das Bewusstsein verschlingt und von einer extremen Angstreaktion oder während eines extremen Überlebensmodus ausgelöst wird. Wenn ihr dann aus diesem Wahnsinn in den gegenwärtigen Moment zurückkommt, in das Hier und Jetzt, braucht ihr nichts weiter tun, als ein Tier in seinem natürlichen Zustand zu sehen oder in die Augen eines Tieres zu blicken, gleich, ob diese eurem geliebten Haustier gehören oder einem wilden Geschöpf. Indem ihr das Tier anseht und so die energetische Verbindung herstellt, öffnet ihr die Tür in euch, hinter der all die Emotionen eures Wesens versteckt sind. Alle Teile und Aspekte des menschlichen Bewusstseins kehren dann zu dem betreffenden Individuum zurück und überfluten gelegentlich die Sensibleren unter euch mit so überwältigenden Emotionen, dass dies eine wahre Tränenflut auslösen kann.«

»Nicht jedes Tier bewahrt jedoch die gesamte Bandbreite menschlicher Emotionen«, sagte Stacis Geistführer erklärend. »Manche Tiere bewahren – wie manche Menschen ja auch – nur einen winzigen Teil des Bewusstseins der Seele. Daher besitzt das dem Tier innewohnende Bewusstsein nur die einfachsten und weniger komplexen Emotionen, weil die physische Gestalt des Tieres nicht die gesamte Komplexität der Emotionen beinhalten kann, die gewisse Menschen nur ihren eigenen Artgenossen zuschreiben. Manche Seelen beschließen, ein bisschen von sich in ein Tier einfließen zu lassen, um sich an den komplexen Fähigkeiten dieser Form zu erfreuen. Andere Seelen wollen eine einfache emotionale Erfahrung. Wieder andere wollen die Erde ganz aus der Nähe erleben und entscheiden sich für das Leben als Tier, weil sie das irdische Leben durch die Augen eines Tieres erleben wollen.«

»Was kannst du uns über Delfine und Wale erzählen?«, fragte ich neugierig.

»Delfine und Wale stammen nicht von demselben Ort [wie andere Tierseelen]. Delfine und Wale beherbergen das, was dieses Medium als ›anderes‹ bezeichnet hat. Sie stammen aus einer Seelenuntergruppe, die sehr alt ist und deren Geschichte über die der Erde hinausgeht. Beide Arten wurden – wenn auch getrennt – im Rahmen eines Besamungsprojektes von einem anderen Planetensystem zur Erde gebracht.«

»Man könnte sagen, dass die Wale die Elefanten der Meere sind. Tatsächlich besteht zwischen beiden Arten eine energetische Resonanz. Auf einem anderen Planetensystem, Sirius, auf dem das Leben aller Geschöpfe als wert- und sinnvoll angesehen wurde, existierte eine Rasse, die den einzigen bewohnbaren Planeten des Systems bevölkerte. Diese Rasse wusste, dass ihre Sonne zu einer Supernova werden würde, dass also das, was in ihrem Himmel heller und immer heller wurde, schon bald explodieren und erlöschen würde.«

»Intelligenz und Selbstwahrnehmung dieser Rasse zweibeiniger Humanoiden hatten sich so weit entwickelt, dass alle ihren Frieden mit dem bevorstehenden Ende ihrer Art gemacht hatten. Keine einzige Seele wünschte sich, die anderen zu überleben. Alle akzeptierten in aller Demut ihr sogenanntes Schicksal, weil sie wussten, dass alles einen Anfang und ein Ende hat, dass das Leben als konstante Energie immer Ebbe und Flut haben wird und dass die Energie auf dem Planeten nun einfach ihren Tiefpunkt erreicht hatte. Sie erlaubten sich kein weitergehendes Urteil. Sie wollten aber die Art, die sie nach ihren Maßstäben als intelligenteste und als Gottes größte Schöpfung ansahen, bewahren. Sie hatten die Intelligenz und die Emotionalität dieser Geschöpfe erkannt und wussten, dass ihr Weiterleben einem höheren Ziel diente.«

»Und so wurde mit einem Projekt begonnen, das sich über mehrere Generation hinzog. Das Projekt bestand darin, die Geschöpfe auszusuchen, die sie retten wollten, eine geeignete Heimat für sie zu finden und sie vom Planeten wegzubringen. Dies sind die Geschöpfe, die ihr heute Wale nennt. Auch andere Meerestiere begleiteten sie, vor allem Haie und Tintenfische. Manch einer, der heute menschliche Gestalt angenommen hat, gehört zu jenen Seelen, die damals auf jenem Planeten lebten. Viele dieser Seelen fühlen sich zu Walen hingezogen, um mit ihnen zu arbeiten und für sie zu sorgen.«

»Die Wale sind große Wesen. Die Rasse wollte einfach nicht, dass sie dasselbe Schicksal erleiden sollten wie sie selbst. Die Wale sind eine der ältesten Arten auf eurem Planeten. Wir wissen von keiner Seele, die den Körper eines Wales und den eines Menschen bewohnt hat.«

»Danke«, sagte ich. »Und die Delfine?«

»Ich höre Gelächter«, antwortete Staci. »Es fühlt sich an, als würde ich Freude berühren.« Dann sprach ihr Führer wieder durch sie.

»Delfine bringen Freude und Lachen, Harmonie und die Leichtigkeit des Seins. Die Delfine und die Seelen, die in ihnen wohnen, erfreuen sich eines Lebens, das höheren Zielen gewidmet ist, was sich durch ihre hohe Schwingungsfrequenz ausdrückt. Mit ihrer Kommunikation und vielen ihrer Gedanken richten sie sich an Empfänger außerhalb ihrer Rasse; sie werden ins Universum hinausgeschickt und manchmal an die Menschheit als Ganzes gesendet. Gelegentlich fühlen sich Delfine interdimensional entlang von energetischen Verbindungslinien zu Individuen mit einer menschlichen Seele und einem menschlichen Körper hingezogen, die in der Lage sind, sich auf diese starke, hohe Frequenz der Freude einzustellen. Ja, die Delfine bringen große Freude in das Leben dieser Menschen.«

»Als die Delfine von jenen Planetenbewohnern außerhalb dieser Galaxis gerettet und zur Erde gebracht wurden, waren die Menschen noch ganz neu auf der Erde. Daher glaubte man, dass die Menschen keine Gefahr für die Delfine darstellen würden. Genau wie die Wale wurden auch die Delfine wegen des Überflusses an Wasser zu euch auf euren Planeten gebracht. Ihre einzigartige Eigenschaft ist die Freude, die sie in sich tragen. Sie sind der Freude entsprungen und haben die Schwingung der Freude.«

»Sie sind Helfer und Erleuchter, mischen sich aber nicht in das Leben der Menschen ein, es sei denn, sie werden darum gebeten. Diese Hilfe bezieht sich nicht unbedingt auf das physische Leben eines Menschen, sondern eher auf seine energetische Präsenz. Ob die Menschen dies nun merken oder nicht, bringen die Delfine ihnen Freude, wenn sie krank oder depressiv sind und der Heilung bedürfen. Wenn man sie dazu bringen könnte, ein Clownkostüm zu tragen, würden sie auch das tun, da sie ihre Erfüllung darin finden, allen Geschöpfen Freude zu bringen. Das mag wie ein Geschenk für die Menschheit aussehen, aber das war nicht der ursprüngliche Zweck. Es war dazu gedacht, es den Geschöpfen, also den Delfinen, zu ermöglichen zu gedeihen.«

»Es gibt auf anderen Wasserplaneten an anderen Orten im Universum ebenfalls Delfine. Diesen Säugetieren wohnt eine große Intelligenz inne. Ihrem Wesen nach sind sie nicht besitzergreifend, sondern teilen gern. Ihr Leben ist eines der Freiheit und Freude, deswegen bringt ihre Energie dem Planeten Ausgewogenheit.«

»Wir möchten vorschlagen, die Unterstützung und energetische Aktivität der Delfine zu ermutigen, indem ihr während des Gebets telepathisch Kontakt zu ihnen aufnehmt. Kommuniziert von eurem Herzen mit ihnen. Kontakt mit den Delfinen zu haben, heißt Freude in euer Leben, euer Herz, das Leben der anderen und der ganzen Welt zu bringen. Sie scheinen im Meer zu schwimmen, aber wenn sie schlafen, schwimmen sie überall im Äther um euch herum. Es gibt heute nicht mehr viele von ihnen auf der Erde, weniger als je zuvor. Diese Wenigen sollten Wertschätzung erfahren. Es macht uns traurig, wenn die Menschen sie weiterhin abschlachten, da sie nicht als Nahrungsquelle gedacht sind. Sie waren dazu gedacht, zu sein und sich des Lebens zu erfreuen. Die wunderbaren Nebenprodukte ihres Daseins sind die Freude und die Harmonie, die sie euch schenken.«

Dann fragte ich den Geistführer, ob die Wesen auf anderen Planeten Haustiere haben.

»Manche schon, aber nicht auf allen Planeten herrscht eine Mentalität, die Haustiere wertschätzen würde.«

»Was für Haustiere gibt es dort?«

»Sie entsprechen überwiegend euren Katzen und Hunden und einigen kleinen Affenarten. Vögel werden nicht in allen Welten als Haustiere betrachtet. Manche Welten haben gar keine kleinen Vögel, nur große, zu denen man keine Bindung wie an ein Haustier aufbauen kann.«

»In welchen Welten gibt es eine Mentalität, die das Halten von Haustieren ermöglicht?«

»Die humanoide [menschliche] Gestalt«, antwortete er, »ist nicht auf allen diesen Planeten vorherrschend oder überhaupt vorhanden. Dort gibt es keine Form, die ein Haustier annehmen könnte. Auch besteht kein Bedürfnis nach Haustieren. Wenn wir uns einige andere Planeten und Rassen anschauen, sehen wir, dass manche einzig daran interessiert sind, ihren Intellekt zu vervollkommnen. Dass die Bewohner dieser Planeten ihr Leben mit einem tierischen Gefährten teilen, kommt sehr, sehr selten vor.«

»Wie werden Haustiere in Zivilisationen behandelt, die viel weiter entwickelt sind als die menschliche?«

»Alle Beziehungen sind vom Geist der Gleichheit durchdrungen. Es herrscht echte gegenseitige Fürsorglichkeit und Zuneigung, was dort weitaus akzeptierter ist als auf der Erde. Besonders vom Humanoiden zum Haustier herrscht eine Fürsorglichkeit, die weitaus größer und von mehr Ehrfurcht erfüllt ist, als wir dies in vielen Beziehungen zwischen Mensch und Haustier auf der Erde sehen. Das ist das Ergebnis eines anderen Verständnisses, einer anderen Bewusstheit.«

»Gibt es noch etwas, das du über vorgeburtliche Lebensplanung mit Haustieren oder Tieren im Allgemeinen sagen möchtest?«

»Wir hoffen, dass die Menschen begreifen, dass der erleuchtete Standpunkt gegenüber Tieren der der Gleichheit ist. Ein großer Teil der Menschheit wertet alles ab, was in Tiergestalt auftritt. Wir möchten Folgendes sagen: Auch wenn Mensch und Tier verschieden sein mögen, so sind sie doch aus derselben Materie gemacht und dasselbe Gottes-Material durchströmt sie. Wir möchten auch sagen, dass die Menschen gut beraten wären, mehr Demut in ihrer Einstellung gegenüber Tieren zu entwickeln. Auch wenn die Tiere zum größten Teil stumm sind, fehlt es ihnen weder an Wissen noch an Weisheit.«

»Wenn die Menschen ihre Arroganz und das daraus resultierende Verhalten ablegen könnten und unter sich und in sich stiller würden, könnten sie ihre Schwingungsfrequenz leichter der einer Tierseele anpassen und so die Tiere besser verstehen, sie respektieren, ihr Leben in einem völlig neuen Licht sehen und erkennen, dass es Wert, Sinn und Bedeutung besitzt. Viel zu häufig gehen die Menschen vollkommen selbstbezogen durch die Welt und können nur gelegentlich durch die Liebe ihrer tierischen Gefährten aus diesem Zustand herausgebracht werden. Wir können nur sagen, dass dies häufiger geschehen sollte. Tierseelen sind nämlich gut für die Menschheit.«

Wir, die wir Liebe sind, können nie etwas anderes sein, aber wir können ganz gewiss unser wahres, ewiges Wesen vergessen. Obwohl wir uns beim Durchqueren des Schleiers des Vergessens vor uns selbst verstecken, haben wir uns dadurch doch eine ganz erstaunliche Gelegenheit eröffnet: uns selbst daran zu erinnern, dass wir Liebe sind, und aus der Sicht der Seele immer tiefer, immer umfassender und immer wunderbarer zu erkennen, wer wir wirklich sind. Aus dem Vergessen und Erinnern wird eine immer profundere Selbsterkenntnis geboren, die ohne die selbst herbeigeführte Amnesie auf der physischen Ebene nicht möglich sein würde.

Den Prozess, durch den wir unsere Energie in einen Körper geben und dabei vergessen, dass wir gewaltige, majestätische, göttliche Wesen sind, die aus der Energie der bedingungslosen Liebe gemacht wurden, ist vergleichbar damit, von einem herabfallenden Ast am Kopf getroffen und bewusstlos zu werden, nur um dann ohne jede Erinnerung wieder aufzuwachen. Was würde geschehen, wenn uns so etwas tatsächlich passieren würde? Alle, die uns lieben, alle Mitglieder unserer Familie, alle lieben Freunde würden zu uns kommen und uns ihrer großen Liebe versichern. Obwohl wir keinen erkennen würden, wären wir von der überwältigenden Anteilnahme und Zuneigung doch tief berührt. Vermutlich würden wir daraus schließen, dass nur eine wahrhaft liebenswerte Person so geliebt werden kann. Und in diesem Augenblick würden wir unser wahres Wesen zweifelsfrei erkennen.

Dies ist die Rolle, die Haustiere in unserem Leben spielen. So wie Menschen mit Gedächtnisverlust nicht wissen, wer vor dem Vergessen Teil ihres Lebens war, erinnern auch wir uns nicht an die Haustiere, die schon bei uns waren, bevor wir geboren wurden. Und doch kommen diese Haustiere zu uns und zeigen uns ihre große Liebe. Sie erinnern uns jeden Tag daran, dass nur wir, die wir Liebe sind, so geliebt werden können.

Aber sie erinnern uns nicht nur daran, dass wir geliebt werden, sondern auch daran, dass wir der Liebe würdig sind. Wenn Marcia von der Schule heimkam und wegen der grausamen Worte der anderen Kinder weinte, war ihr Hund Dusty da, um ihr zu sagen, dass sie perfekt war, dass sie immer nach Hause kommen konnte, »... wo ich wartete, um dich zu lieben«. Cheetah, ihr treuer Palomino, der sie verehrte, erinnerte Marcia ebenfalls daran, dass sie der Liebe würdig war. »Es spielt keine Rolle, was sie sagen. Schau nur, was wir beide zusammen tun können. Sitz auf! Lass uns losrennen!« Und so ritten sie beide wie der Wind, das kleinste aller Kinder auf dem größten aller Pferde, beide frei und sicher, verliebt in das Leben und einander.

Haustiere schenken uns auch Heilung. Tatsächlich sind unsere tierischen Gefährten meisterhafte Heiler, zum Teil, weil sie Liebe in einer vollkommen unbedrohlichen Form verkörpern. Die deutliche Abwesenheit einer Bedrohung erzeugt in uns die Bereitschaft, Heilung zu empfangen. Wir mögen Angst davor haben, Liebe von einem anderen Menschen anzunehmen, aber Marcia kannte eine solche Angst bei Brutus oder Schneeflocke nicht. Als Marcias Mutter im Krankenhaus war, war Brutus, mit seinem wedelnden Schwanz und seinen hin und her wackelnden großen Ohren, Balsam für Marcias schwermütiges Herz. Als Marcias Mutter heimging, war es Schneeflocke, die Marcias Trauer heilte, als sie sagte: »Meine Arbeit mit ihr ist erledigt. Nun muss ich mich um dich kümmern.« Und genau das tat sie auch.

Auf welche Weise heilen uns Haustiere? Es gibt im Universum keine größere Heilkraft als die der bedingungslosen Liebe. Aber über ihre bedingungslose Liebe hinaus heilen uns die Tiere, indem sie Energien umwandeln. Selbst wenn wir uns schwach und klein fühlen, kommen unsere Haustiere zu uns, damit wir uns um sie kümmern. Auf diese Weise erinnern sie uns daran, dass wir stark genug und fähig sind, sie zu versorgen. Selbst wenn wir ganz und gar in Zorn und Schuldzuweisung verstrickt sind, sitzen sie fröhlich neben uns, strahlen Zufriedenheit aus und bringen uns so inneren Frieden. Wenn wir uns schämen, uns schuldig oder wertlos fühlen, schauen sie uns an und sehen nur Vollkommenheit. Unsere Haustiere sehen uns als das Licht, aus dem wir im wahrsten Sinne des Wortes bestehen – als das Licht, als das wir uns kannten, bevor wir geboren wurden. Wenn wir unsere Großartigkeit aus den Augen verlieren, erinnern sie uns wieder daran.

Hannah Beaconsfield, Autorin und Medium, schreibt, wenn in einer Familie fortwährend Konflikte herrschen, entscheidet sich ein Haustier manchmal dafür, in die geistige Welt zurückzukehren. Das Haustier stirbt stellvertretend für die Familie und nimmt die disharmonischen Energien mit, die die Familie »umgebracht haben«. Sie schreibt auch, dass Haustiere häufig Emotionen, die die Menschen unterdrücken, ausdrücken und so freisetzen. Manchmal zeigen Haustiere Symptome, um eine Krankheit mit einem Menschen zu »teilen«. Das ist ihre Art, uns ihre bedingungslose Unterstützung zu zeigen. Beaconsfield ist noch auf eine andere Form der Unterstützung gestoßen, die uns unsere Haustiere gewähren: Unsere lieben Verstorbenen können einen Teil ihrer Energie in den Körper eines Haustieres einströmen lassen, um auch weiterhin physisch präsent zu sein und uns auch weiterhin zu lieben, zu beschützen und anzuleiten.

Auf ähnliche Weise mag ein verstorbenes Haustier zu seinem Menschen zurückkehren: entweder durch Reinkarnation – so kann sich zum Beispiel eine Katze als neugeborenes Kätzchen inkarnieren – oder durch das Eintreten in einen ausgewachsenen Körper. Im letzteren Fall kann eine verstorbene Katze zum Beispiel auf der Seelenebene eine Abmachung treffen und ihren Platz mit der neuen Katze des Menschen tauschen. Die Seele der neuen Katze verlässt dann den Körper und die Seele des früheren geliebten Gefährten kehrt zu dem von ihm geliebten Menschen zurück, indem er ihren Körper übernimmt.

Manchmal inkarniert sich ein geliebter Mensch – oder sogar ein Geistführer – als Haustier, weil dies der beste und möglicherweise einzige Weg ist, das Leben mit uns zu teilen. Ich habe eine Freundin, die geplant hat, in diesem Leben keine Kinder zu haben. Eine von ihr geliebte Seele, die sie ebenfalls liebt, inkarnierte sich als Hund, um so die Mutter-Tochter-Beziehung zu vollenden, die sie in einem früheren Leben als amerikanische Ureinwohner gehabt hatten. Beide waren in anderen Leben Heiler gewesen und setzten ihr heilendes Werk auch in diesem Leben gemeinsam fort. Meine Freundin ließ ihren Hund häufig bei Heilsitzungen mitmachen. Viele ihrer Klienten berichteten, dass sie sich durch die Gegenwart des Tieres heilsam berührt fühlten.

Ob es nun Willie war, der Marcia daran erinnerte, Spaß zu haben, oder Goofy, der sich um sie kümmerte und ihren Gram nach Schneeflockes Tod heilte, ob es Brutus war, der sie Mitgefühl und Geduld lehrte, Schneeflocke, die ein Vorbild für Unabhängigkeit war, oder Dusty, Cheetah und Krummschnabel, die ein kleines Mädchen liebten, das einfach akzeptiert werden wollte und Freunde brauchte: Jedes dieser Tiere kam zu Marcia, um sie zu lieben und von ihr geliebt zu werden. Wenn wir uns entscheiden, auf der physischen Ebene menschliche Gestalt anzunehmen, besteht unsere Hauptabsicht darin, zu lernen, Liebe zu geben und zu empfangen. Wir wählen die Erde als Schule aus, in der wir diese Lektion lernen, weil wir hier Lehrer finden, die sie gemeistert haben. Wir nennen sie Hunde, Katzen, Vögel und Pferde. Aber Liebe bleibt Liebe, ganz gleich, welchen Namen wir ihr auch geben mögen.

Nachwort

Schmerzhafte oder gar traumatische Erfahrungen mögen uns erschüttern oder gar brechen, aber auf der höchsten Ebene sind wir immer ganz. Zerbricht ein Spiegel, sind die einzelnen Scherben flach, zweidimensional. Und doch können wir sie aufheben und aus ihnen eine dreidimensionale, kristallene Struktur von immenser und einzigartiger Schönheit formen.

Aus menschlicher Sicht ist ein Leben wie eine Facette eines Kristalls. Wir können nicht wissen oder sehen, was sich auf den anderen Facetten befindet. Aus Sicht der Seele sehen wir allerdings klar, dass sich all unsere Leben zu einem einzigen, großartigen Ganzen fügen: zu einem Kristall, dessen Leuchtkraft brillant und dessen Licht strahlend ist. Jede Facette des Kristalls ist gleichermaßen wichtig. Würde auch nur eine entfernt, könnte der Kristall sein Licht nicht mehr in diese Richtung aussenden.

Und im Zentrum dieses Kristalls befindet sich die omnipräsente, ewig ganze Seele, die ihr Licht durch jede Facette ausstrahlt.

Wenn wir es nur zulassen, kann uns unser Schmerz als Lichtstrahl nach innen dienen und uns zu diesem Zentrum führen. Dort machen wir eine ganz erstaunliche Entdeckung: Wir sind das Licht und sind es immer gewesen. Wir haben es nur vorübergehend vergessen.

Und nun haben wir uns erinnert.

Literaturhinweise

Brodsky, Barbara/Aaron: *Presence, Kindness and Freedom.* Deep Spring Press, Ann Arbor 2003

Brodsky, Barbara: *Cosmic Healing: A Spiritual Journey with Aaron and John of God.* North Atlantic Books, Berkeley 2011

Dethlefsen, Thorwald und Dahlke, Ruediger: *Krankheit als Weg. Deutung und Be-Deutung der Krankheitsbilder.* Goldmann, München 1990

Friedlander, John und Hemsher, Gloria: *Psychic Psychology: Energy Skills for Life and Relationships.* North Atlantic Books, Berkeley 2011

Goldner, Diane: *How People Heal: Exploring the Scientific Basis of Subtle Energy in Healing.* Hampton Roads, Newburyport 2003

Hicks, Esther und Jerry: *Ein neuer Anfang: Das Handbuch zum Erschaffen Deiner Wirklichkeit.* Heyne, München 2011

Kribbe, Pamela: *The Jeshua Channelings: Christ Consciousness in a New Era.* Booklooker, 2008

Schwartz, Robert: *Mutige Seelen. Planen wir unsere Lebensaufgabe bereits vor der Geburt?* Ansata, München 2008

Schwartz, Robert: *Jede Seele plant ihren Weg. Warum leidvolle Erfahrungen nicht sinnlos sind.* Ansata, München 2012

Shucman, Helen: *Ein Kurs in Wundern: Textbuch/Übungsbuch/Handbuch für Lehrer.* Greuthof, Freiburg i. Br. 2010

Tolle, Eckhart: *Eine neue Erde: Bewusstseinssprung anstelle von Selbstzerstörung.* Goldmann Arkana, München 2005

Walsch, Neale Donald: *Gespräche mit Gott: Vollständige Ausgabe.* Goldmann Arkana, München 2009

Medien und Channel

Pamela Kribbe
www.Jeshua.net
pamela@Jeshua.net

Corbie Mitleid
www.firethroughspirit.com
corbie@firethroughspirit.com

Staci Wells
www.staciwells.com
info@staciwells.com

Möchten Sie Ihren Lebensplan kennenlernen?

Robert Schwartz ist ein amerikanischer Hypnotherapeut, der Rückführungen in die Zeit zwischen den Leben anbietet (Between Lives Soul Regressions, BLSR).

Während einer solchen Rückführung können Sie in die nicht physische Welt zurückkehren, die Ihnen zwischen Ihren irdischen Inkarnationen Heimat ist, und Ihre Identität als unsterbliche Seele erleben und erinnern. Eine solche Rückführung ist eine machtvolle und sehr heilsame Erfahrung, die Ihnen ein erweitertes Bewusstsein von dem geben kann, was Sie in Wirklichkeit sind, und Ihnen ein tiefes Verständnis Ihrer Bestimmung ermöglicht.

In einer Rückführung sind viele verschiedene Erfahrungen möglich, aber wahrscheinlich werden Sie kurz mit einem Ihrer Geistführer sprechen und dann ausführlich mit dem Konzil der Ältesten, jenen weisen, liebevollen und hoch entwickelten Wesen, welche die Zyklen der Reinkarnation auf der Erde überwachen. Viele Menschen beschreiben, dass sie in die reine bedingungslose Liebe und vollkommene Urteilsfreiheit des Konzils eingetaucht sind. Oft gewährt das Konzil auch eine machtvolle energetische Heilung. Ein Gespräch mit dem Konzil ist eine wunderbare Gelegenheit, jede Frage, die Sie überhaupt nur haben können, zu jedem beliebigen Thema zu stellen. Nach einer solchen Rückführung sagen viele Klienten: »Ich habe eine Antwort auf jede Frage bekommen. Nun habe ich in Bezug auf mein Leben keine Fragen mehr!«

Robert bietet zudem Seelenrückführungen in vergangene Leben an (Past Life Soul Regressions, PLSR). Während einer solchen Sitzung können Sie in ein bestimmtes früheres Leben eintauchen, das direkten Einfluss auf den Plan Ihrer Seele für das gegenwärtige Leben hat. Dies ist eine sehr befreiende Erfahrung, die Ihnen helfen kann, Ihren persönlichen Lebensweg zu verstehen und tiefe Erkenntnisse über vergangene und gegenwärtige Beziehungen zu erlangen.

Sollten Sie es vorziehen, sich nicht hypnotisieren zu lassen, bietet Robert auch allgemein gehaltene Beratungen an, in denen er sein Wissen um die vorgeburtliche Planung einfließen lässt, um Ihnen zu helfen, den tieferen Sinn Ihres Lebens zu erkennen. In diesen Sitzungen wird häufig eine Übung der göttlichen Tugenden (Divine Virtues Exercise) angewendet, eine wirkungsvolle, von Robert entwickelte Methode, welche die Eigenschaften oder göttlichen Tugenden offenlegt, die Sie in diesem Leben entwickeln und zum Ausdruck bringen wollten.

Vor der Geburt planen die meisten Menschen, zwei oder drei spezifische Eigenschaften zu entwickeln, und unsere Herausforderungen spielen bei diesem Prozess eine wichtige Rolle. Wenn Sie wissen, an welchen Tugenden Sie arbeiten, können Sie die tiefere Bedeutung Ihrer Herausforderungen erkennen und die ihnen zugrunde liegenden Lektionen bewusster lernen.

Weitere Informationen finden Sie auf
Roberts Website
www.yoursoulsplan.com

Sie können ihm auch direkt unter
rob.schwartz@yoursoulsplan.com schreiben.

Seeleninspirierter Schmuck

Ihre Seele hat Ihr Leben so geplant, dass Sie bestimmte göttliche Tugenden – Eigenschaften wie Mitgefühl, Empathie oder Sanftmut – entwickeln und diese anderen als liebevollen Dienst schenken können. Falls Sie Interesse an seeleninspiriertem Schmuck haben, der Ihnen helfen kann, sich auf Ihre göttlichen Tugenden zu konzentrieren und sie auszudrücken, besuchen Sie bitte den Online-Shop auf www.yoursoulsplan.com.

Dank

Ich werde den Personen, deren Geschichten ich in diesem Buch wiedergebe, auf ewig dankbar sein. Ihr habt euch mir und der Welt mutig geöffnet. Ihr habt frei heraus gesprochen, wart ehrlich und habt dezidiert von den schwierigsten Herausforderungen berichtet, denen ihr euch je gegenübergesehen habt. Ihr habt mich inspiriert. Ihr habt mich berührt. Ihr wart für mich Lehrer. Dafür danke ich euch.

Barbara Brodsky und Aaron, Pamela Kribbe und Jeschua, Corbie Mitleid, Staci Wells und ihr Geistführer: Ich danke auch euch, dass ihr meine Lehrer wart. Eure Weisheit und Liebe sind in diesem Buch enthalten. Ihr habt so viel von euch gegeben, um der Welt zu dienen. Es ist mir eine große Ehre, mit euch zusammenarbeiten zu dürfen.

Liesel, Liebe meines Lebens: Danke für deine Liebe, deine Ermutigung und deine Einsichten. Danke, dass du an mich und meine Arbeit geglaubt hast. Ich habe mir vor meiner Geburt schon die Richtige ausgesucht. Obwohl ich Autor bin, werde ich niemals in der Lage sein, meine Liebe zu dir in Worte zu fassen.

Meine Schwester Deborah, mein Schwager Jerry, meine bezaubernden Nichten Sydney und Riley: Ich danke euch für all eure Liebe und eure Unterstützung während der Arbeit an diesem Buch und während meines ganzen Lebens. Danke, dass ihr immer da seid.

Debbie Mayo und Greg Karch: Danke, dass ihr einige Kapitel gelesen und kommentiert habt. Eure Einsichten waren von unschätzbarem Wert und eure heilende Berührung wird von allen gespürt werden, die diese Seiten lesen. Danke für eure Fürsorglichkeit.

Deborah Bookin: Danke, dass du mir gestattet hast, einen Großteil dieses Buches in *The Crystal Bee* (www.crystalbee.com) zu schreiben, einem so wunderbaren Ort voller Wärme und Inspiration. Danke für die gemeinsamen Spaziergänge, die gemeinsamen Mittagessen und die wunderbaren Gespräche.

Meiner Cousine Emily Fleischer: Danke für dein scharfsichtiges Korrekturlesen und deine außergewöhnliche Güte und Großzügigkeit.

Ich danke Rita Curtis und Sylvia Hayse dafür, dass sie mir geholfen haben, meine Bücher und den Gedanken der vorgeburtlichen Lebensplanung der Welt zu präsentieren. Rita, ich wünsche dir nach deiner Pensionierung viel Freude, du wirst mir fehlen.

Dieses Buch wäre ohne die Hilfe vieler anderer nicht möglich gewesen, die ihre Einsichten mit mir geteilt und mir ihre Unterstützung angeboten haben. Ganz besonders danke ich John Friedlander, Bob und Cynthia Dukes, Jill Caro, Serenity Meese, Omiri, Kathy Long, Joyce Fricke und Josh Mendel.

Ich sage häufig, dass ich nicht der alleinige Autor meiner Bücher bin, sondern nur ein Mitglied einer Autorengruppe, das sich in einem Körper befindet. Ich danke den vielen körperlosen Wesen, die mit mir und durch mich arbeiten. Dieses Buch stammt von euch ebenso wie von mir.

Der Seelenplan für unseren Weg auf Erden

Robert Schwartz
Mutige Seelen

352 Seiten
ISBN 978-3-7787-7348-2